KB135533

모든 역사는 현재의 역사다

〔신이상주의 역사이론〕

—비코, 크로체-콜링우드를 중심으로—

이 도서의 국립중앙도서관 출판시도서목록(CIP)은 서지정보유통지원시스템 홈페이지
(http://seoji.nl.go.kr)와 국가자료공동목록시스템(http://www.nl.go.kr/kolisnet)
에서 이용하실 수 있습니다.(CIP제어번호: CIP2016022316)

모든 역사는 현재의 역사다

신이상주의 역사이론: 비코, 크로체-콜링우드를 중심으로

2017년 1월 18일 개정판 1쇄 찍음
2017년 1월 24일 개정판 1쇄 펴냄

지은이   이상현
펴낸이   정철재
만든이   권희선 문미라
디자인   황지영

펴낸곳   도서출판 삼화
등 록   제320-2006-50호
주 소   서울 관악구 남현1길 10, 2층
전 화   02)874-8830
팩 스   02)888-8899
홈페이지 www.samhwabook.com

도서출판 삼화, 2017, Printed in Seoul Korea
ISBN 979-11-5826-058-3 (03900)

책값은 표지 뒤쪽에 있습니다.
잘못 만들어진 책은 구입하신 서점에서 바꿔 드립니다.

모든 역사는 현재의 역사다

〔신이상주의 역사이론〕
—비코, 크로체-콜링우드를 중심으로—

이상현 지음

도서출판 삼화

개정판 머리말

 필자가 1965년 석사학위논문으로 〈크로체의 역사사상〉을 써서 서양사학회에서 발표했을 때, 서울의 한 유명대학의 교수님이 그런 것을 연구해서 무엇 하느냐고 물었다. 해서 나는 "인생을 왜 사느냐?"고 되물었다. 그처럼 당시 한국 사학계의 형편은 역사 이론에 대해서 관심이 없었다. 이런 상황에서 "모든 진실한 역사는 현재사이며, 역사학은 철학과 동일하다"는 주제를 들고 학계에 진출한다는 것은 만용에 가까웠다.
 그러나 필자는 '독불장군'이라는 아름답지 못한 별명을 얻어가며, 온갖 외로움을 극복해야 하는 외길을 걸어 오늘까지 왔다. 그 길을 걸으며 콜링우드를 붙잡고 씨름도 해보았고 비코에게로 달려가서 호소도 해보았다. 그러면서 데카르트나 칸트, 헤겔, 그리고 랑케 등의 유명 사상가들의 발자취도 더듬어 보았다. 그 결과 《자유·투쟁의 역사》, 《역사철학과 그 역사》라는 저서들을 내는 만용을 부렸고……. 그러면서 나의 정신세계를 다져왔다. 그 결과 1985년에는 이러한 공부들의 종합으로 논문 〈신이상주의 역사이론 연구〉를 써서 박사학위를 얻는 데까지 이르렀다.

이 책은 이 논문을 단행본으로 출판한 것이다. 이때까지만 하더라도, 한국 사학계에서 비코나 크로체-콜링우드라는 역사철학자들의 이름은 생소하였다. 그로부터 30여 년이라는 세월이 흐르는 동안 이 방면의 연구자들이 속출하여, 혹자는 비코를 연구하여 그와 헤르더를 연결시킨 저서의 번역본을 내어 놓았고, 혹자는 콜링우드의 본고장인 옥스퍼드에서 콜링우드로 박사학위를 받아 온 학자도 있게 되었다. 한마디로 이 기간에 한국 서양사학계에는 역사사상사의 훈풍이 불었다.

이런 분들의 활동과 이러한 연구 분위기를 보면서, 본 필자는 보람도 느꼈고, 한국 인문학분야의 발전에 대한 희망도 가져 보았다. 그런데 본 필자의 나태와 과문의 탓인지는 모르겠으나, 그 뒤의 이 분야의 연구 활동에 대해서는 특별한 소식을 들을 수 없었다. 아니 차라리 한국 인문학의 쇠락이라는 어휘들이 더 날카롭게 귓전을 울려오고 있는 것이 사실이다.

어떤 이들은 "몇몇 인기강사들이 매스미디어를 통해서 이름을 떠올리고 있지 않으냐?"고 반문할지 모르지만, 그 내용을 들여다보면, 대부분 대중 인기몰이를 위한 달변가들의 연기라는 느낌을 지울 수 없고, 진지한 연구자의 진실을 읽기는 힘이 든다는 생각이 든다.

그 이유는 물론 인기강사들의 경향성이나 지식의 전문성에도 있겠으나, 대중 매체의 속성이라는 커다란 울타리를 벗어날 수 없다는 현실이다. 이들이 아무리 훌륭한 지식을 가지고 임한다 하더라도 시청자들에게 재미가 없으면, 지속될 수 없기 때문이다. 시청자들의 인기에 영합하려다 보면, 일종의 연예활동이라는 범주를 벗어날 수가 없기 때문이다.

칸트나 헤겔이 그들의 철학을 강의하던 시절, 그 강의를 듣기 위해 전 독일은 물론 프랑스와 이탈리아에서까지 청중이 몰려들었던 적이 있었다. 그 곳은 대중 강론장이 아니라 대학 강단이었다. 대학 강당에 모여든 이들은 대중심리나 파한(破閑)의 수단을 찾는 이들이 아니라, 진지한 문제의식을 지니고 진리와 진실을 찾아 나선 이들이었다.

물론 당시 대학이란 곳은 시청률을 계산해야 할 이유도 없었고, 수강생들의 호주머니를 들여다보아야 할 이유도 없었다. 때문에 이 당시 강사들은 대중적 인기에 영합하려는 의도를 가질 수도 없었다. 한마디로 서양에서 정신세계에 근대화가 이루어지고, 현대의 비약적 발전을 이룩하게 된 17~19세기는 대중들이 진리에 목말라 하는 풍조가 있었고, 이에 대응한 위대한 정신을 지닌 문·사·철(文·史·哲)의 인문학 학자들이 등장하게 되었던 것이다.

그런데 현재는 매스미디어가 인간의 영혼을 앗아가고 있다. 심지 오늘의 인간 군상을 지칭하여 스마트폰에 영혼을 빼앗긴 스몸비 족 (Smombie 族), 스마트폰 때문에 머리를 숙이고 사는 저두족(低頭族), 컴퓨터에 머리가 끌려들어가 목이 앞으로 늘어난 거북목의 군상들이 현대인의 모습이다.

이러한 시대에 골치 아픈 역사철학 이야기를 글로 써 낸다는 것은 어쩌면 시대착오적인 행위일지도 모른다. 더욱이 학문의 전당이어야 하고 상아탑으로서 진리를 연구하여 창의적이고 고급 지식정보를 생산해내야 할 대학마저도 매스미디어를 따라서, 신자유주의의 첨병으로서, 돈을 벌기 위하여 물불을 가리지 않는 괴물로 변모하여 가고 있는 상황에서, 역사철학을 논의한다는 사실자체가 망상적인 착각일지도 모른다.

그런데 이러한 아이티(IT)의 세계지배가 어디까지 갈 것인가? 결국에는 인공지능의 인조인간이 그것을 만들어놓은 본래인간을 능가하는 지경에까지 이를 것인가? 하기야, 지난번에 한국 바둑계의 천재 이세돌 9단과 알파고의 바둑 전에서, 이세돌이 패배하였다는 사건은 곧 인조인간의 세계지배를 점칠 수도 있게 했다.

해서 사람들은 귀납법적 방법론에 입각한 인간의 지배권은 인조인간에게 넘겨야 된다는 가상세계를 생각하지 않으면 아니 되게 되었다. 아니! 생각 정도가 아니라, 우리는 현재 그들에 의해서 생존권의 위협을 당하고 있다. 각종 기계설비 공장으로부터 로봇에 의한 노동자들의 퇴출은 이미 일상사가 되었고, 한 때, 신이 내린 직업이라 호황을 누리던 은행원들의 수효가 급감하고 있는 것을 우리는 실감하고 있다. 대학에서도 사이버 강의를 해서 교수들이 일자리를 잃어가고 있는 것이 이미 오래된 일이다.

그런데 이것이 여기에서 끝나는 것이 아니라, 의료 정보지식과 의료기계를 활용하여 치료를 하는 의사들, 육법전서의 지식과 과거에 시행된 재판 사례들에 대한 지식을 근거로 판단하는 검사 판사 변호사 등 법조계의 일들, 통계학적인 확률에 근거한 일체의 사회과학적 정보지식— 쉽게 말해서 인공지능에 입력될 수 있는 일체의 지식을 근거로 하는 인간의 고급 직업들은 모두가 알파고에게 넘겨주어야 한다는 가상이 인간을 공포로 몰아넣고 있다는 것이다.

이대로 인공지능이 발전하고 확대된다면, 본래의 인간들은 거의 모든 일자리를 인조인간 알파고에게 빼앗겨야 될 것이고, 그러다보면, 출산율이 줄어들고 본래인구는 줄어들 것이다. 수요공급 원칙에 또 그렇게 되어야 할 것이다. 그리고 종국에는 지구는 수없는 알파고를 소유한 몇몇 대자본가들과 그들과 결탁한 몇몇 정치─ 권력자들이 복지정책이라는 듣기 좋은 이름으로 베풀어 주는 동냥으로 연명하고 살아가는 실업자의 수용소가 되고 말 것이다.

그런데 다행인 것은 인조인간에게는 아직 영혼이나 정신이 없다는 것이다. 인간에 의해서 이미 창출된 사항들에 대한 정보의 수합과 종합판별 능력, 즉 귀납법적 사고력은 있어도, 연역적 방법론에 속한 사고력을 지닐 수는 없다는 것이다. 자체적인 느낌이나 사색을 통한 새로운 지식정보를 창출할 수는 없다는 것이다. 다시 말하면 예술가나 시인의 직관적이고 창조적인 감각이나 철학자의 창조적인 추리력까지에는 아직 도달하지 못하고 있다는 것이다. 한마디로 알파고의 세계에서 알파고를 능가할 수 있는 분야는 예술가나 시인 철학자밖에는 없다는 것이다.

F. 베이컨은 "아는 것이 힘이다."라고 했다. 그런데 여기서 안다는 것이 무엇인가? 지금까지 이를 영어의 'knowledge'로 이해하여 'Knowledge is power'라고 외웠는데, 이는 다시 생각해야 하는 문자해석이다. 논리학에서 귀납법을 근거로 하여 수합한 지식은 'Knowledge'가 아니라, 'Information', 즉 정보지식이다. 그런데 이러한 귀납법적 정보지식은 이미 창조된 사실사건들에 대한 소식일 뿐이다. 쉽게 말하면, 컴퓨터에 입력되어 있거나 입력되어야 할 지식이다. 이러한 지식정보에 있어서는 인간 개인이 컴퓨터를 능가할 수 없

다. 그러므로 이세돌 9단이라는 인간개인이 지금까지 있어 본적이 없는 새로운 바둑을 연구하여 알파고에게 도전한다면 몰라도, 기왕의 기보(棋譜)들을 통틀어서 익히는 수준으로는 승리하기가 어려울 것이다. 다시 말하면, 이제 알파고를 이길 수 있는 것은 Information, 즉 지식정보가 아니라, Knowledge, 즉 콜링우드가 말하는 "역사적 인식(認識)"이다.

이 책은 역사적 인식론이 어떻게 형성되었는지를 역사적으로 풀어간 책이다. 데카르트의 "생각한다. 고로 존재한다."라는 서양 근대사상의 출발점에서 비롯된 사물, 사건·사실들에 대한 절대주의적 인식론과 이에 대항한 비코의 상대주의적 인식론을 근거로 하는 역사적 인식론의 대결과정을 그린 책이다. 그리고 콜링우드에게서 역사적 인식, 반성적 인식이라는 새로운 Knowledge(認識)의 개념을 표출해 낸 저서다.

여기서 얻어낼 수 있는 결론은 이제 알파고에 의한 정복을 극복할 수 있는 것은 반성(Reflection)과 명상(Meditation)을 통해서 얻을 수 있는 직관적이고 명상적 인식뿐이라는 것이다.

필자는 청년시절 크로체를 알게 되면서부터, 자유를 이해하기 시작하여 그로부터 50여 년이 지난 현재에까지 자유라는 화두를 놓아본 적이 없다. 그런데 자유란 무엇인가? 크로체는 현재 주어진 상태로부터 탈피하여 극복하기 위한 정신의 작용으로 이해하였다. 제국주의자들의 착취를 당하던 시대에는 이들로부터 해방을 얻기 위한 투쟁이 자유의 목표일 것이며, 자본주의가 인민을 노예화시키려 덤벼든다면 그것으로부터 자유를 얻기 위한 투쟁을 해야 할 것이다. 그런데 현재에 우리 앞에 주어진 자유투쟁의 대상은 무엇인가?

이제는 제국주의나 식민주의 공산주의가 문제로 되지 않는다. 현재는 총체적인 인류의 삶을 통째로 삼키려 덤비고 있는 과학 만능, 물질 만능의 사상이다. 자본축적과 확대에 광분하는 자본 만능, 물질 만능, 과학 만능이 지금 인간 말살을 획책하고 있는 것이다.

과학의 발전과 그로 인한 문명의 발달, 그리고 경제적 풍요가 인간의 삶을 편리하게 만들었다는 점에서는 긍정할 수 있으나, 국민생산지표나 국민경제지수가 높아, 문명이 발달한 나라의 국민일수로 행복지수가 낮아졌다는 사실도 또한 간과할 수 없는 게 현실이다.

편리라는 것은 단기적인, 감각적인 것일 수밖에 없다. 편리는 조금 시간이 지나면 더 편리한 것을 찾아 헤매게 만든다. 이러한 편리주의는 결국 긴 시각으로 볼 때, 인간의 종말을 예견하게 만든다. 문명의 쓰레기가 그것이다. 문명의 쓰레기는 지구를 오염시켜서 지구의 멸망을 촉진시키고 있다. 핵무기의 개발, 우주공간을 놓고 행하는 무한경쟁, 이산화탄소의 배출, 해양과 우주공간의 쓰레기 등등 지구의 종말을 예고하는 징조를 알파고의 힘으로 해결할 수는 없다.

이것이 현재 우리가 당면하고 있는 현재적 과제다. 이것을 해결할 수 있는 것은 현재의 문제를 인식하고 그것을 척결하려는 정신의 노력, 즉 자유의식의 발로뿐이다. 이제 인류의 과제는 물질적 창조와 그 생산 확대가 아니라, 인간 본성, 영혼이 있는 인간의 재생이다. 한마디로 정신을 다시 찾아야 하는 것이다. 삶의 방향을 바꾸어야 한다. 물질에 노예가 아닌 정신을 지닌 자유인으로서의 삶을 찾아야 한다. 이것은 반성적 삶과 명상적 삶, 물질을 초월해서도 행복할 수 있는 삶을 향하여 새로운 출발을 해야 하는 것이다.

이제 인간이 무엇인가를 재음미해야 할 시기에 이른 것 같다. 인간이란 무엇인가? 정자와 난자가 우연히 만나 시작된 자연적 생명이 이 세상에 나와서 그저 먹고 마시고 생식하는 자연적 욕망에 이끌려 성장하고 늙어서 죽어버릴 그런 생물체의 일종인가? 아니면 그 이상의 어떤 의미와 가치를 지닌 존재인가?

전자라면 인조인간 그 이상일 수 없다. 후자라면 인조인간에 의한 지배체제 속에서 순응하며 살수는 없다. 그런데 현대인의 대부분은 전자에 속한다. 먹고 마시고 생식하고. 이런 조건들의 충족을 위하여 기계의 노예가 되어 있다. 이 노예의 상태에서 벗어나는 길은 무엇인가? 이것이 현재 인류에게 주어진 과제다. 이것은 현 인문학의 과제이며 현 세계에 대한 도전이다. 독자들 중 단 한사람이라도 이 문제를 인식하고 고민할 수 있기를 바라면서 이 책의 개정판을 내어 놓고자 한다.

이 책의 개정판을 만들어주겠다고 나선 도서출판 삼화 사장님과 직원들에게 감사를 표한다.

2017년 1월
북한산 밑 현곡재에서
이상현

막연히 역사를 공부해 보겠다고 대학 역사학과에 들어갔을 때 필자는 과를 잘못 선택했다고 생각했었다. 때문에 학부 4년간을 퍽이나 재미없게 보내어야 했었다.

"이런 역사를 배워서 무엇을 하나? 이미 흘러가버린 과거의 파편들을 되새기고, 암기하고, 시험보고, 학점을 따고……, 그래서 그것을 무엇에다 쓰는가? 그것을 했다고 시쳇말로 먹고 살 길이 마련되는 것도 아니고, 그렇다고 그것으로써 생과 사를 초월할 수 있는 어떤 철학이나 신앙이 형성되는 것도 아닌데……"

이런 등등의 잡념들이 그 4년 동안 머릿속을 휘어잡고 있었기 때문에 마음은 언제나 갈등과 방황으로만 가득 채워져 있었다.

그래서 학과를 바꾸어 보려 하였다. 그러나 어찌된 일인지(그 이유는 아직도 모른다) 철학과로 학사편입을 하려던 생각도 무산되고 말았다. 그래서 또 방황했다. 1년을 고등실업자(국가로부터 받은 교사발령을 포기한 채)로, 서울대학교 중앙도서관을 직장 아닌 직장으로 생각해 보려 마음을 먹었다.

거기에서 우연히 크리스토퍼 도슨(Christopher Dawson)의《The

Dynamics of World History》를 읽게 되고, 그 속에서도 특히 아우구 스티누스의 역사관에 대한 부분을 접하면서 "이것이 역사학이라면 해볼 만하다"는 생각을 하게 되었다. 이것이 계기로 되어 〈역사이론〉 또는 〈이론사학〉이라는 것을 하면, 그런대로 흥미를 느낄 수 있다 생 각하고 대학원 졸업논문으로 〈크로체(B. Croce)의 역사사상〉을 작성할 수 있었고, 이와 더불어 콜링우드(R. G. Collingwood)의 역사철학에 관 심을 가질 수 있었다.

당시의 욕심 같아서는 쉼 없이 계속 밀어 붙여서 이들의 사상—그 것이 설사 역사학에 관한 것이 아니라 하더라도—모두를 천착해 보 았으면 하였다. 그러나 현실은 그것을 허용하지 않았다. 군복무라는 국가적 요구나 경제문제라고 하는 가정적 개인적 여건들이 이를 가 로막고 있었던 것이다. 때문이 1968년에 처음으로 〈크로체의 역사 사상〉이라는 처녀논문을 세상(서양사학보 11집)에 내어놓는 영광을 얻 었으나, 이른바 학문의 전당이라고 하는 대학연구실에 정착하기는 1980년에 이르러서다.

그러나 그런 중에도 필자는 역사이론에 대한 집념, 특히 크로체와 콜링우드에 대한 집념은 버릴 수가 없었다. 그래서 1970년에는 〈콜링 우드의 역사사상〉이라는 작은 논문을 발표할 수 있었고, 1973년에는 콜링우드의 《The Idea of History》를 《역사학의 이상》이라는 번역서명 으로 출간하는 기쁨을 맛볼 수 있었고, 1978년에는 크로체의 자유주 의사상을 짙게 담은 《자유·투쟁의 역사》를 저술 출판하고, 또 1981년 에는 《서양역사사상사》라는 저서를 내놓는 등 돈키호테 같은 만용을 부려보기도 했다.

물론, 이러한 일련의 일들이 필자의 재능이나 학식으로 볼 때 주제 넘은 일이었음을 솔직히 인정하지 않을 수 없고, 그 책들을 볼 때마다 송구함을 느끼지 않을 수 없음을 고백하는 바다.

그러나 그 같은 무모한 작업을 통해서 나 자신도 모르는 사이에 얻어지는 것들이 있었다는 것 또한 스스로 인정하지 않을 수 없다. 연구 초년에 했던 크로체와 콜링우드에 대한 이해가 천박한 것이었고 미숙한 것이었다는 것을 깨닫게 된 점이라든가, 그들의 사상과 연관된 여러 사상가들의 사상을 연결시켜 생각할 수 있게 된 점이라든가, 또 그들의 사상을 G. 비코, 헤르더, 칸트, 헤겔 그리고 나아가서는 포이어바흐나 마르크스 등과 연결시켜 보고, 그것들에서, 그 뿌리 내지는 자양분을 찾아보려는 시도를 해 보게 되었다는 점들이 바로 그것이다.

돌이켜보면, 필자가 만약 이러한 과정을 거치지 아니하고 일찍이 이 논문을 작성하려 시도하였다면 실패했을 것이 분명하다.

필자가 아무리 일찍부터 이 분야에 대한 깊은 관심을 가지고 있었고, 아무리 강렬한 연구열을 가지고 있었고, 또 아무리 운수가 좋아서 과정을 빨리 마칠 수 있는 기회가 주어졌었다 하더라도, 1960년대와 1970년대에는 이 분야의 연구논문이나 이에 관련된 기본적 저서를 입수하기가 어려웠기 때문이다.

그것은 이 분야에 대한 관심과 연구가 폭발적으로 높아지고 확산된 것이 1970년대 후반이었다는 것이 말하는 것이며, 또 우리나라의 외국도서구입 채널이 원활해진 것도 그 이후였다는 점을 생각할 때 명백해지는 일이다.

다시 말해서, 필자가 이 연구를 성공적으로 수행할 수 있었던 것

은 최근에 들어서 구미세계, 특히 영어사용국들에서 이 분야의 관심
이 높아졌고, 그 결과로 많은 기본서적과 연구논저들이 출간된 데 힘
입은 것이다. 그러나 한편 아쉬운 것은 본 논문이 거의 완성되어 가고
있을 때, 그리고 그것의 제출기한이 박두해 있을 시점에서 이에 관련
된 논저를 입수할 수 있었다는 사실이다.

그러나 이와 같은 아쉬움은 탈고를 미룬다 하더라도 언제나 남을
것이라고 자위하고, 또 학위논문이 연구의 종결이 아니라 시작이라
생각하며 그 새로 입수된 자료들의 참고를 단념하기로 하였다.

학문이라는 여로에는 종착역이란 있을 수 없고, 그 업적에는 완성
품이 있지 아니하다고 생각하면, 새로 입수된 자료, 또 앞으로 무한정
으로 출간될 논저(論著)들은 필자의 연구의욕이 그치지 않는 한, 계속
해서 참고가 될 것이고, 연구를 촉진시키고 그 결실을 새롭게 해 주는
영양소가 될 것이라 믿는다. 그런 까닭에 이처럼 미숙하고 결점 투성
이이며, 많은 논란의 소지를 안고 있는 졸작(拙作)이지만, 감히 태양빛
을 쏘여보려는 결단을 내릴 수 있었다.

미흡한 이 원고를 구상단계에서부터 초고의 철자 수정에 이르기까
지 자상하게 지도와 편달을 하여 주신 김성식 교수님께 깊은 사의를
표한다. 많은 대학을 전전해야 했던 불편한 경력을 가진 필자에게 있
어 김 교수님께서는 처음으로 사제의 정을 짙게 느끼게 해 주신 마지
막 은사라는 것을 이 자리를 통해서 밝혀두지 않을 수 없다.

그리고 이 책의 초고를 일일이 읽고 많은 문제점들을 지적해 주신
고려대학의 지동식 교수님, 최영보 교수님, 경희대학의 이석우 교수
님과 신용철 교수님께, 그리고 늘 따뜻한 격려의 말씀으로 사기를 북

돌아 주신 황용운 박물관장님과 사무적인 일에 큰 도움을 주신 신복순 선생에게 감사드린다. 그리고 사재를 털어 이 책의 출판이 가능하도록 도와주신 김근정 장군의 우의(友誼)를 기록해 둔다.

끝으로 어려운 사정에도 불구하고 이 원고의 출판을 흔쾌히 맡아 주신 대원도서 박정의 사장의 깊은 뜻을 고맙게 생각하며, 아울러 이 책이 나오기까지 내조를 아끼지 않은 아내 이경자 선생과 기쁨을 같이 하고 싶다.

이 상 현

차례

제7장 현재사의 개념과 그 인식방법

제8장 요약과 문제점들

제1장

서론

제1절
물질만능사상에 대항하여

　최근년에 이르러 크로체-콜링우드로 대표되는 역사사상이 구미 역사학계에서 매우 높고 큰 위치로 부각되어 가고 있다. 얼마 전까지만 하더라도 랑케의 역사학이 근대사학사에 있어 거의 독보적이다시피 한 위치를 고수하고 있었던 것이 사실인데, 이제는 크로체와 콜링우드의 영향력이 그것을 능가해 가고 있는 실정이다.

　1945년 T. M. 녹스(Knox)가 콜링우드의 역사학에 관한 저술과 논문을 편집하여 《역사학의 이상(The Idea of History)》라는 제목의 단행본으로 출판한 이래, 이들의 사상은 이른바 신이상주의(New Idealism)라는 명칭과 더불어 새로운 사상·사조의 파고(波高)를 높이고 있다.

　그리하여 최근 간행되고 있는 역사이론에 관한 저술이면 이들의 이름이 빠지는 것이 없게 되었고 이들의 사상에 대한 언급이 많은 부분을 차지하게 되었음은 물론, 철학·정치학·교육학·미학 등 제 분야의 학문에서도 이들 이론을 기초로 삼는 경우가 많아졌다.

　이들의 사상이 이같이 현대인에게 큰 관심을 불러일으키게 된 데에는 지금까지 구미 사상계를 풍미해 온 실증주의 또는 과학만능사상에 대한 반성에 연유하는 것이 아닌가 한다.

　실제로 구미의 현대사상사는 오귀스트 콩트가 〈실증주의적 달력

(Positivistic Calendar)〉을 발표한 이래, 이른바 〈과학적 사고의 경향(The Drift of Scientific Thought)〉의 시대[1]에 돌입했으며, 그 결과 실증주의적 방법론은 다윈(Darwin)의 진화론과 더불어 인간의 역사와 인간의 제 반행위를 이해하고 해석하는 데 있어 거의 도그마적인 위치를 차지하고 있었다.

이것은 자본주의 사회에 있어서 사회적 다위니즘(Social Darwinism)으로 나타나 자본주의적 완전 자유경쟁을 위한 적자생존이론, 약육강식이론을 합리화시켜 주었으며,[2] 한편으로는 이른바 과학적 사회주의자들임을 자처하는 자들의 사회이론, 역사이론을 성립시키게 하는 원천이 되었다.

때문에 현대의 인류가 당면하고 있으면서 전율과 공포를 느끼고 있는 위기에 선 현대 세계질서의 사상적 배경은 바로 이 같은 과학적, 실증주의적 의식과 생물학적 경쟁의식에 있는지도 모른다.

인간의 오관을 통한 관찰, 그리고 여기에 더하여 보조도구를 통해 이루어지는 실험, 이것들의 여러 결과를 현실적인, 극히 근시안적인 현실감각에 맞추어 정리·배열함으로써 얻어진 결론, 또는 법칙을 이용·응용하여 제2의 관찰, 제3의 실험, …… 등을 통하여 보다 더 발전된 결론과 법칙을 발견하는 식의 노력으로 고도의 정밀기계를 만들어, 컴퓨터를 제작하고 우주선을 발사하고 인공위성을 띄우고 전쟁에 필요한 무기경쟁을 행하고……, 이 모든 것은 과학적이고 실증주의적이고 현실주의적인 인간생활의 최후의 결실이었다.

그러나 그 결과는 무엇인가? 그 결과로 인간에게는 어떠한 이익이 주어진 것인가? 인간이 자기를 발견하고 자기의 능력을 인지하고 자기의 무한한 욕구를 충족시키기 위하여 이같이 노력한 결과, 인간에게 되돌아 온 것은 자기상실·자기소외 이외에 아무것도 없지 아니한가?

여기서 인간은 지금까지 스스로 만들어 놓은 업적들만을 만족스럽게 바라보고 있을 수는 없게 된 것이다. 인간은 스스로 자신이 무엇인지를 새롭게 인식하지 않으면 아니 된다고 생각하게 된 것이다. 그리고 이 일은 인간이 스스로 살아온 과정을 되돌아봄으로써만 가능하다고 생각하게 된 것이다.

그러므로 과학만능주의, 실증주의에 대하여 반기를 들고 인간의 역사를 정신의 역사, 사상의 역사로 이해하고, 이러한 역사를 올바르게 연구함으로써 인간의 자기인식을 시도한 크로체-콜링우드의 저술들을 읽은 현대의 지성인들은 거기에서 공감대를 발견하는 것이다.

역사를 연구하고 그것을 서술해야 하는 일을 담당하고 있는 역사가 또는 역사학자들에게 있어서 이상과 같은 경향은 더욱 절실한 것이었다. 인간의 삶과 인간의 제 행위들로 구성된 것이 역사임에 틀림없는 일인데, 이 같은 역사를 연구하는 일이 자연을 관측하고 거기에서 일반적 법칙을 발견하기 위한 실험을 행하는 이른바 자연과학적 또는 실증적 방법으로 이루어지기를 기대했던 지난날의 시도는 역사가 또는 역사학자들에게 실망과 허탈한 감정만을 가져다주었으며, 역사연구·역사서술이라는 일을 하나의 무미건조하고 무의미한 노고로만 끝나게 했다. 그 결과 역사에 대한 회의주의, 역사연구의 무용론 등이 등장하기까지 한 것이다.

그뿐만 아니라, 기껏 직업적인 역사학자·역사학 교수로 자처하는 사람들은 마치 광산의 광부들같이 과거의 기록이나 고대의 문헌들 속에서 새로운 사건·사실을 발굴하며, 또 그것을 위한 고문서의 정리와 해석 등의 일이 마치 그들의 천부적 소명인양 생각하게 되었다.

여기서 결국 역사학이라는 이름은 있어도 실제로 역사학은 만신창이가 되고 분할되어 종국에는 그 형체조차도 모호해지게 된 것이다. 그리하여 고문서 정리는 도서관학과에, 고대 유물·유적의 발굴과 정리는 고고학과에 넘겨주지 아니하면 아니 되게 된 것을 비롯하여, 정치사는 정치학과 연구실로, 경제사는 경제학과 연구실로, 철학사는 철학과 연구실로, 미술사는 미학과의 연구실로 보내버리고 역사학과 연구실에는 오래 묵은 먼지만이 쌓이게 되는 결과를 초래하게 된 것이다.

여기서 역사에 관심을 지니고 있는 모든 사람들은 어떤 새로운 방법론과 새로운 인식이론, 새로운 역사의 의미를 찾지 않을 수 없게 된 것이다. 이 같은 경향과 문제의식은 한국 사학계에 있어서도 마찬가지로 나타난 것이며, 또 그 해결을 위하여 많은 노력이 있었던 것이 사실이다.

삼국시대 이래 역사의 편찬사업이 이루어져 왔고, 고려조나 조선조에 괄목할 만한 역사의 연구 및 서술 작업이 이루어졌었던 것이 사실이나, 근대적인 사론에 이르러서는 일제의 지배하에서 수용하지 않으면 아니 되었던 실증주의적 역사학이 그 주류를 이루었던 것 또한 사실이다. 물론 최근에 들어서는 한국사학계의 일각에서 이른바 사회경제사적 방법론에 대한 깊은 관심이 일어났고, 또 그것에 입각한 연구도 상당히 활발하게 진보되고 있다.

그러나 이 모든 것은 위에서 언급했듯이 서구의 실증주의적 역사학의 영향, 그리고 이른바 '과학적'임을 앞세운 사회주의적 경향성을 띤 사조의 파문 속에서 이루어진 것이라 생각할 수 있는 것으로, 다 같이 자연과학적 방법론을 앞세운 점이나 경제적 문제 등 이른바 하부구조(understructure)적인 면에 주안점을 두었다는 점에서 실증주의 및 그 여파의 산물이라고 할 수 있는 것이다.

　때문에 한국 사학계도 이런 점에서는 구미 역사학계나 다름없는 문제점에 봉착해 있는 것이다. 그러므로 구미 역사학계 및 지성세계에서 크로체–콜링우드의 사상 또는 역사이론에 대한 공감대를 형성할 수 있었다고 한다면, 한국 역사학계 및 지성세계에 있어서도 마찬가지로 공감대를 형성할 수 있을 것으로 믿는다.

　이 책에서는 이러한 믿음 속에서 크로체–콜링우드의 역사이론을 뿌리에서부터 콜링우드에 이르러 거두어진 결과에 이르기까지 검토·연구함으로써, 한국 역사학계에 소개하고자 하는 의도에서 작성되었다.

제2절
역사이론에 대한 철학적 연구의 한계

크로체-콜링우드의 주장과 같이 모든 역사는 사상사이며, 그것은 다시 그 시대의 요구의 표현이다. 위에서 말했듯이 현대의 사상사적 요구는 현대의 자연과학적 사고와 물질 및 경제 제일주의 사고에 대한 반조정(변증법의 정반합의 반)인 것이다. 이 때문에 최근에 들어 정신을 역사의 주체로 삼고, 인류의 역사를 사상사로 보고자 하는 학문적 경향은 날로 높아가고 있는 것이다.

여기서 비코에 대한 관심은 그가 사상사에 출현한 이래 최고의 경지에 이르렀고,[1] 크로체와 콜링우드는 그들의 이름이 붙어 다니면서 그들에 대한 연구열은 날이 갈수록 높여가고 있다.[2]

그러나 이들에 대한 연구란 매우 다방면의 것이어서 이것들을 모두 본 논문과 연결시켜서 생각할 수는 없다. 구태여 이들의 학문분야를 규정하고자 하면, 그것은 철학이라고 해야 마땅할 것이다.

그러므로 이들에 대한 연구결과도 대부분이 철학적인 것들, 이를테면 형이상학·정신철학·미학·언어학·사회철학·정치철학·종교철학 등으로 대체적인 구별이 될 수 있는 것이다. 역사학에 관련된 것도 이 같은 경향에 있어서는 마찬가지이다. 즉, 일반적인 의미의 역사학이 아니라, 역사철학이라 해야 할 분야의 논저들이 대부분이다.

비코나 크로체-콜링우드 자신들의 연구 경향도 이와 비슷하였다. 크로체는 실제 역사서로《19세기의 유럽사》를 썼고, 역사이론서로서 《역사학의 이론과 그 실제(History, its theory and practise)》와《자유의 이야기로서의 역사(History as the story of liberty)》가 있으나, 그 밖에 수많은 저술들은 대부분이 철학적인 것, 즉 철학의 논리학·철학적 비평·미학·경제학·윤리학·문학·정치학 등에 관한 철학적 연구들이다.

그리고 콜링우드의 경우도《로마 치하의 영국사(Roman Britania)》라는 실제적인 역사서를 제외하고는 거의 모두가 철학적인 논저들이다.

이를테면, 우리가 본 논문에서 주로 다루어야 할〈역사학의 이상〉만 하더라도 역사철학의 역사와 그 이론의 성격을 지니고 있는 것이고, 그 밖에〈종교와 철학(Religion and philosophy)〉,〈크로체의 역사철학(Croce's philosophy of history)〉,〈마음의 거울(Speculum Mantis)〉,〈미학(Aesthetic)〉,〈신앙과 이성(Faith and Reason)〉,〈철학적 방법론(An Essay on philosophical Method)〉,〈예술의 원리(The principles of Art)〉, 그리고〈뉴 리바이어던(The New Leviathan)〉,〈자연의 개념(The Idea of Nature)〉등 대부분의 논저는 역사철학자의 입장에서 제 사물들 및 제 분야들의 학문에 대한 관심을 피력한 것이다.

그리고 G. 비코의 경우는 더욱 그러하여, 역사서는 한 권도 남긴 바 없고, 다만 오늘날 우리가 볼 때, 역사사상을 담고 있다고 생각되는 《신과학(Scienza Nuova)》이 있을 뿐이다.

그러므로 이들에 관계된 논저들이 대부분 '철학적인 제 분야들의 것'이라고 하는 것은 극히 당연한 일이라 하겠다. 그리고 우리가 본 논문에서 취급하고자 하는 이들의 역사에 대한 문제도 결국은 철학적인 역사학 또는 역사철학의 문제들이라고 해야 마땅할 것이다.

그러므로 엄격한 의미에서 이들에 대한 연구는 역사학의 분야가 아닌 철학의 방면에서 이루어져야 할 것이다. 그러나 이들의 주장들처럼 역사학을 철학과 완전히 분리해서 생각할 수 없는 것이고, 또 분리해서 생각한다 하더라도 역사학도 그것의 연구방법론 또는 역사를 어떻게 인식해야 참다운 역사학이 되겠는가 하는 등의 문제가 따르지 않을 수 없다고 하는 것을 생각할 때, 오히려 이들에 대한 연구는 역사학도에 의해서 이루어져야 할 것이다.

그러나 실제에 있어서는 역사학도에 의한 연구는 전체 연구업적 수에 비하여 극히 적은 편이다. 비교적 역사학적인 입장에서 근래에 연구 논저를 발표한 사람들을 들면 R. 카포니그리(Robert Caponigri), H. 화이트(Hayden White), V. 마티유(Vittorio Mathiew), L. 폼퐈(Leon Pompa), W. H. 왈쉬(Walsh), P. 휴즈(Peter Hughes), A. 도너건(Donaggan), W. H. 드레이(Dray), T. M. 녹스(Knox), L. O. 밍크(Mink), N. 로텐스트라이크(Rotenstreich) 등을 들 수 있는데, 이들은 대부분이 비코를 논의하면서 크로체를 연관시켜서 언급하거나, 또 이들 각자에 대한 논문이나 리뷰를 발표하고 있다는 것이다.

그것은 크로체를 이해함에 있어서 비코에 대한 지식이나 이해가 없이 될 수 없고, 콜링우드를 연구함에 있어서 크로체를 그의 사상적 동반자로 취급하지 않을 수 없다는 이유에서라고 풀이된다.

그러나 그럼에도 불구하고 이들의 역사이론이나 사상을 비교하거나, 또는 비코에서 크로체로 이전되는 과정에서 그 사상이 어떻게 변천되었는지, 그리고 크로체-콜링우드로 연결시켜서 언급되고 있는 이 두 사람의 사상이 완전히 동일한 것인지, 아니면 어떤 점에서 구별될 수 있는 것인지에 대한 연구는 찾아보기 힘들다.

한마디로 이들의 역사사상의 역사적 변천관정에 대한 역사적인 연구는 없었다는 것이다.

제3절
역사이론의 변증법적 결과로써의
크로체-콜링우드

크로체-콜링우드의 사상은 이탈리아인 G. 비코에게서 그 뿌리를 찾게 된다.[1] 17세기 코페르니쿠스·갈릴레오·뉴턴 등에 의하여 새로운 천체에 대한 이해가 새로워졌고, 이에 따라 종래의 인간의 의식구조를 형성했으며, 정신세계를 지배해 온 가톨릭적인 우주가 신의(神意)에 의해서 구상되었으며, 신의 섭리에 따라 운행되는 것이므로 그것을 이해하는 것은 신에 의해서만 가능하다고 생각되던 그 우주를 인간이 그의 이성으로써 이해하고 인간의 의식에 따라 그 구조를 재구성할 수 있게 되는 우주관의 전환이 있었다.

이에 따라 중세적 신 또는 신앙의 주체로서의 정신을 위주로 하여 사물을 이해하던 신학적 또는 사변적인 인식이론은 철퇴를 맞게 되고, 이에 대한 반조정으로 등장한 것이 자연철학적 인식이론이다.

즉, 인간은 사물을 인식함에 있어서 맹목적인 신앙이나 선입견 등에서 탈피하여 자신의 이성을 동원하여 자연을 직접 관찰하고 거기에서 얻어진 직접적인 경험을 근거로 법칙을 정립하고 그것에 따라서 진리를 인식해야 한다는 것이다. 이를 대표한 철학사상가가 R. 데카르트이다.

비코²는 이러한 데카르트적 인식체계에 대하여, 변증법의 정·반·합(正·反·合)의 논리(論理)에 있어서 또 하나의 반을 제기하였다. 그러므로 비코는 명석판명(明晳判明)을 제일의 조건으로 내세운 데카르트의 인식이론의 불완전성을 주장함으로써 자연철학적 사고방법에 대항하는 정신과학적 사고방법을 주창한 것이다. 그러므로 비코의 사상은 반자연과학적인 경향을 그것의 숙명으로 삼을 수밖에 없었다.

이러한 비코의 사상은 자연과학적 사고방법이 지배적이었으며, 자연법사상이 정치·사회 등 인간생활에 관련된 제 분야의 지식세계를 독점하고 있었던 시대에는 시기상조의 것이었으며 납득이 될 수 없는 것이었다. 그래서 빛을 보지 못하였다.

그러나 자연과학적 사고의 한계점이 드러나기 시작한 19세기 초에 이르러 그의 사상은 드디어 빛을 얻기 시작했으니, 독일 낭만주의의 선구로 통하는 헤르더(Herder)는 비코가 죽은 지 50여 년이 지난 뒤, 그의 사상을 독일에 소개하여 이른바 독일 이상주의 및 역사주의 운동의 효시(嚆矢)로 만들었다. 그러나 여기서는 아직 비코의 사상이 직접적으로 사상계에 작용하지는 못하였다.

칸트나 헤겔 그리고 마르크스와 같은 사상가들의 이론체계 속에서 그의 깊은 영향력을 발현할 수 있었고, 또 동일한 이론들을 수없이 찾아낼 수는 있었으나, 이들은 그러한 영향의 주인공으로서, 또 그러한 이론의 선구자로서의 비코의 위치를 확실하게 내세우지는 않았기 때문이다.

그러나 20세기에 이르러 헤겔 학파의 한 사람인 B. 크로체에게서는 경우가 달랐다. 그는 비코와 동향인이라는 점에서도 그래야만 했겠지만, 칸트나 헤겔, 마르크스와는 달리 비코의 이름을 앞세워 자신의 이론을 전개시켰으며, 또 스스로《비코의 철학》이라는 연구서를 출간함으로써 그의 이론, 그의 사상의 근거가 비코에게 있음을 확실히 하였다.

크로체는 그의 역사이론을 전개시켜 가는 방법에 있어서도 비코와 형식을 같이 하였다. 즉, 비코가 데카르트의 자연철학적 방법론의 모순과 그 불완전성을 공격함으로써 그의 이론을 정립하였던 것과 같이, 크로체는 실증주의 및 실증주의적 역사학의 방법론에 대한 비평을 통해 그의 정신철학적인 역사이론을 풀어나갔다.

이것은 비코의 시대가 지나친 과학만능주의로 물들어 있었던 시대요, 그 때문에 그것에 대한 안티테제(Antithese)=반(反)조정(措定)으로서의 비코 사상이 나왔던 것처럼, 크로체의 시대가 또한 실증주의로 통칭되고 있는 자연과학적 사고가 지나치게 지배적이었다고 하는 당시대의 분위기에 대한 반조정이라 할 것이다. 이 점은 콜링우드에게 있어서도 마찬가지다.

그러므로 본 연구는 일차적으로 비코, 크로체-콜링우드의 사상이 지니는 자연과학사상과의 대치적 관계를 밝히는 데에서 그 단서를 잡을 수밖에 없었다. 필자의 좁은 소견으로는 언제나 양(陽)을 올바르게 보기 위해서는 음(陰)을 제대로 파악하지 않으면 아니 된다는 생각에서이다.

때문에 좀 장황하다는 느낌을 느끼게 되더라도, 비코의 사상을 데카르트의 것에 비추어 봄으로써 이해의 실마리를 풀려 하였고, 크로체와 콜링우드의 역사이론은 실증주의 및 실증주의적 역사학에다 그들의 사상의 빛을 비추어 보는 방법으로 그들의 사상의 명백한 윤곽을 잡아 보고자 하였다.

그러나 본 연구의 목적은 궁극적으로 크로체-콜링우드의 역사이론을 이해하고 여기서 얻어진 결론을 실제 역사연구 및 역사서술에 활용하여 참된 역사의 파악을 도모케 하고자 하는 데 있다.

그런데 이들의 사상을 자연과학적 방법론이나 실증주의와 대치시켰을 때는 다 같은 방향의 방법이요 사상으로 생각되나, 보다 구체적으로 이들의 사상을 개별적으로 이해하면 서로가 다르다.

즉, 크로체의 사상은 그가 비코를 존경하고 그의 사상의 깊은 영향을 입어서 이루어진 것이 사실이나, 그러면서도 그것은 비코의 것과 구별되는 것이 있고, 콜링우드의 역사이론은 일반적으로 크로체의 그것과 동일한, 또한 매우 유사한 것으로 취급되고 이해되고 있으나 그것들은 매우 큰 차이를 지니는 것들이다.

이를테면, 비코의 사상이 크로체에게 이르는 동안 칸트나 헤겔, 특히 헤겔 철학에 커다란 영향을 받으므로 해서 변질·변모된 것이라면, 콜링우드의 역사이론은 원칙적인 면에서는 크로체와 공동전선을 펴고, 반실증주의적 입장을 고수하고 있으나 역사인식의 문제에 있어서는 오히려 랑케의 'Wie es eigentlich gewesen(과거에 있었던 대로)'을 이상으로 하여 거기에 도달하는 인식방법론을 제시하고 있는 것이다.

그러므로 본 연구는 비코의 역사사상이 크로체에게 도달되는 과정을 이해하고, 또 전자의 사상이 후자에게서 어떻게 소생·표현되고 있는가, 즉 어떤 것이 변질·변모되었고, 어떤 것이 지속적으로 살아있는가 하는 것을 주안점으로 살핌으로써 비코의 사상과 크로체의 역사이론을 함께 이해하는 방식을 취하였다.

그리고 콜링우드를 논함에 있어서는 그가 크로체의 사상을 어떻게 받아들여 그것을 어떻게 발전시켜 나갔는가를 포착하기 위한 노력으로 그 둘을 비교하는 방법을 취하였다.

제4절
문제의 맥락을 따라서

비코, 크로체-콜링우드의 역사에 대한 생각은 몇 가지 문제의 요건들로 정리될 수 있다.

첫째는 역사를 어떻게 인식해야 하는가의 문제이다. 이들은 자연과학적 사상가들이나, 실증주의자들이 물량적 인식, 즉 오관이나 기타 인식기관을 통한 사물의 객관적 인식을 중요시한 데 대하여 정신적 인식 또는 역사적 인식의 중요성을 강조하였다.

이 문제에 있어 비코는 데카르트의 '생각한다. 고로 존재한다 (Cogito ergo sum)'의 명제에 대체되는 '진리는 창조되는 것과 동일하다 (Verum ipsum factum)'의 명제를 주장하였고, 크로체는 랑케의 '과거에 있었던 대로(Wie es eigentlich gewesen)'라는 역사인식의 목표에 대항해서 '모든 역사는 현재사'·'모든 역사는 사상사'라는 주장을 하였으며, 콜링우드는 이러한 크로체의 주장을 반복하면서 발전시켜 오히려 랑케가 제시한 목표에 도달하려는 노력을 경주(傾注)하였다.

따라서 필자는 본 논문을 통해 비코의 'Verum ipsum factum'의 원리가 무엇이며, 크로체-콜링우드의 '현재사'·'사상사'의 개념이 무엇이고, 이들의 이 같은 생각들이 어떤 연관성을 가지고 있으며, 어떻게 발전되었는지를 밝히고자 하는 것이다.

둘째는 역사과정에 대한 문제이다. 자연과학적 사상가들은 자연자체를 인식함에 있어서는 전체로서의 자연, 하나의 몸체로서의 자연을 생각했는지는 모르나 인간사의 문제, 역사의 문제를 생각함에 있어서는 대부분 개별적 사건을 위주로 생각하려 했고, 기껏 실증주의자들이라 하더라도 개별적인 제 사건·사실들을 무작위(無作爲)로 수집해 놓았을 때 그것들 스스로가 말하는, 이를테면 자연법칙에 따르는 역사의 과정을 생각하는 정도였다.

그러나 비코나 크로체-콜링우드는 그들과 반대로 말이나 문장으로써 그러한 법칙이나 과정을 강조하고 있지는 않으나(비코는 예외), 오히려 몸체로서의 역사를 암시, 또는 묵인한 가운데서, 거기에 붙어 연결되어 발생한 것으로서의 사건·사실들로 생각하였다.[1]

비코는 이 문제에 있어 좀 더 노골적으로 역사의 과정을 설명하여 역사를 진리의 자기표상 과정으로 표명했으며, 그 과정의 실체를 〈Idea Eternal History〉로 명명하였다. 그리고 이 과정은 진리가 매 시대별로 특징 있게 표상되고, 그 표상의 연속으로 이루어지는 것이며, 그 특징에 따라 각 시대의 변천과정은 시(詩)의 또는 신화(神話)의 시대(또는 야만시대), 영웅들의 시대, 인간들의 시대(또는 고전시대)로 구분된다고 하였다.

크로체나 콜링우드는 표면적으로 이 과정을 주장한 바는 없으나, 역사의 발전에 대한 문제는 보다 적극적으로 이해하려 하였다. 크로체는 인간은 역사상 매 시대에 '현재생에 대한 관심'을 갖게 되고, 그 관심에 근거한 그 시대에 해결해야 할 과제를 설정하고, 또 그것을 해결하려는 노력을 통해서 매 시대의 특징적 문화를 창조하고, 다시 그것을 근거로 하는 관심의 작용이라는 변증법적 과정을 통해 한 시대에서 다음 시대로, 그리고 또 다른 시대로 역사는 진전되어 간다는 주장을 하였다.

그리고 콜링우드는 이와 동일한 논리를 취하면서, 크로체의 '현재생에 대한 관심'을 매 시대에 당면하는 '고난들'로 대치시켰다. 그리고 비코의 시대 구분과 유사한 역사발전의 5단계설을 주장하고 있다.

따라서 본 논문은 역사발전의 문제에 있어서, 과연 역사는 발전하는 것인지, 발전한다면 발전되고 있는 실체로서의 역사란 어떤 것인지, 그 발전의 주체가 되고 있는 정신은 어떻게 작용하여 발전을 가능케 하는 것인지, 그리고 그 발전의 패턴은 어떤 것인지를 밝히는 것을 두 번째의 목표로 삼는다.

일반적인 논문의 형태로 볼 때, 이상과 같이 논문의 주제가 정해졌다고 하면, 그 주제별로 논문이 구성되어야 할 줄 안다. 그러나 필자가 본 논문에 거는 기대는 단순한 주제 중심의 논의로 끝나는 것이 아니라, 그 논의를 전개하는 과정에 이 방면의 지식을 일반 독자는 역사학도들에게 소개하고자 하는 바도 포함되어 있다.

그러므로 비코, 크로체-콜링우드의 이론들을 주제별로 포함시켜서 논의를 전개시키는 것보다는, 이들을 역사적 배열에 따라 별도로 논의를 전개함으로써 비코의 것은 비코의 것대로 이해할 수 있고, 크로체나 콜링우드의 것은 그것들대로 이해할 수 있도록 했다.

본문이 6개의 장으로 구성되는 것은 여기에서 연유하는 것임을 참고하기 바란다.

제5절
본 논문의 특징과 한계

1. 비코와 크로체

비코가 독일 낭만주의 및 역사주의적 세계에 소개된 것은 헤르더에 의해서라고 하였지만, 실제로 비코에 대한 구체적인 연구가 보다 깊이 있게 이루어지기 시작한 것은 보다 훨씬 뒤인 20세기 초 그의 동향인인 B. 크로체에 의해서였다.[1]

19세기 말, 20세기 초에 주로 활약한 크로체는 이탈리아인이었을 뿐만 아니라, 비코를 개인적으로 추앙하여 그의 고가(古家)를 구입, 평생을 그곳에서 살만큼 스스로 비코의 후계자이기를 바랐었다.

그리하여 그는 1911년 비코 사상 연구의 결실로 《La filosofia di G. B. Vico》를 출간하였다. 여기에서 이룩된 그의 업적은 그 이후 모든 비코에 관한 논의에 영향을 미치게 되었다.[2]

이것은 주로 비코의 《신과학(New Science)》을 구조적으로 분석한 것인데, 이를 통해 크로체는 비코의 철학을 정신철학(a philosophy of spirit), 경험적 사회과학(an empirical science of society), 그리고 실천적 역사학들(certain actual histories)로 분석하였으며,[3] 이를 통해 '역사의 철학(philosophy of history)'과 '역사에 대한 철학적 이론(philosophical theory of history)'을 구분하는 계기를 마련하였다.[4]

이상과 같은 것이 크로체가 비코로부터 역사의 인식 및 서술에 대한 이론을 이어받는 계기가 된 것이라고 하면, 그는 비코의 사상 중에서 'Storia ideal eterna', 즉 'Ideal Enternal History'의 개념에 특히 큰 관심을 가졌는데,[5] 이것이 그가 스스로 표명하고 있지는 않으나 내세우고 있는 역사발전 이론의 뿌리가 되고 있는 것이 아닌가 한다.

이상과 같은 점들을 생각할 때, 비코는 크로체 없인 오늘날에 그가 누리는 명성과 영향력을 갖지 못했을지도 모르는 것이고, 반대로 크로체는 비코 없이는 그의 사상을 갖지 못했거나 전혀 다른 방향의 사상을 갖게 되었을 것이다.

이처럼 비코와 크로체의 사상적 관계는 밀접한 것이기 때문에, 오늘날 우리의 입장에서 크로체의 사상을 이해하기 위해서는 비코의 사상을 연구하지 않을 수 없는 것이고, 또 반대로 비코를 이해하는 길은 크로체를 통하지 않을 수 없는 것이다.

그러므로 본 연구에서 이루어진 비코의 사상에 대한 이해는 필자가 크로체의《비코의 철학(La filosofia di G. B. Vico, The philosophy of Giambattista Vico)》을 숙독하는 가운데서 얻어진 생각을 근거로 하였으며, 또 그것은 크로체의 사상을 이해하기 위한 전제조건으로 이루어진 것임을 밝혀두지 않을 수 없다.

본 연구에 있어서 비코에 대한 이해가 크로체의《비코의 철학》을 근거한 것이라면, 크로체의 역사이론에 대한 이해는 필자가 크로체의 저서《역사학의 이론과 실재(History, its theory and practise)》를 나름대로 분석하고 체계화시키려는 노력에서 이루어진 것이다.

주지하는 바와 같이, 크로체는 수많은 분야의 학문을 편력한 끝에 철학에 이르렀고, 거기서 철학은 역사학과 동일한 학문이라는 결론을 얻었다. 이 같은 결론을 얻기까지 그는 미학(Aesthetic)에서 비롯하여 경제학·윤리학·정치학·논리학 등에 관련된 수많은 저서와 논문을 모두 발표하였다.

그러나 그것은 모두가 그 철학과 역사학에 도달하기 위한 사고와 지식의 집적이었다. 이 집적으로 이루어진 저서가 바로《역사학의 이론과 실재》다. 그러므로 이 책의 분량은 비록 많지 않으나, 그 내용은 크로체 철학의 결론이요, 정수라 해야 할 것이다.

그러므로 본 연구가 이를 중심으로 이루어졌다 해도 크로체 사상의 일부가 아니 전체적인 것을 포착하는 데 있어 결코 손색이 없을 것이다.

2. 크로체와 콜링우드

B. 크로체가 G. 비코에게 그 사상적 뿌리를 두고 헤겔 철학의 영양소를 섭취하여 실증주의적 역사사상을 배격하고 정신철학에 근거한 역사적 세계를 성립시킨 사람이라고 한다면, 콜링우드는 그 크로체의 사상을 이어 받아 자연과학적 세계로부터 역사학적 세계를 완전히 독립시킴으로써 실증주의적 역사학의 그릇된 생각의 찌꺼기를 깨끗이 제거해 버린 사람이다.[6]

그러므로 콜링우드의 이름은 언제나 크로체의 이름과 연결된 상태로 불리고 있으며, 또 그는 폴 콘닌(Paul Conkin)이 지적하고 있는 바와 같이,[7] 두 사람은 딜타이(W. Dilthey)와 더불어 크로체 학파(Crocean School)라고 하는 하나의 학파를 형성하고 있는 사람이다.

실제로 콜링우드는 크로체의 연구자로서 《크로체의 역사철학(Croces philosophy of history, Hibbert Journal xix)》을 썼고, 또 그에 대한 것을 영어세계에 소개한 사람으로서 크로체의 저서인 ①《G. 비코의 철학(The philosophy of Giambattista Vico)》, ②《자서전(An Autobiography)》, ③《미학(Aesthetic)》 등을 영역하는 작업을 하였다.

그러므로 콜링우드는 여러 면에서 크로체 사상에 영향을 입은 바가 크다. 때문에 레니어(G. J. Renier)는 크로체의 역사상과 콜링우드의 역사사상을 서로 구별할 수 없을 정도로 동일한 것이라고 하였다.[8]

콜링우드가 실증주의를 반대하고 이에 대한 역사주의적 입장을 취하고 있다는 점, '모든 역사는 사상사'라고 주장하는 점, 그리고 '모든 역사는 현재의 역사'라는 명제를 반복·강조하고 있다는 점 등을 염두에 둘 때 그렇게 생각하기도 쉽다.

그러나 그것은 동양인의 눈으로 서양인의 모습을 볼 때, 모두가 비슷하게 보이는 것과 같은 것이다. 이 두 사람의 사상이 동일한 것처럼 보이는 것은 자연과학적 방법론을 중심으로 사물을 헤아리는 실증주의적 입장과 대조시킬 때 동류의 것으로 보이는 것일 뿐, 그것들을 동일한 것으로 보는 것은 전혀 잘못이다.

이들의 사상을 보다 구체적으로, 보다 심층적으로 보면 매우 다른 면을 발견하게 된다. 어떤 면으로 콜링우드의 것은 크로체의 것에 대하여 훨씬 더 아카데믹한 것이며, 훨씬 더 치밀하고 심층적인 것이다.

이러한 차이는 우선 그들의 생활태도에서 나타난다. 후자가 실천적 생활을 중요시하여 스스로 정치일선에 나서서 활약한 실천가인데 비하여, 전자는 철저한 아카데미즘에 입각해서 오로지 옥스퍼드에서의 강의와 연구 및 저술생활로서 일평생을 보낸 사람이다.

그리고 그는 비록 그의 만년에 크로체의 것과 다르지 않은 역사주의를 그대로 받아들였다 하더라도 초년에는 크로체를 날카롭게 비판하였으며, 최소한 정신철학의 부분과는 현저하게 구별되는 자기 자신의 철학을 창출해 내기 시작하였다.[9]

《역사학의 이상》은 물론 콜링우드의 만년의 사상을 담은 책이다. 그러므로 역사사상에 있어서는 콜링우드가 크로체를 비판하는 입장에서 이룩된 것이 아니다. 그러나 그의 초년에 달리 생각한 것이 만년에 이르러서라고 자취도 없이 지워져 버릴 수는 없는 것이고, 또 그의 역사사상이 정신철학에 근거를 두고 있는 것인 한, 역사사상이 근본적으로 동일한 것일 수는 없다.

실제로 두 사람이 다같이 '사상사'를 강조하였으나, '사상'이라는 용어가 뜻하는 것은 약간 다르고, 또 다같이 '현재의 역사'를 주장하고 있으나 그 '현재'의 개념에는 상당한 간격이 있다.

그러므로 콜링우드의 역사사상을 이해함에 있어서는 크로체의 그것에 비교하면서 이해하는 것이, 그 개념과 의미를 명백히 하는 데 도움이 될 것이라고 생각되어, 가급적 그것을 시도해 보았다.

콜링우드는 1916년 《Religion and Philosophy》를 처녀작으로 출간한 이래, 1946년 T. M. 녹스에 의해 편집된 《역사학의 이상》이 출판되기까지 30여 년에 걸친 연구생활을 통하여 수없이 많은 저서와 논문을 발표하였다.

그 분야는 매우 다양한 것이어서 종교·철학·미학·교육학·경제학·자연과학·정치학 등 가히 모든 지성영역을 전반적으로 포괄하는 것이었다. 이런 점을 미루어 콜링우드의 역사학에 대한 관심은 위의 여러 학문들에 대한 관심 중의 일부에 지나지 않는 것으로 생각되어질 수도 있다. 그러나 그렇지는 않다.

역사학이 위의 모든 학문에 대한 관심과 그것들에 대한 지식을 전제로 하는 학문분야라는 데도 그 이유가 있겠지만, 콜링우드는 실제로《로마 치하의 영국사(Roman Britania)》이라는 역사서를 직접 저술함으로써 역사가로서의 명성을 떨치기도 하였고, 또 그의 연구경력에 있어서도《역사학의 이상》이 최종적으로 나타났다고 하는 것을 볼 때, 콜링우드의 역사에 대한 관심은 그의 학문을 결산하는 의미를 갖는 것이며, 동시에 앞에서 언급한 대로 모든 학문의 총합으로서의 역사학의 의미를 부각시키는 것이라 하겠다.

이런 뜻에서《역사학의 이상》이 갖는 비중은 클 수밖에 없다. 그리고 이것은 본 논문이 주로 이 저서를 분석하고 고찰하는 가운데서 이루어진 것이라는 점에 대한 변명도 될 수 있을 것이다.

제2장

G. 비코에 의한
역사적 인식의 출발

제1절
R. 데카르트와 G. 비코

    G. 비코의 사상은 데카르트의 인식이론에 대한 비판으로부터 비롯된다. 그러므로 R. G. 콜링우드는 비코를 반(反)데카르트주의의 첫 번째 인물로 꼽았고,[1] H. 화이트(Hayden White)는 비코 사상의 독창성은 주로 데카르트 학파와 자연법학자(Jus naturalist)들에 대항하는 그의 주장에 있다고 하였다.[2]

    주지하는 바와 같이, 데카르트 이후 많은 사상가들, 특히 자연법 사상가들은 자연을 생각함에 있어서는 말할 것도 없이, 인간과 사회의 문제를 생각함에 있어서도 자연과학적 방법론, 특히 수학적 원리에 근거하는 방법론을 취하려 하였다.

    T. 홉스가 갈릴레오를 방문 한 뒤 거기에서 큰 감명을 받고, 자기는 갈릴레오가 자연과학에서 이룩한 업적을 인문과학에서 이루어 보겠다는 야심을 갖게 되고, 자연과학의 연구방법과 원리를 인간의 행동과 그것에 관련된 연구에 적용함으로써 이룩해 보려했으며, 그리하여 기하학적 정확성을 갖고 정치도덕의 문제를 연구하여 사회과학을 창시했다는 이야기는 그의 《리바이어던(Leviathan)》을 읽은 사람이면 누구나 아는 일이다.[3]

    비코가 출생하여 성장한 17세기의 지적 풍토는 바로 이런 것이었

다.[4] 비코의 사상은 바로 이러한 지적 풍토에 대한 반조정적인 노력에서 비롯되었다.[5]

그는 데카르트에게서 자신이 지니고 있는 사상과 반대적인 면을 보고,[6] 데카르트나 그와 유사한 생각을 지닌 사람들에 반대하여 유형적인 자연(Physical nature)의 과정과 구조를 분석하는 데 사용되는 것과는 구별되는 사회적 문화적 제 현상들의 구조를 분석하는 데 사용되는 것과는 구별되는 사회적 문화적 제 현상들의 분석을 위한 사고방법(Conceptual apparatus)의 필요성을 주장하였다.[7]

그리하여 그는 진리의 판단기준은 명석한 개념이라고 하는 데카르트적 원리에 반기를 들어, 데카르트의 'Cogito ergo sum(나는 생각한다. 고로 존재한다.)'에 대항하는 'Verum ipsum factum(진리는 창조되는 것과 동일하다.)'이라는 명제를 내세워, 그것으로써 역사 및 인문·사회·과학의 인식방법론을 위한 초석으로 삼았다.[8]

그러면 데카르트의 'Cogito ergo sum'과 비코의 'Verum ipsum factum'은 어떻게 다른가?

1. Cogito ergo sum

데카르트에 있어서 진리인 것은 명석판명(明晳判明)한 것, 즉 어떠한 경우에도 의심할 수 없을 만큼 명백한 것이다. 그러므로 거의 진리에 대한 인식은 철저하게 의심해 보는 데서 비롯된다. 다음은 데카르트가 스스로 의심하는 데서부터 진리임을 확인하는 글이다.[9]

그러므로 나는 내가 보는 모든 것들이 거짓이라고 가정하자. 거짓으로 가득한 나의 기억이 나에게 나타내 보여 주는 모든 것이 결코 존재한 것이 없었다고 믿어보자. 나는 아무런 감각도 가지고 있지 않다고 가정하자. 육체나 형태나 면적이나 움직임이나 장소 등이 나의 정신의 가상물일 뿐이라고 믿어보자. 그렇다면 도대체 무엇이 참된 것이라고 생각될 수 있을까? 아마도 이 한 가지, 즉 이 세상에 확실한 것은 아무것도 없다는 것이리라.

(중략)

아무것도 없다고, 하늘도 땅도 정신도 없다고 스스로 확신하였는데, 그렇다면 나도 없다는 것도 확신하였는가? 그것은 분명히 아니다. 내가 확신할 때, 또는 다만 내가 무엇을 생각하였을 때 나는 틀림없이 있었다.

여기서 데카르트의 유명한 명제 "나는 생각한다. 고로 존재한다. (Cogito ergo sum)"가 나온다. 다시 말해서 '나'의 주변에 있는 모든 것, 내가 지금 기억하고 있는 모든 것은 의심할 수 있어도, 생각하고 있는 바로 그 주체로서의 '나'는 분명히 존재하고 있다는 것이다. 여기에서 "생각과 존재는 일치한다." 또는 생각이 존재의 원인이라는 데카르트의 이론이 성립된다.

그리고 이것은 데카르트에게 있어 명석판명한 진리의 인식이란 '나' 자신 속에서 마음으로 깨닫고 몸으로 느끼는 직접적 체험에 의해서만 가능하다는 것을 말해 주고 있다. 그렇지 아니하고 귀를 통해서 전해들은 것, 그리고 기억되고 있는 것은 일체 진리인 것으로 믿을 수 없다는 것이다.

다시 말해서 데카르트에게 있어 진리는 '나'가 직접 오관을 통하여 직접 경험할 수 있는 것뿐이다. 그러므로 이러한 인식의 대상이 될 수 있는 것은 한 번 경험한 것을 다음번에 다시 경험하더라도 동일한 결과를 얻을 수 있는 대상, 즉 물리적인 자연세계(natural world) 뿐이다. 이 점을 데카르트는 다음과 같이 말한다.[10]

> 무엇보다도 첫째로, 나는 철학자들이 속되게 연속물이라고 불렀던 것, 즉 길이·넓이·깊이에 있어서 연장이라고 불렀던 것이 양(量) 속에 존재하고 있다는 것을 분명히 상상할 수 있다. 더구나 나는 양 속에 여러 가지 상이한 부분들을 열거할 수 있고, 또 그러한 부분의 감각에 모든 종류의 크기·모양·위치 및 운동을 귀속시킬 수도 있다. 그리고 끝으로 나는 그러한 모든 운동의 각각에 모든 종류의 지속을 첨가시킬 수도 있다.
>
> 그리고 나는 그러한 사물들을 일반적으로 생각할 때 그것들을 명석 판명하게 인식할 뿐만 아니라, 또는 동시에 내가 조금이라도 거기에 내 정신을 집중시키기만 하면, 수·모양·운동 및 이와 유사한 것들에 관하여 무수한 특수성을 인지할 수도 있다. 그리고 그때에 그러한 것들의 진리는 너무나 명백하고, 또 나의 본성과 잘 어울리고 있기 때문에도 어떤 새로운 것을 배운다는 생각보다는 오히려 이미 전에 알고 있었던 것을 다시 기억하는, 즉 그러한 사물을 향하여 내가 아직 나의 정신 속에 있었던 것들을 지각하는 것처럼 생각된다.

　　이와 같은 이론에 따를 때, 결국 우리가 인식의 대상으로 삼을 수 있는 것은 '나' 자신의 존재와 자연세계의 제 사물들, 그리고 '나' 스스로가 물량적으로 제작해 놓은 것, 이를테면 기하학적 제도 등뿐이다.

그리고 그가 기억력의 대상으로 취급하고 있는 역사·시·웅변 등은 그 인식의 대상에서 제외된다.[11]

그 때문에 데카르트는 그의 이와 같은 입장을 분명히 하여 다음과 같이 말하고 있다.[12]

> …그러한 이유 때문에 내가 나의 스승들의 주의에서 벗어나도 좋을 나이에 이르자마자, 나는 완전히 그런 학문들(역사·웅변·시·신학·철학 등: 필자 주)의 연구에서 떠나 버렸다. 이리하여 나는 나 자신 속에서 발견될 수 있거나 세계라는 커다란 책 속에서 발견될 수 있을 학문 외의 다른 학문은 더 이상 연구하지 않을 것을 결심하고, 나는 나의 나머지 청춘을 여행하거나, 궁정과 군대를 견문하거나, 여러 사람들의 여러 가지 기질과 생활조건을 찾거나, 여러 가지 경험을 쌓거나, 운명이 나에게 지시해 주는 만남 속에서 스스로를 체험하거나, 또 어디서든지 내가 이익을 끄집어 낼만한 사물들에 대하여 사려 깊은 숙고를 하는 데 이바지 하였다.

2. 데카르트의 역사에 대한 생각

그러면 구체적으로 데카르트는 역사를 어떻게 생각하였나? 위에서 우리는 데카르트가 역사학을 인식의 대상에서 제외시켰다고 하였으나, 실제에 있어서는 그 이상이었다.[13] 다시 말해서 이상과 같은 그의 인식이론에 입각할 때, 역사학 자체를 거침없이 매도하지 않을 수 없었을 것이다. 다음은 그의 매도적인 글이다.[14]

내가 생각하기로 나는 고대 언어학 연구에 대해서, 고대 작가들의 독서에 대해서, 그리고 그들의 역사와 대화에 대해서 꽤 많은 노력을 경주한 것 같다. 이전 시대의 인간들과 생활한다는 것은 외국에서 여행하는 것과 같다. 우리가 우리 자신을 편견을 갖지 않고 판단하고, 또 전혀 자기모국 이외에는 다녀본 적이 없는 사람들처럼, 자기와 상이한 모든 사람들을 업신여기고 조롱하는 일이 없도록 하기 위해서 우리는 다른 나라 국민들의 생활습관을 알아 두는 것이 유용하다.

그러나 그들 자신의 모국에 대하여 생소해질 정도로 너무 오랫동안 여행을 하는 사람들이나, 고대인들의 행위에 대해서 너무 호기심을 가지고 연구하는 사람들은, 오늘날 우리들 사이에서 어떠한 일이 일어나고 있는가에 대해서 무지해지기 쉽다. 더구나 이런 설화는 실제로는 그럴 수 없는 것을, 마치 그런 것이 발생했었던 것처럼 이야기한다. 그리하여 우리들로 하여금 우리의 힘으로 도달할 수 없는 것을 기도하도록 만들고, 또는 우리의 운명으로서는 이루어질 수 없는 것을 바라게 한다.

그리고 역사가 설사 진실이고, 또 전혀 과장하지도, 사물의 가치를 변경시키지도 않는다 하더라도, 그 역사는 독자들의 주의를 보다 더 환기시킬 수 있게 하기 위하여, 비교적 재미없고 천박한 제 사건들을 생략해 버리기도 하고, 보다 가치 없는 일을 가미시키기도 한다. 그 때문에 역사가들이 기술하는 사건들이 바로 역사가들이 기술한 그대로 발생한 것은 아니다. 그리고 그러한 역사적 사건들을 모범으로 삼아서 자기들의 행동을 하려고 노력하는 사람들은 광적이고 낭만적인 중세 기사들의 광기를 부리거나 계획적으로 과장된 행위를 시도하려 하기 쉽다.

데카르트가 이와 같이 역사학에 대하여 비판적 입장을 취하고 있는 요지를 뽑아 보면, ① 역사학이 갖는 우화성, ② 교훈적 실용성, ③ 임의적 첨삭, ④ 과장된 환상, ⑤ 비사실성 등이다.[15] 실로 이것들은 역사학의 가치와 그것의 학문의 존폐를 결정하는 중대한 문제들이다.

그리고 데카르트의 사상에 반대하고, 역사학의 중요성을 강조하는 비코나 크로체-콜링우드의 역사사상은 바로 역사학이 지니는 이러한 문제들을 합리화하거나 그 정당성을 주장하는 데서 출발하는 것이다. 따라서 본 논문의 앞으로의 진전을 위해서 위의 문제들을 보다 구체적으로 논의해 보는 것은 도움이 될 것이다.

첫째, 역사학의 우화성이다—즉, 데카르트는 "설화는 실제로는 그럴 수 없는 것을, 마치 그런 것이 발생했던 것처럼 이야기 한다."고 했는데, 이것은 데카르트가 고대 오리엔트세계의 역사학 또는 그리스에 있어서도 호메로스나 헤시오도스, 그리고 헤로도토스와 리비우스, 또는 기독교적 역사서들에 포함되어 있는 우화적 요소들, 이를테면 비코가 앞으로 중요시해서 취급할 역사의 시적 계단, 또는 신화적 계단에서 이루어진 사상의 표현들을 말하는 것이다.

둘째, 역사학의 실용성에 대한 문제다—이 문제에 있어, 데카르트는 "그리하여 우리들로 하여금 우리의 힘으로 도달할 수 없는 것을 기도하도록 만들고, 또 우리의 운명으로서는 이루어질 수 없는 것을 바라게 한다."고 하였는데, 이것은 폴리비오스(Polybios)를 비롯한 리비우스(Livius), 타투키스(Tacitus) 등 로마의 교훈적 역사학을 지칭하는 것이다.

데카르트의 명석판명한 인식론 또는 동일한 관찰, 동일한 실험의 결과는 시공을 초월해서 동일한 것이어야 된다는 사고형태에 입각해 볼 때, 이러한 교훈적 역사학은 허망한 기도였기 때문이다.

예를 들어, 폴리비오스는 로마가 불과 53년간이라는 짧은 기간에 전(全)지중해 영역을 제패하는 대국가로 성장, 발전하게 된 이유를 찾아 서술함으로써, 그것을 그리스인에게 교훈으로 제공하여 그가 못다 한 그리스의 재흥을 이루어 보려 하였으나,[16] 결코 그 이후 그리스의 재흥은 있을 수 없었기 때문이다.

그뿐만 아니라, 리비우스의 경고에도 불구하고 로마 제국은 타락해 갔으며, 타키투스의 우려에도 불구하고 로마 제국은 게르만 인들에 의하여 붕괴되었기 때문이다.

이러한 역사상의 실례, 즉 '교훈적·실용적'이라는 말들은 비코나 크로체-콜링우드 식으로 생각하면 로마라는 역사상의 한 시대가 갖는 하나의 특징이요, 사상이요, 철학이지만, 데카르트적인 자연과학적 관점에서 볼 때, 그것은 헛된 노력에 불과한 것이었다.

셋째, 역사의 임의적 첨삭—데카르트는 이 문제를 "역사는 독자들의 주의를 보다 더 환기시킬 수 있게 하기 위하여, 비교적 재미없고 천박한 제 사건들을 생략해 버리기도 하고, 보다 가치 없는 것을 가미시키기도 한다."고 설명하고 있는데, 이것은 특히 기독교적 역사서술에서 발견할 수 있다.

예를 들면, 기독교적 역사서술에서는 모든 과거의 단서를 유태교와 기독교의 역사적 발전에서 찾았다. 그러므로 세계사 또는 보편사를 쓴다고 하는 입장에서도, 그들은 기독교와 무관한 제 사실들, 이를테면 엄연히 실재해 있었던, 오리엔트 세계의 제 종족들·제 문명들·

제 국가들 등의 역사적 제 사실들을 배제해 버리고 실제로는 아무런 관계도 있을 수 없는 피타고라스(Pythagoras)와 플라톤을 모세의 제자라고 한다거나 세네카(Seneca)를 바울(Paul)의 제자로 왜곡·첨가한다든가 하는 일도 있었다.[17]

그리고 이 같은 예는 민족사나 국가사 등에서는 얼마든지 찾아 볼 수 있는 것이다. 이 같은 역사학의 문제를 비코는 그 시대의 진리의 자기표상으로 설명하고, 크로체-콜링우드는 그 시대의 역사가들은 그들 나름대로 그 시대에 따른 사상 및 철학을 가지고 있는 고로, 그에 따라 임의적 첨삭을 할 수밖에 없으며, 또 그것이 그 시대에 진실을 표현하는 것이라고 설명하지만, 데카르트에게 있어서, 즉 있는 것은 있는 대로 표현되어야 한다는 자연과학적인 사고에 있어서 그것은 인위적 조작으로 진리의 날조로 생각되는 것이 당연하다.

넷째, 역사가의 과장된 환상이다―데카르트는 이 문제를 "역사적 사실들을 모범으로 삼아서 행동하려는 사람들이 광적이고 낭만적인 중세 기사들의 광기를 부리거나 계획적으로 과장된 행위를 시도하려 하기 쉽다"고 설명하였는데, 실제로 역사학을 연구하는 사람들에게서 이것은 많이 나타나고 있는 바이다.

이를테면, 고대의 도시국가나 도시자체를 오늘날 우리가 살고 있는 현대도시보다 크고 화려한 것으로 과장해서 생각한다거나, 또는 자신이 연구하고 있는 분야의 역사 또는 나라의 역사만이 가장 연구할 가치가 있는 것, 또는 그 자체가 세계 보편사나 되는 듯 착각하는 경우가 그런 것이다.

그리고 민족사를 쓰는 경우, 또는 종교사상사를 쓰는 경우 자기가 소속되어 있는 민족이나 종교 또는 사상체계는 모두가 정당하고 진실하고 아름답고 가치 있는 것으로 생각하는 경우가 그것이다.

다섯째, 역사의 비사실성—이것은 위에서 언급한 모든 요건들의 종합이다. 다시 말해서 위의 모든 요건을 근거로 생각할 때, 역사가들이 기록해 놓은 모든 역사적 사실들이란 실제로 있었던 대로의 사실은 아니고, 역사가들의 환상·편견·자의(恣意) 등을 표현하고 있는 것에 불과하다는 것이다.

비록 이런 요소들이 비코 및 크로체-콜링우드에게 있어서는 역사를 연구하는 이유가 되고, 또 여기서 '환상·편견·자의'라는 말로 표현된 것이 그들에게 있어서는 정신·사상·의도·목적 등의 용어로 바뀌어 그 자체가 역사연구의 대상으로 되는 것이지만, 데카르트에게 있어서는, 즉 물 자체(物自體=ding an sich)를 있는 그대로 인식하는 것을 주장하는 인식론의 입장에서는 모두가 허위로 밖에는 생각될 수 없는 것이었다.

3. 데카르트적 사고의 오류

이와 같이 데카르트의 역사학에 대한 생각이 비코, 크로체-콜링우드의 것과 상이하며, 또 대립적인 것이라고 하면, 그 이유가 어디에 있는가?

비코, 크로체-콜링우드의 사고방법은 앞으로 설명할 예정이거니와, 데카르트의 생각이 이들의 것과 근본적으로 다르다고 하는 것은 그들의 생각이 상대주의 및 역사주의에 근거한 것인데 비하여, 데카르트는 절대주의적 또는 자연주의적 사고에 근거를 두고 있다는 데 있다.

데카르트에 의하면, 진리란 영구불변하는 것, 시간이나 공간을 바꾸어 놓는다 하더라도 동일한 것으로 인식될 수 있어야 한다는 것이다. 그러나 이것을 역사적인 입장에서 보면 맞는 이론이 아니다.

즉, 현재의 입장에서 과거를 돌이켜보면, 과거에 절대적인 진리라고 주장되었던 것들이 지금까지 절대적인 진리로 인정되고 있는 것은 거의 없다. 물론, 자연 또는 우주 그리고 사물의 절대적인 형태·성격·질량 등을 상정할 수 없는 것은 아니다. 그러나 그것들을 인간들이 그 자체대로 인식한 적이 있으며, 또 인식한 사람이 있었는가?

물론, 우리가 현재 감각을 통하여 인지하고 있는 사물이 존재하고 있다는 것은 데카르트의 'Cogito ergo sum(나는 생각한다. 고로 존재한다.)' 에서 '나'의 존재가 명석판명한 것과 마찬가지로 명석판명한 것이다. 인식은 그 존재여부에 대한 판단만으로 그칠 수는 없는 것이다. 또 그 존재가 같은 질량적인 형태에 대한 측정이나 감지만으로 그칠 수도 없는 것이다.

완전한 인식이라면 그 대상의 존재여부는 물론, 그것을 구성하고 있는 제 요소들, 그 요소들의 본질, 그 요소들에 대한 응용가능성 등등, 이를테면 그 물질(물질을 대상으로 할 때)이 갖고 있는 물리학적·화학적·생물학적·광학적 나아가서는 응용과학적 본질에 대한 인식도 수반되어야 할 것이다.

그러나 실제로 이러한 것들은 한 시대, 한 과학자에 의해서 완전히 모든 것이 인식되는 것이 아니다. 만약 이런 것들이 완전히 인식되어 영구불변의 진리가 발견되었다고 한다면, 그 방면의 학문은 종결되고 말았을 것이다.

이를테면, 비록 뉴턴의 우주공간론이 시대의 전환점을 이룩할 만큼 중대한 것이었다 하더라도, 그것으로 우주공간론에 대한 연구가 종결되지는 않았다. 그리고 뉴턴 시대에는 그의 우주공간론이 절대적인 진리로 받아들여졌는지 모르나, 그로부터 수 세기가 경과된 오늘날에는 그 이론이 수정되지 않을 수 없게 된 것이다.

또 한 가지 실례를 들면, 데카르트시대의 빛은 다만 사물을 비추어 형태와 색깔을 구별하게 하는 것이고, 기껏 분광실험을 통하여 얻어진 7개의 색의 합성으로 이루어진 것에 불과했지, α선·β선·γ선·χ선 등을 포함하는 것으로 인식할 수 없었다. 그리고 데카르트로서는 냇가에 널려진 모래알을 모래알로서 보았을 뿐이지, 그 속에서 반도체를 추출하여 컴퓨터의 회로로 이용할 수 있을 것이라고는 상상도 못했을 것이다.

사물 그 자체는, 그것이 우주공간이든 광선이든 그리고 모래알이든, 그 자체대로 존재해 있는 것이며, 데카르트시대의 것이든 오늘날의 것이든 동일한 형태와 본질을 지니고 있는 것이다. 그러나 그것에 대한 인식은 그의 시대와 오늘의 시대의 것이 같지 아니하다. 따라서 데카르트가 믿고 있었던 것처럼 인식은 절대적인 인식일 수 없고, 진리는 영구불변의 진리일 수 없다. 그리고 우리가 진리라고 생각하는 것은 진리 그 자체가 아니라, 우리가 진리라고 생각하는 생각일 뿐이며, 그 생각은 역사상 매 시대 매 단계에 주어진 지적 능력의 한계에 의하여 규정되는 것이다.

예를 들면, 데카르트가 사물을 있는 그대로 인식할 수 있어야 된다고 믿게 한 것은 우주에 대한 중세적 도그마를 깨뜨린 코페르니쿠스의 이론과 그것을 입증할 수 있었던 갈릴레이의 천체망원경이 이룩한 당시의 지적 수준, 그 수준에서 설정될 수 있었던 인식의 방향과 카테고리의 한계 내에서 이룩된 또는 규정된 것이다.

이것은 그리스·로마인의 자연에 대한 인식이나 중세 기독교인의 자연에 대한 생각보다 앞선 것이고, 보다 물 자체(物自體=ding an sich)에 근접된 것이지만, 그 이후의 것들에 비하여 보다 미진한 상태에 있는 인식이요, 생각이다.

이상에서 우리는 자칫 객관적 인식이 가능하고 절대적인 진리의 발견이 가능한 것으로 생각하기 쉬운 자연에 관한 지식의 상대성 또는 역사성을 예로 들었다.

그런데 이와 같이 모든 지식이 상대적이고, 영구불변의 절대적인 것일 수 없음에도 불구하고 데카르트가 당장 현실적으로 자기 앞에 또는 자기 안에서 펼쳐져 있고 느낄 수 있어, 직접경험·간접경험 할 수 있는 것만을 절대적 진리, 객관적 지식으로 생각하여 하였다는 것은 스스로 역사적인 한계성을 지니고 있으면서도, 그것을 외면함으로써 당하게 되는 자가당착적인 모순에 직면하게 된 것이며, 논리적인 오류에 빠지게 된 것이다.

왜냐하면 위에서 언급한 대로 역사학이나 웅변·시·철학·신학 등이 과거 인들이 그들의 자의적인 생각으로 임의적으로 조작한 것이라고 한다면, 그와 그의 동시대인들이 이룩한 자연에 대한 생각, 즉 자연과학도 그들의 그 시대적 유치함 때문에 어리석게, 미진한 정신력 또는 인식능력으로 제멋대로 생각하고 해석한 것에 지나지 않기 때문이다.

이러한 영구불변의 절대적 진리를 인정하지 않고, 진리의 가변성(Covertibililty of the true)을 통찰하고 그것에 대항하는 주장으로 비코는 'Verum ipsum factum(진리는 창조되는 것과 동일하다.)'의 명제를 세웠다.[18]

제2절
진리는 창조되는 것과 동일하다[1]
(Verum ipsum factum)

비코는 데카르트의 명제 'Cogito ergo sum'에 대한 비판에서 그의 인식론의 단서를 찾았다. 즉, 비코의 주장에 의하면 "나는 생각한다. 고로 존재한다."라는 말은 논리적으로 맞지 않는다. 이 말을 논리대로 풀이하면 '나'의 존재 이유는 내가 생각한다는 데 있다는 것이 되는데, 생각이 어떻게 '나'의 존재 이유가 될 수 있느냐 하는 것이다.[2]

다시 말하면, 그것은 '나'가 무엇인가를 생각하는 순간에 그 이전에는 존재하지 않았던 '나'가 존재하게 되었다는 말이 되는데, 생각의 주체인 '나'가 먼저 있지 아니하고 어떻게 생각이 가능한가 하는 것이다. 그러므로 데카르트의 그 명제는 분명히 주객이 도치되는 모순을 안고 있는 것이다.

따라서 "나는 생각한다. 고로 존재한다."는 말은, 생각을 통해서 생각의 주체로서의 '나', 다시 말해서 내가 생각하기 이전부터 존재하고 있어 온 '나'가 있다는 사실을 발견했다는 것을 뜻하는 것이어야 한다. 따라서 데카르트의 명제는 "내가 생각함으로써 내가 존재하고 있다는 사실을 발견한다."로 바꾸어져야 한다는 것이다.

이렇게 바꾸어질 때 우리는 여기서, 아직까지 인간의 생각이 마치지 않아 존재하고 있음에도, 존재하고 있음이 발견되지 않아서, 우리의 인식영역에 들어오지 않은 것은 존재하는 것이 아니며, 존재하고 있음이 발견되지 않으며, 그것이 설사 진리라 할지라도 진리일 수 없고, 그것이 진리로 되기 위해서는 인간의 생각이 그것에 미쳐서 발견 또는 발명, 즉 창조되지 않으면 아니 된다는 결론을 얻게 된다.

이를 달리 말하면, 진리란 그것을 인식하는 자에 의하여 자신을 나타내는 것이며, 따라서 그것의 표현은 그것을 인식하는 자의 인식능력의 한계 및 특성에 따라 규정되는 것이다.

그러므로 진리는 그 자체대로 존재하는 인식 이전의 것으로 존재하는 것과, 인간에 의해 인식된 진리로 구별될 수 있다. 그중에 인간에 의해 인식된 진리란 인간에 의해 창조(발견·발명)[3]된 것이다. 여기에서 "진리는 창조되는 것과 동일하다(Verum ipsum factum)"는 명제가 성립된다.

이 명제를 거꾸로 하면, 우리가 진리라고 인식한 것은 우리 스스로가 창조한 진리이다. 그러므로 진리를 구한다면, 그것은 곧 어떤 대상에 대하여 진리를 인식하기를 구하는 것이고, 또 어떤 사물을 진리로 인식할 수 있는 조건—여기서 인식(know)이란 단순한 감지(perceiving)와 구별되는 이해(understanding)을 의미한다는 인식의 주체 자신이 인식의 객체를 만들지 않으면 아니 된다는 것이다.

그리고 이 원리에 의하면, 자연은 신만이 인식할 수 있고 수학은 인간만이 인식할 수 있다. 왜냐하면 자연을 창조한 것은 신이며, 수학적 사고의 객체는 수학자가 구성해 놓은 허구, 또는 가정이기 때문이다.[4]

여기에서 "철학의 새로운 주제는 역사이어야 한다. 왜냐하면 역사는 인간에 의하여 창조되었으며, 따라서 인간에 의해서 인식될 수 있기 때문이다."라는[5] 비코의 주장의 근거를 발견할 수 있다.

다음의 인용문은 비코가 데카르트의 이론에 반대하고, 이상과 같은 그의 이론을 상징적으로 표명하고 있는 글이다. 여기서 그는 자연철학에 반대하고 문화철학 또는 역사철학의 이론을 암시하고 있다.[6]

> 우리의 시대와는 너무나도 먼 태초의 시대를 뒤덮고 있던 어둠의 밤에, 모든 의심을 넘어선 영원하고 꺼질 줄 모르는 진리의 빛이 비치고 있었다. 그 진리는 시민사회의 세계(the world of civil society)가 인간들에 의하여 만들어졌다는 것이요, 또 그러므로 그 세계의 제 원리들은 우리 자신의 인간정신(our own human mind)의 한계 내에서 발견될 수 있는 것이라는 것이다.
> 이 진리에 대해서 성찰하는 사람이면, 누구이든 철학자들이 자연의 세계, 그것은 신이 만들었으므로 오직 신만이 인식할 수 있는 그 자체의 세계를 연구하기 위하여 그들은 모든 정력을 기울려 왔다고 하는 것, 그리고 인간이 마땅히 인식하기를 기대할 수 있는 국가의 세계(the world of nations)나 시민세계(civil world)에 대한 연구를 부정하여 왔다고 하는 것을 보고 기이하게 생각하지 않을 수 없다.

이상에서 논의한 바를 다시를 요약해서 말하면, 앞의 절에서 논한 바, 데카르트나 자연철학자들 또는 자연법학자들의 주장과는 정반대로, 인간은 자연 그 자체를 인식할 수 없고, 오히려 인간이 인식할 수 있는 것은 인간에 의해서 창조된 것뿐이다.[7]

그리고 우리가 자연을 인식하더라도 그것은 자연 그 자체로 있는 대로 완전히 인식하는 것이 아니라, 자연 중에서 인간의 인식능력이 미칠 수 있는 범위 내에 함유되어 있는 것을 부분적으로, 그것도 인간에 의한 발견·발명이라는 방법에 따른 재창조에 의해서 인식될 수 있을 뿐이라는 것이다.[8] 이것을 H. 화이트는 다음과 같이 설명하고 있다.[9]

> 자연과학자들(physical scientists)은 물리적 우주(The physical cosmos)에 대한 일종의 인식을 열망할지 모르지만, 그러나 그들은 그것에 대한 완전한 인식을 열망하는 것이 정당한 것일 수는 없다. 왜냐하면, 그들은 신이 만든 것처럼 물리적 세계를 만들 수 없으므로, 그들은 그것의 가장 기본적인 여러 구조들과 여러 과정들에 대한 인식에 대해 그들의 주장을 명백하게 확립할 방법을 갖고 있지 못하기 때문이다. 우주를 만든 신만이 그것의 제 작용들에 대한 완전한 지식을 가질 수 있다. 그러므로 자연적 제 과학들에 의해서 산출된 지식은 언제나 다소 개연적인 것이며, 언제나 우주에 관한 진리로서는 불완전한 것이다.

이상과 같은 이론은 앞에서 제시한 비코 자신의 글 중, "그 진리는 시민사회의 세계는 인간들에 의하여 만들어졌다는 것이요, 또 그러므로 그 세계의 제 원리들은 우리 자신 인간의 정신의 한계 내에서 발견될 수 있는 것이다."는 말과 통한다.[10]

즉, 비코의 이 주장을 풀이하면, 자연의 세계는 신이 만든 것이므로 인간이 인식할 수 없지만, 이에 반대로 인간적 세계, 이를테면 시민사회·시민세계 및 국가들의 세계, 그리고 이들 속에 포함되어 있는 제

제도 및 제 문화들은 인간에 의하여 창조된 것이므로 인간이 인식할 수 있는 대상이라는 것이다.[11]

이에 따라 지금까지 데카르트에 의하여 현상적인 지식으로 매도되어 오던 역사·시·변론·신학·철학 등이 오히려 참된 지식, 참된 진리로 되며 자연세계에 대한 인식으로서의 자연과학이 현상적 지식 또는 역사나 시나 변론 등과 마찬가지의 인간의 사상이나 정신의 한계를 표현하고 있는 인문과학적 지식의 일환으로 되게 된 것이다. 이를 가리켜 크로체는 다음과 같이 말한다.[12]

> 비코는 데카르트가 사랑하고 키운 형이상학이나 신학이나 물리학과 같은 과학을 낙하시킴과 아울러, 데카르트가 무시한 역사·자연관찰·인간 및 사회에 대한 경험적 지식·변론·시라고 하는 지식형태를 높이 보았다.

제3절
신화·형이상학 그리고 경험과학

1. 정신의 자기규정

비코는 데카르트의 'Cogito ergo sum(나는 생각한다. 고로 존재한다.)'을 비판하여 그것을 'Verum ipsum factum(진리는 창조되는 것과 동일하다.)'으로 전복시킴으로써 그의 인식이론의 근본을 뒤집어엎었다.

그 결과 데카르트에 의해서 명석판명한 지식으로 주장되었던 자연 자체에 대한 완전한 인식이란 인간에게는 불가능한 것으로 되었고, 자연과학적 진리란 오히려 인간에 의하여 창조된, 데카르트 식으로 말하면, 인간에 의하여 조작된 지식으로 되었고, 오히려 데카르트에 의하여 무시되고 매도되었던 신화나 시, 형이상학, 역사학, 철학과 같은 인간의 정신에 의해서 만들어진 것들만이 오히려 인간의 인식의 대상이 될 수 있게 되었다.

그러나 그렇다고 해서 비코가 신화나 시와 같은 지식의 형태를 아무런 문제가 없는, 또는 완전히 성숙한 지식의 형태로 본 것은 아니다. 즉, 비코도 데카르트나 다른 근대사상가들에 뒤지지 않게 원시·고대인들의 지식, 또는 중세적인 제반 지식에 대한 비평을 가하고 있으며, 그것들이 자신의 입장에서 볼 때, 잘못된 형태의 지식임을 강조

하고 있다.[1]

그러나 그것들을 비판하는 방법에 있어서는 데카르트의 것과 달랐다. 즉, 데카르트가 자기 나름대로의 판단기준, 절대적이고 단정적인 기준을 설정해 놓고, 그것에 맞추어 진리냐 아니냐를 판별하였으나, 비코는 그것을 인간정신, 즉 무한정적인(indefinite) 인간정신의 본질이 표현되는 하나의 지식의 형태로 보는 긍정적 태도를 취하였다. 즉, 오늘날 우리의 눈으로 보아 유치해 보이고 오류적인 것으로 보이는 것들은 인간정신의 미발달, 또 저개발의 상태에서 생각해 낸 그들만의 지식인 것이다.

다음은 이러한 비코의 생각을 표현해주는 문장이다.[2]

> 인간이 사물을 만드는 자연의 제 원인들에 대해서 무지할 때, 그리고 유사한 사물들과의 비유를 통해서 그것들을 설명할 수 없을 때, 그들은 그들 자신의 본성을 그것들에 귀속시킨다. 예를 들면, 무지한 서민은 자석이 철을 사랑하다고 말한다. 이 공리는 인간정신이 그것의 무한정한 본질 때문에 그것이 무지 속에서 상실되는 곳에서는 어디서나 그것이 알지 못하는 모든 사물에 관해서 우주의 법칙으로 만들어 낸다고 하는 것의 일부분이다.·
> 무지한 자의 물리학은 세속적인 형이상학이다.[3] 그들이 그것으로써 그들이 알지 못하고 있는 제 사물들의 제 원인들을 신의 의지에 돌린다. 신의 의지가 어떤 수단으로 작용할 것인지는 생각지 않고. 이것이 인간정신의 특성이다.

여기에서 비코의 역사에 대한 사상은 비롯된다. 비코에 따르면, 위의 인용문에 나타난 인간정신의 본질은 처음부터 유한한 것, 미리부터 규정되어 있는 것이 아니다. 그것은 무한정한 것(the indefinite nature of the human mind)이다.[4]

그런데 이것은 역사의 발전에 따라서 그리고 그 발전에 의해서 형성되는 역사의 매 단계의 상황에 따라서 규정되고 그 특징이 생긴다. 그러므로 역사의 초기 단계에 있어서 그 인간의 정신은 빈약하고 무지한 상태에 있게 된다.

그러므로 이 단계, 즉 원시적 단계에 사는 원시인·고대인들의 정신은 중세인의 것이나 근대인의 것에 비하여 빈약하고 무지한 것이다. 그러므로 그들에 의하여 이룩된 문화는 중세인이나 근대인의 것에 비하여 빈약하고 원시적·야만적인 것이 될 수밖에 없다.

그리고 이러한 역사의 야만적 단계에서 인간정신이 자연을 인식하고 그것을 표현한 방법은 신화적 또는 시적인 것이다. 그러나 인간의 정신은 언제나 여기에 머물러 있는 것은 아니다. 그것은 역사가 발전되어감에 따라, 보다 강력한 정신력을 발휘하여 형이상학적 단계로 가고, 이어서 다시 경험과학의 단계로 이행된다.

이 같은 역사상 매 단계에서 인간정신이 창출해 내고 있는 모든 지식의 형태는 그 단계에 있어서는 최고·최선의 것이다. 그러므로 데카르트가 신화나 시 또는 형이상학 등을 무시하고 매도한 것은 그 신화나 시들이 그릇된 지식이나, 그가 생각하듯이 날조·조작된 것이어서가 아니라, 그러한 지식의 수준을 넘어선 입장에서 그것들을 보기 때문에 그렇게 생각된 것이다.[5]

그것은 오늘날 우리가 데카르트시대의 자연과학의 수준을 유치하게 생각하고, 그 때문에 그들에 의하여 절대적 진리하고 주장되던 것을 오류로 생각하게 된 것과 마찬가지이다. 다시 말해서 매 시대의 인간은 그 시대의 역사적 단계에 따라 규정된 정신적 수준에 따라 사물을 인식하고, 그것을 그 수준에서 표현함으로써 그 시대의 지식의 특징, 문화의 성격 또는 사회 및 정치·경제의 특수성을 나타내고 있는 것이다.

그러면 이처럼 역사상 매 시대에 인간의 정신의 특징을 규정하는 것은 무엇인가? 비코는 이 문제를 이해하기 위하여 "역사 중에서도 이른바 역사성이 가장 강렬하게 느껴지는 부분, 즉 문명시대의 인간정신으로부터 가장 멀리 격리되어 있고, 가장 상이한 역사 속에 몸을 던져 들어간 것"[6]이다. 그래서 그는 근대사상가로서는 제일 먼저 신화의 문제를 긍정적인 입장에서 취급하였다.

비코의 이론에 따르면, 인간의 정신은 본래 아무렇게도 규정되어 있지 않은, 즉 불확실한 본성을 지니고 있는 것이다. 다시 말해서 인간정신의 본질은 무한정적인 것이다. "무한정적(indefinite)"이라는 말은 그것은 형태나 성격이 일정 구격이나 특징적 색채를 가지고 있지 않다는 것을 뜻한다.

그런데 이같이 무(無)한정적이고 무규격, 무색의 인간정신은 그것이 당면하게 되는 "제 사물들의 질서"에 의해서, 즉 제 사물들의 질서를 반영하여 규정되며 규격화되고, 특징적인 색채를 지니게 된다.

이것은 비코의 용어로 말하면, 인간정신은 제 사물들의 질서를 당면하는 순간, '필요성(Needs)'과 '유용성(Utilities)'을 느끼게 되고, 그것에 맞추어 그것은 스스로를 규정하며 규격화시키며 색채를 갖게 된

다. 이것을 비코는 좀 애매한 표현이기는 하나 다음과 같이 말하고 있다.[7]

> 인간의 선택은 가장 불확실한 본성을 지니고 있다. 그런데 그것은 인간의 필요성과 유용성—이것들은 제 국가들의 자연법의 두 개의 기원이 되고 있는 것이다—과 관계를 지니고 있는 인간들의 상식에 의하여 확실해지고 규정되어진다.

여기에서 비코가 말하는 필요성과 유용성이라는 말을 마르크스가 주장하는 인간의 생존을 위한 욕구, 즉 먹고 마시고 주거를 갖고자 하는 욕구로 해석한다면, 그것은 마땅히 유물사관의 근거가 되는 이론으로 해석될 수 있다.[8]

그러나 반대로 그 말을 크로체가 주장하고 있는 인간정신이 역사상 매 현재에 느끼는 "현재생에 대한 관심"으로 이해한다면, 그것은 오히려 정신사관의 기초가 된다. 그리고 실제에 있어서도 비코의 이와 같은 생각은 크로체처럼 이해되어야 마땅할 것이다.

왜냐하면 여기서 정신의 본질을 규정하는 것, 또는 제 개념들을 규정하는 것은 물질적 대상, 즉 제 사물들의 질서라고 하지만, 그 질서는 어디까지나 대상, 즉 객체일 뿐이고 주체가 되는 것은 정신자체이기 때문이다.

여하튼 여기서 우리가 얻을 수 있는 결론은 인간정신은 애초에는 한정도 없고, 규격도 없으며, 색깔도 없는 것인데, 그것이 역사상의 어떤 단계 또는 어떤 상황에 있게 되면, 그 단계 또는 그 상황 하에 펼쳐져 있는 제 사물들의 질서에 의하여 규정화되고, 색채를 갖게 된다는 것이다. 그러므로 그 역사적 단계가 원시적 단계일 때에 그 인간정신은 원시적 또는 야만적인 특징을 가지고 나타나고, 역사적 단계가 점차적으로 진전되어 감에 따라 또한 인간정신도 다른 특징으로 표현된다고 하는 것이다.

2. 정신의 표현 형식

이상의 이론에 근거해서, 비코는 인간정신의 표현형식으로서의 지식의 형태를 신화 및 시, 형이상학, 그리고 경험과학으로 구분하고 있다. 이것들은 역사상의 제 단계들의 특징에 따라 정신이 각각 달리 표현되는 형식이다. 그런데 그에 의하면, 역사상에 제 단계들은 대체로 가장 원시적 또는 원시적인 야만시대와 그보다 좀 더 발전된 영웅들의 시대, 그리고 마지막 단계로서의 인간들의 시대로 구분된다.[9]

그러므로 신화 및 시는 인간정신이 야만적 시대에서 표현되는 양식이고, 형이상학은 영웅들의 시대에, 경험과학은 인간들의 시대에 각각 표현되는 양식이다.

그러므로 신화나 시는 데카르트의 주장처럼, "실제로는 그럴 수 없는 것을" 서술하는 사람이 제멋대로 "마치 그런 것이 발생했던 것처럼 이야기하는" 꾸민 것이 아니라, 그 자체가 그 역사적 단계, 즉 야만적 시대의 인간정신이 그의 능력을 다해서, 그리고 표현력을 다해서 인식하고 표현한 가장 진지한 지식의 형태인 것이다.

그리고 그것은 또 "기분이나 쾌락에 의해서 생겨난 것이 아니고, 자연의 필요성에 따라 발생한" 지식의 형식이다. 그러므로 그것이 설사 오늘의 우리 생각으로 "불필요하게 느껴지고 가공적인 허구로 생각되더라도 지식체계에서 제외시켜 벌릴 수 없는" 것이다.

그러면 그 시대, 즉 야만적 시대에는 왜 인간정신이 그러한 형식으로 표현되어야 하는가?[10] 비코에 의하면 "신화나 시는 그 본질상 인간의 경악이나 호기심에 기초를 두고 있는 것이다. 그리고 경악(驚愕=wonder)은 무지의 딸이다. 그리고 경악의 대상이 클수록 경악은 그만큼 더 커진다. 또 호기심은 인간의 생래적인 특성이며, 그 또한 무지의 딸이다."[11]

이것을 다시 정리해서 말하면, 야만적 시대의 인간은 무지하다. 무지한 인간은 경악심과 호기심을 갖는다. 그의 경악심과 호기심의 대상인 자연은 무지한 인간에게는 더욱 크게 느껴진다. 그러므로 야만적 시대의 인간은 매우 큰 경악심과 호기심을 갖게 된다는 것이다.

그런데 다시 경악심과 호기심은 추리력이 약한 야만인들에게서 더 크게 작용한다. 그리고 추리력이 약하면 약할수록 그만큼 더 상상력이 강해진다. 신화 또는 시는 이러한 상상력의 소산이다. 그러므로 신화나 시는 인간정신이 아직 무지상태에 있었던 야만적 시대에 출산된 인간정신의 최초의 작품이다.[12]

이와 같이 생각했기 때문에, 비코는 당시의 신화에 대한 이론—신화를 철학적·도덕적·정치적 등등의 진리의 비유라고 하는 이론과 신화를 영웅들을 신격화시키는 상상에 의해서 현실에 존재한 인간이나 현실에서 야기된 사건을 설명하고 있는 역사라고 하는 이론—등을 거부하고 "신화는 원시인의 정신이 작성할 수 있는 최상의 역사이며, 실로 엄밀히 현실적 사상의 서술로 간주된 역사"라고 주장하였다.[13]

이것을 크로체는 그 나름대로 정리하여 설명하고 있는데, 그에 의하면[14] 신화나 시는 인간이 보편성을 지닌 지식체계를 구성할 수 있는 단계에 도달하기 전에 상상으로써 구성된 일종의 지식체계이며, 순수 정신을 가지고 반성할 수 있기 이전에, 감정으로 혼란·동요된 마음을 가지고 사물들을 의식해서 얻은 지식이며, 그 표현형식이다.

이것은 전문적인 학술용어를 쓸 수 있기 전에 비유법을 이용하여 서술한 것이다. 그러므로 그것은 '자연적'으로 이야기되고 서술된 것과 마찬가지로 본연적인 것이다.

이처럼 인간정신이 신화나 시로 표현되는 단계를 비코는 개인적 인간의 성장과정에 있어서의 어린아이의 단계로 비유하였으며, 신화나 시를 어린아이의 심성을 표현이라 하였다.[15] 그리고 크로체는 이같은 비코의 의견을 보다 직접적이고 보다 역사적인 견지에서 다음과 같이 말하고 있다.[16]

> 미개문명은 이념적, 시적 단계가 일종의 신화 또는 우화로 된다. 그리고 원시민족은 흡사 아이들이 그러한 민족발생론에 상응하는 개체 발육(發育)이론에 있어서 시인으로 되는 것과 같이 '숭고한 시인'의 무리로 변하게 된다.

이상과 같은 이론은 형이상학, 즉 철학이나 경험과학의 경우에서도 마찬가지로 적용된다. 다만, 차이가 있다면 그것은 그것들이 각각 발생한 역사상의 단계에 있을 뿐이다.

그러므로 비코에 의하면, 진리 그 자체는 조금도 다를 것이 없다. 그럼에도 그것들이 구별되는 것은 단지 형식에 있어서일 뿐이지, 본질에 있어서는 구별되는 것이 아니다. 다시 말해서 시인이 인식한 진리와 철학자가 인식한 진리는 동일한 것인데, 다만 후자의 것은 추리적인 것인데 비하여 전자의 것은 상상의 옷을 입으며, 후자의 것이 이성에 근거한 형이상학인데 대하여 전자의 것은 범속한 이해에 적합한 감각이나 상상에 의한 형이상학이라는 차이만이 있을 뿐이다.

그리고 이 두 가지 형식의 지식은 발생론적으로 볼 때, 선후의 관계를 지닐 뿐이다. 즉, 철학적 지식 또는 형이상학적 지식은 인간정신이 시적 또는 신화적 지식의 단계를 밟지 않고는 도달할 수 없는 것이다. 이것은 마치 우화나 동화—어른으로서는 납득할 수 없는 이야기—를 즐기고 그 속에서 생활하며, 진실을 발견하는 어린이의 시절을 거치지 아니하고 관념적이고 철학적인 사고를 행할 수 있는 어른이 될 수 없는 것과 같다.[17]

즉 비코에 의하면, 인간의 정신은 그것의 인식활동과 그 표현활동을 통해서 스스로를 표상시켜 가며, 그것으로써 역사의 진전 또는 전개(corse spiegamento)를 이루어 간다.

다시 말하면, 태초에는 전혀 무(無)한정적이고 무(無)규격적이고 무색의 존재이던 정신이 그 앞에 펼쳐져 있는 원초적인, 또는 원시적인 역사단계에서 관계를 갖게 되는 필요성과 유용성의 반향으로 야만적 상태를 이루고, 그것에 의해 스스로를 규정하고 규격화시키고 채색하여 신화나 시로 표현되는 지식체계, 또는 문화체계를 형성하는 데서 비롯하여 계속된 진전·전개를 통해서 성장된 상태로서의 영웅들의 시대의 형이상학적 단계로, 그리고 다시 인간들의 시대의 경험과학의 단계로 이행·발전되어 가는 것이다.

제3장

인간정신의
표현과정으로써의 역사

제1절
이상을 향한 영구적 발전의 역사
(Ideal Eternal History)

1. 역사발전의 3단계

이상에서 논의된 인간정신의 자기규정화에 대한 이론에 따라서, 비코는 그의 역사발전 이론을 전개시킨다. 즉 비코에 의하면, 'Ideal Eternal History(이상을 향한 영구적 발전의 역사)'라고 하는 본체로서의 역사의 발전과정이 있는데, 그것은 인간정신의 자기표상과정으로 형성된다.[1] 위에서 언급한 말이지만, 인간정신의 본질은 무한정적인 것이다.

그런데 이 같은 무한정한, 또는 무(無)규격화의 인간정신은 역사상 매 시대에 그 시대의 제 조건들, 즉 제 사물들의 질서에 따라 그 한정성 또는 규격, 색채를 갖게 된다. 그런데 이 같은 원리는 위에서 언급된 바, 지식의 형식에 있어서만 적용되는 것이 아니고, 인간생활의 전반을 한정하고 규격화시키고 채색하는 데 있어서도 마찬가지로 적용된다.

즉, 비코에 따르면, 역사상에는 ① 제 신들의 시대 또는 야만의 시대와, ② 영웅들의 시대, ③ 인간들의 시대가 있는데,[2] 인류역사에 있어 원초적인 시대인 야만의 시대(또는 제 신들의 시대)에는 그 당시에 인류가 당면하고 있는 제 사물들의 질서에 따라서 그 인간들의 성품에 따라 관습·법률·언어·문자 등의 제 제도들(institutions)은 규정된다.[3]

이를 다시 설명하면,[4] 야만시대의 인간의 성품은 야만적이고 잔인하다. 그러므로 인간은 스스로 창조한 제 신들에 대한 공포심을 갖는다. 이 시대의 지배자 또는 지도자들은 이것을 인간의 야만성을 억제하기 위한 수단으로 삼기 위해 종교를 만든다. 그러므로 이 시대의 습관은 종교적으로 되고, 법은 신법, 법률학은 신의 지혜, 신의 말씀 및 신의 신비성을 이해하는 학문으로 된다. 고로 법관은 곧 현인이며 신학적 시인이다. 따라서 이 시대의 정치형태는 신정(神政)정치이다. 그리고 주권은 신에게서 연유되며, 그 집행은 가부장적 국가(the family state)에 의해서 이루어진다.

그러나 이러한 형태의 시대의 제 제도들은 다시 인간의 정신을 보다 더 발전된 상태로 변질시킨다. 다시 말해서, 인간의 야수성을 억제하고자 하는 현인들의 노력은 그 효력을 발휘하여 그 시대의 분위기를 보다 문명화된 상태로 바꾸어 놓고, 여기서 인간의 성품은 세련된 야수성이라고 할 수 있는 영웅적 기질로 나타나게 한다. 여기서 역사의 단계는 영웅들의 시대로 접어들게 된다.

이 시대에는 그러므로 영웅들이 등장하는데, 그들은 자신들의 혈통적 근원이 제 신들에 있다고 믿는다. 그리고 스스로는 고상한 천성을 지니고 있는 것으로 자랑하고 스스로 군주 또는 귀족임을 자부한다.

따라서 이 시대의 법은 영웅적·폭력적인 법이나, 그러나 아직도 종교에 의하여 통제된다. 법률은 미리 마련된 고유의 단어들로 구성된 영웅적 법률이다. 그리고 정치형태는 귀족정치의 형태를 취하여 영웅들, 귀족들, 또는 원로들이 주권자로 군림하며 이들의 통치목적은 인민을 보호하는 데 둔다.

이처럼 비교적 안정되고 질서가 잡힌 사회구조 속에서 생활하게 된 인간의 성품은 자연 지성적으로 된다. 그리하여 사람들은 겸손하고 인자하며 합리적으로 된다. 이렇게 된 시대를 비코는 인간들의 시대 또는 고전시대라 한다.

이 시대에는 인간들이 법보다 양심과 이성과 의무를 앞세운다. 그러므로 이 시대의 관습은 의무를 중요시하며, 모든 사람들에게 시민적 의무를 감정에 호소하여 교시한다. 이 시대의 법은 완전히 발전된 인간의 이성에 근거를 둔 인간적인 법이다. 그리고 이 시대의 법률은 인간적인 법률로 사실들 그 자체의 진리에 착안점을 두고 있으며, 소송의 공평성을 위하여 모든 노력을 경주한다.

이 시대의 정부형태는 자유민주공화국과 민주국으로, 여기서 목표하는 것은, 모든 인민은 인간의 고유한 본성인 지성적 본성과 평등성을 지니고 태어났기 때문에 그들은 법 아래에서 모든 사람이 평등하게 다스려지도록 하는 일이다.

이상과 같은 인간 역사의 3단계의 특징은 인간의 본성 및 관습, 법과 정부형태 등에서만 나타나는 것이 아니라, 인간의 생활상태에 있어서도 나타난다.

비코는 이것을 설명하여, 첫째 단계의 생활상태를 숲속에서 생활하는 상태와 오두막에서 생활하는 상태로 보고, 이 상태 하에서 인간이 사용하는 언어나 문자는 그들이 표현하고자 하는 제 관념들을 자연적 특징에 일치시키는 신호나 특징으로 상형문자가 그 실례다.

그리고 두 번째 단계의 생활상태를 촌락에서 생활하는 상태라고 하여, 이 상태 하에서 사용되는 언어는 영웅들의 문장에 의한 것으로, 상징(象徵)법·비유법·대조법·은유법 그리고 자연적 기술(記述) 등의 언어 방법이 사용된다. 그리고 문자는 영웅적 문자로 예를 들면, 중국의 한자와 같은 표의문자가 사용된다.

셋째 단계를 도시에서 생활하는 상태 및 아카데미에서 생활하는 상태라 했는데, 이 상태에서는 오늘날 모든 민족들이 사용하는 바와 같은 음절언어가 사용되며, 서민들의 언어를 기술할 수 있는 세속적인 문자가 사용된다.[5]

그리고 이상과 같은 역사상 3단계의 실례를 서양역사에서 찾아보면, 그리스의 신화시대, 로마에서는 로물루스(Romulus)의 왕정시대, 중세에서는 원시적 게르만 민족의 난립시대가 첫째 단계에 속할 것이고, 그리스의 호메로스시대, 로마의 공화정시대, 중세의 단테시대가 두 번째 단계에, 그리고 그리스 페리클레스시대, 로마의 아우구스투스시대, 중세의 르네상스시대가 세 번째 단계에 속한다.

이상과 같은 역사상 3가지 특징적인 시대의 사회구조 및 문화형태의 변천은 결국 인간들의 시대, 즉 도시생활의 상태에서 그 절정을 이룬다. 그러나 역사의 과정은 여기에서 끝나지는 않는다.

그러므로 위의 3가지 특징적 시대는 반복이 된다. 즉 인간으로서 그의 이상을 완성시킨 것으로 생각되는 인간들의 시대, 또는 도시생활의 상태에 사는 인간들은 너무나 자유와 평등을 향유하게 된 결과 그들의 정신은 나태하게 된다. 그리하여 인간의 역사 과정은 다시 새로운 야만상태에로 이행하게 된다.

그러나 이 야만상태는 상상이 우세한 영웅적인 또는 원초적인 야만상태와는 전혀 다른 상태이다. 이 시대는 소위 반성의 야만상태(a barbarism of reflection)이다. 이 시기에는 사고가 아직 지배적이다. 그러나 그 사고는 이미 창조력이 고갈되었으며, 인위적이고 현학적인 권위의식으로 무의미한 거미줄을 쳐놓고 있을 뿐이다.

한마디로 이 시대는 크로체의 말대로 데카당스의 시기로, 여기서 인간정신은 나태해지고 타락한 형태로 표현되나, 여기서 다시 뜻있는 현인들이 출현하여 새로운 영웅들의 시대를 위한 가치기준을 설정한다.[6] 그리고 그 과정은 다시 인간들의 시대로 이행되는 순환을 거듭하게 된다.

이것은 크로체의 말대로[7] "이 시대들의 특징적인 국면(phase)은 인간정신, 사회생활의 국면을 나타내는 것이며, 그것은 영구히 변증법적 과정을 통하여 진리의 국면, 완전히 해명된 이성의 국면, 정의와 윤리도덕의 국면이 뒤따르게 되는 국면이다."

그리고 이것은 인간성이 그 동물적인 데서 탈피하여, 보다 인간적인 데로 변이되어 가며 보다 감성적인 데서 보다 이성적인 데로 진출되어 간다는 역사발전의 행정을 암시하고 있는 것이다.[8]

2. 역사의 나선형적 순환

비코에 의하면, 위에서 언급한 대로 역사는 3단계의 특징적 시대 또는 상태의 교대의 반복적인 연속과정이다. 그런데 이것은 자연, 역사발전의 형태에 대한 문제로 연결된다. 다시 말해서 이 같은 과정이 어떠한 양태에 따라서 또는 어떠한 법칙에 따라서 진행되어 가느냐 하는 것이다.

그런데 우리가 주의해야 할 것은 비코의 이전 시대에 이미 역사를 하나의 자연적 순환과정으로 보려는 시도가 있었다는 것이다.

이를테면, 그와 같은 나라 사람인 마키아벨리는 역사의 과정을 '용기(valaor)는 평화를 낳고, 평화는 안일을 낳고, 안일은 무질서를 낳고, 무질서는 파괴를 낳는다. 그리고 또 무질서로부터 질서가 솟아나고, 질서로부터 덕(virtue)이 솟아나고, 그 덕으로부터 영광스럽고 훌륭한 미래가 솟아난다.'고[9] 하였다.

또, 바사리(Giorgio Vasari, 1511~1574)는 그의 저서 《위대한 화가, 조각가, 그리고 건축가들의 생애(Lives of the Great Painters Sculptors and Architects)》에서 역사의 과정을 인생의 생(生)·성(成)·노(老)·사(死)의 과정, 또는 자연계의 유기체가 지니는 과정과 일치되는 것으로 이해하였다.[10]

물론 비코가 이들로부터 어떠한 영향을 어떻게 받았는지는 분명치 않다. 그러나 비코가 문화나 사회를 분류한 체계는 마키아벨리의 그것 이상도 이하도 아니라고[11] 한 H. 화이트의 말과 같이, 비코의 이론과 상당한 유사성을 지니고 있는 것이 사실이다.

그럼에도 불구하고 우리가 이 문제에 직접적으로 접근하기가 어려운 것은 비코가 어디에서도 이것을 마키아벨리나 바사리 또는 그 이후의 헤겔이나 마르크스처럼, 명백한 문장으로 설명하고는 있지 아니하기 때문이다.

그는 역사적 사고, 역사적 인식의 문제를 제시한 사람이기는 하지만, 스스로가 역사학자, 또는 역사철학자라는 입장에서, 역사를 대상으로 하는 연구를 한 것은 아니기 때문이다.[12] 그러므로 비코에게서 역사발전의 문제를 이해하는 길은 《신과학(New Science)》의 문구들을 수합 추적해 보는 것이다.

비코는 그의 역사발전 형태에 대한 생각을 《신과학》〈제2부 제 요소들〉에서 시사·설명하고 있는데, 그것을 한마디로 말하면, 나선형적 발전론이라 할 수 있다. 이에 따르면, 역사는 순환을 한다. 그런데 그 순환은 하나의 원이 원주를 반복해서 돌아가는 순환이 아니다. 유사한 상태의 반복적 표현은 가능하되, 그 반복된 유사 상태의 구체적 사항은 동일하지 아니하다.

즉, 특징이나 성격은 유사하나 사실의 내용은 같지 아니하다. 그리고 시대적으로 앞의 상태에 비하여 뒤의 상태는 보다 그 규모를 크게 하고 있으며, 앞의 상태에서 있었던 요소들을 포용하고 있으면서 또 새로운 요소를 가미하고 있는 것이다. 따라서 앞의 것에 비하여 뒤의 것은 그 심도나 그것이 미치는 영향력의 범위가 보다 심화되고 보다 확대되어 간다고 하는 것이다.

이것을 콜링우드는 다음과 같이 실례를 들어가며 설명하고 있다.[13]

역사의 어떤 한 시대는 일반적 성격을 지니고 있다. 그런데 그 성격은 다른 시대에 또다시 재현된다. 그러므로 역사상 상이한 두 시대는 동일한 성격을 지니고 있을 수 있다. 예를 들면, 그리스 사에 있어서 호메로스시대와 유럽의 중세 사이에 일반적 유사성을 들 수 있다. 이 두 시기는 다 같이 영웅적 시기라 부를 수 있는데, 이 두 시기의 일반적 특징은 무사들의 귀족정치, 농업경제, 발라드풍의 문학, 개인적 용맹과 충성심에 근거를 둔 도덕 등등과 같은 것이었다.

(중략)

그런데 이상과 같은 제 상태들의 순차적인 반복으로 이루어지는 순환운동은 고정적 국면의 순환을 통한 역사의 단순한 회전이 아니다. 그것은 하나의 도형이 아니라, 하나의 나선형이다.

왜냐하면, 역사는 그 자체가 반복되는 것이 아니라, 그 이전에 이미 있었던 것과는 구별되는 하나의 형태라는 새로운 국면(New phase)으로 돌아오는 것이기 때문이다. 그러므로 중세의 기독교적인 야만상태는 기독교정신을 확실히 표현하는 모든 요소들을 통해서 호메로스 이전 시대의 이교적인 야만상태와 구별되는 것이다.

이상의 이론을 요약해서 이해하면, 역사는 나선형적 상태로 발전해 가는 이상적이고 영구적인 과정이다. 야만시대, 영웅시대, 인간시대, 그리고 다시 야만시대로 반복되는 이 과정은 매 해당시대마다 유사한 특징을 나타내며 이행되는데, 이것을 사회 규모로 보면 소규모의 사회가 점차 대규모의 사회로 확장되어 가는 과정이다.

그 실례를 서양사에서 들면, 그리스 사회는 에게 해를 둘러싼 소규모의 사회로 그 발전과정은 호메로스 이전의 야만시대, 호메로스의 영웅시대, 그리고 페리클레스의 인간시대로 이행되었다. 그러나 페리클레스의 인간시대 뒤에는 소피스트들로 상징되는 나태, 타락의 데카당스기로 돌입하여 결국에는 에게 해 세계의 몰락과 더불어 지중해 세계로 전환되어 로물루스의 야만시대로 이행되었으며, 그것은 다시 공화정의 영웅시대로, 그리고 아우구스투스의 인간시대로 전개되었다.

　그러나 또한 이 아우구스투스의 인간시대 다음에는 귀족들의 타락으로 인한 반성적 야만시대를 맞이하고, 여기서 다시 야만적인 게르만 민족에 의한 기독교적 중세세계의 시작을 보고, 그것은 단테의 영웅시기를 거쳐 르네상스의 인간시기를 당하여 결국 비코 자신의 시대에 도달하게 될 것이다.

제2절
변증법적 발전이론의 모순

역사의 발전에 대한 문제는 그 발전형태의 문제 이외에 그 법칙의 문제 및 그 법칙적 운동을 가능케 하는 동력에 대한 문제로 연결된다. 우리는 앞에서 나선형적 발전이라는 이름의 발전형태를 구명하였는데, 그렇다면 이 형태의 역사운동을 이끄는 법칙과 그 동력은 무엇인가?

비코는 이 문제에 있어 'The order of ideas must follow the order of institutions.(제 관념들의 질서는 제 제도들을 추종하여야 한다.)'라는 명제를 세우고 있다. 이것은 앞에서 논급된 'The order of Ideas must follow the order of things'의 명제를 약간 변형한 것으로, K. 마르크스의 변증법적 유물론의 기본 명제가 되고 있는 '상부구조는 하부구조에 의하여 규정된다.'라는 말과 일맥상통한다.

그러므로 우리는 이 두 개의 명제를 대비시켜 볼 때, 두 사람의 사상적 관계가 밀접하다고 하는 사실, 또 직접적이든 간접적이든 마르크스의 이론에는 비코의 영향이 크게 작용하고 있다는 사실을 발견하게 된다. H. 화이트는 이 점을 강조하여 비코가 마르크스의 선구자임을 다음과 같이 설명하고 있다.[1]

"The order of ideas must follow the order of institutions."

(《New Science》 p.238)

이 구절과 이 구절을 비코가 그의 문화발전이론에 적용시켰다고 하는 것은 문화의 상부구조(the superstructure of a culture, 어느 시대의 예술, 종교, 법률, 철학, 그리고 문화로 표현되는 의식이 공적으로 인정된 형태)와 그 문화의 사회적 실연(social praxis of that culture)—마르크스의 견해에 있어서 이것은 생산양식들과 그것들을 지배하고 있는 대중의 이해에 의해서 규정되는 것이다.—간의 관계에 대한 마르크스주의자들의 선구임을 나타내는 것이다.

여기서 우리에게 중요한 것은 비코가 마르크스의 선구였다는데 있지 아니하고, 그가 역사발전을 변증법적으로 이해함에 있어 마르크스는 물론, 헤겔에 앞서 있었다고 하는 것이다. 따라서 위의 명제에 따라 비코의 나선형적 발전과정을 이해하도록 해야 한다.

비코는 《신과학(New Science)》의 〈제4부 방법〉 340~341쪽에서 마치 그의 명제에 맞추어 역사를 공식화하듯 설명하고 있는데, 그것을 요약하면 대개 다음과 같다.

① 최초의 인간은 험준한 자연 속에서 태어났다. 그러므로 자연물의 질서를 따라 인간의 제 관념들의 질서, 즉 성품에는 격렬한 격정이 생겼다.
② 그런데 이것은 어떤 신성(some divinity)의 도움으로 인간적 격정으로 변형, 승화되고, 이렇게 승화된 격정을 지닌 자를 현자(wise

man) 또는 문명인(civil man)이라 한다.

③ 이러한 현인이나 문명인은 인간적 선택의 능력인 자유 또는 자유의지를 지니고 있는데, 이것은 모든 덕의 고향이며 근거이며, 또 법의 원천이다. 그러나 여기서 다시 인간의 타락한 본성, 즉 자기애(自己愛=self-love)의 본성이 작동하여 인간의 이기적 경향으로 빠져들게 된다.

④ 이러한 이기적 경향, 즉 자기 자신의 복리만 욕망하는 인간의 성향은 사회와 연결되어 감에 따라서, 즉 가족사회, 도시사회, 국가사회, 인류사회와 연결 관계를 맺어 가게 되면서, 보편적이고 인류적 사랑으로 전개되어 간다.

⑤ 그런데 이러한 전개과정을 가능케 하는 것은 유용성(utilities)을 구하는 인간정신이다.

이상과 같은 비코의 역사발전에 대한 생각을 마르크스의 유물변증법의 이론에 맞추어 보면, 매우 유사한 형식이 성립된다. 즉 ① 험준한 자연환경이 있다(하부구조), ② 이의 영향으로 인간정신은 짐승과 같은 야만성을 지닌다(하부구조에 의한 상부구조의 규정), ③ 여기서 생겨난 현인 또 문명인에 의한 평화롭고 안일한 사회구조, 즉 하부구조는 인간의 정신, 즉 상부구조를 자기애에 근거한 이기적 경향으로 이끌어 간다는 등으로 된다.

그러나 분명한 것은, 비코는 유물론자가 아니라는 점이다. 그 첫째 이유는 비코는 역사의 발전을 가능케 하는 동력을 자연이나 물질에 구하지 아니하고 인간의 정신에서 구했다고 하는 것이다.

즉, 험준한 자연 상태가 인간의 제 관념들을 야만적인 것으로 만들어 놓은 것은 사실이다. 그러나 인간의 사회가 야만적 상태에 머물러 있지 아니하고, 영웅적 상태에로 이행하게 되는 것은 그 사회현황이나 그 사회구조에 의해서 저절로 되는 것이 아니고, 그것에서 탈피하고자 하는 '야만적인 힘'의 발휘에 의해서이다.

여기서 야만적인 힘은 단순히 야만인들이 생존하기 위해서, 또는 먹고 마시고 거주지를 얻기 위해서 발휘하는 동물적인 힘, 또는 육체적인 힘이 아니라, 인간적인 힘 또는 그 야만적 단계에서 표현되는 양식의 인간정신의 힘인 것이다.[2]

앞에서 크로체의 말을 인용하여, 비코가 생각한 역사발전의 행정을 설명하는 데서 언급하였듯이, 비코에 의하면, 인간성 속에는 동물적 속성과 인간적 속성이 공존하고 있어서, 역사는 이같이 동물적 속성을 지니고 있는 인간성이 그 동물적인 데서 탈피하여, 보다 인간적인 데로 변이되어 가는 과정이다.[3]

인간의 역사가 이와 같이 인간이 동물의 상태에서 탈피하기 위한 노력에 의해서 이루어지는 과정이라고 할 때, 위에서 말한 야만적 상태에서 탈피하기 위해 발휘되는 야만적인 힘은 곧 야만적인 인간성 속에 숨어 있는 인간적 속성, 정신력, 또는 자유의지를 말하는 것이다. 그리고 그 인간적 속성, 정신력, 또는 자유의지는 언제나 자신의 앞에 주어져 있는 현실에서 느끼는 필요성, 유용성에 따라 작용한다.[4]

그러므로 역사상 매 단계에서 인간정신은 언제나 상대한 대상을 놓고 거기에서 필요성, 유용성을 느끼게 된다. 즉 야만적 상황 하에서 인간정신은 거기에서 생존하기 위해 필요하고 유용한 것을 구하며, 동시에 그 야만상태에서 자유롭기 위해, 또는 탈피하기 위해 필요하고 유용한 것을 구하여 야만적인 힘을 발휘한다. 영웅적 시대의 상황 하에서는 그 상황 하에서 생존하는 데 필요한 것과 또 인간적 시대에로 이행하는 데 필요하고 유용한 것을 구한다.[5]

그런데 인간적 시대의 상황, 달리 말해서 고전적 상황 하에서 인간정신은 더 이상의 구할 것이 없어진다. 그 상황 하에서는 인간성 중의 동물적 속성은 소멸되고, 오로지 인간적 속성만 남아있게 되었으며, 때문에 인간정신이 탈피해야 할 대상을 잃어 자유의식이 발휘될 필요가 없게 되었다.

그러므로 이 시대의 상황 하에서 인간정신은 나태해지고 타락하여, 쾌적한 것과 사치스러운 것만을 탐하게 되며, 오히려 야만적이고 동물적인 상태를 그리워하게 된다. 여기서 역사는 다시 야만시대, 그러나 전에 이미 발전된 제 문화화의 유산을 포용하고 있는 이른바 반성적 야만시대로 전락하여, 이로부터 또 한마디[節]의 역사과정을 시작하게 된다.

이렇게 해서 역사는 3단계의 과정을 반복하는 변증법적 발전을 계속 진행시켜 간다.

비코의 변증법 이론이 마르크스보다 헤겔의 것에 더 가까운 것, 즉 유물변증법이 아니라 정신변증법에 가까운 것이라는 것을 입증하는 두 번째 이유는, 그가 역사의 발전을 주도하는 것이 영웅이냐 대중이냐 하는 문제에 있어서 마르크스와 궤를 달리하고, 오히려 헤겔의 경우와 일치하는, 또는 모든 정신철학자나 관념론자들이 주장할 수밖에 없는 영웅사관을 내세우고 있다는 것이다.

비코에 의하면, 역사가 어느 현황, 또는 어느 단계에서 다른 상황,

또는 다른 단계로 이행되어 가는 것은 전적으로 탁월한 개인의 힘에 의한 것이라는 것이다. 그리고 그 개인 가운데에 있어서도 그 개인이 지니고 있는 영웅적 정신(heroic mind)에 의한 것이라는 것이다.[6]

다음은 이러한 그의 생각을 나타내고 있는 문장이다.[7]

> 가족상태에 있어서 사람이 사람에게 복종하기 위해서는, 또 장래의 문명 상태에 있어서 사람으로 하여금 법에 복종하게 할 준비로서, 우선 처음으로 저 폴류페이모스와 같은 절대적인 폭력을 가지고 휘두를 정도로 우둔한 인간이 존재하지 않으면 아니 된다.
>
> 가족으로부터, 나아가서 귀족정치 형태의 공화정이 건설되기 위해서는 단호하고 자기 동료에게 양보하지 않는 아킬레우스와 같은 호쾌하고 오만한 인물이 존재하지 않으면 아니 된다.
>
> 다시 인민의 자유에로의 길을 열기 위해서는 아리스티데스라든가 스키피오 아프리카누스와 같은 강용하고 정의로운 인물이 요구된다.
>
> 그리고 그 후 군주정치를 초래하기 위해서는 알렉산더라든가 카이사르와 같은 대 결점을 수반한 아름다운 큰 영상을 가지고 출현하여 민중 들 사이에 참으로 영예로운 명망을 향유하는 인물이 필수적으로 요구된다.

물론 여기서 '그 영웅의 행위가 어디에 근거를 두고 있는 것인가?' 하는 문제를 제기할 때, 우리는 또다시 'The order of ideas must follow the order of institutions'의 명제를 기억하여야 하며, 그럼으로써 우리는 그의 마르크스와의 유사점을 생각하게 된다.

즉 영웅의 행위가 아이디어(Ideas)에 의한 것이 아닐 수 없다고 할 때, 그 영웅은 아이디어(Ideas)와 마찬가지로 그 시대구조의 요구에 따라 나온 산물이다. 그러므로 마르크스적 해석을 따르면, 영웅의 행위는 다만, 그 시대의 구조를 구성하고 있는 대중의 요구와, 또 그 영웅을 따르던 대중들의 힘에 의해서 이루어진 행위다.

그러나 설사 그렇다 하더라도 영웅은 영웅이고 대중 그 자체일 수는 없는 것이다. 마치 자연이나 물질적 세계가 있어야 역사가 있을 수 있는 것이 사실이지만, 그것을 이용하고, 또 그것으로부터 오는 고난을 극복할 수 있는 인간정신이 없이는 역사는 있을 수 없다는 것과 마찬가지로, 영웅은 대중 속에서 나왔고, 대중을 대표하는 인물이지만 그가 없이는 역사의 발전은 생각할 수 없는 것이다.

이런 점에서, 비코의 변증법은 비록 그것의 도식에 있어서는 마르크스의 것에 가까우나,[8] 유물변증법이 아닌 정신변증법으로, 그것은 인간정신의 자기발전 및 자기실현의 과정을 뜻한다. 그러므로 이를 19세기 사상가들에 비교할 때, 비코는 마르크스보다 헤겔에, 콩트보다 베르그송(Bergson)에, 그리고 테느(Taine)보다 크로체에 더 가까운, 다시 말해서 유물론 보다는 관념론에 더 가까운 사상가다.[9]

제3절
신의 섭리[1]

역사의 발전에 대한 문제에 있어 반드시 부수되는 것은, 그 역사발전과정에 간여하는 외연적 존재가 확정되느냐 아니냐 하는 문제다.

예를 들어, 기독교적 역사학에 있어서는 어느 역사관에 있어서 보다도 이것이 강조되었다. 아니 차라리 기독교적 역사학은 이것을 입증하고 표현하기 위해서, 다시 말하면 역사 속에서의 신의 역사(役事), 역사의 과정을 통해서 실현하고자 하는 신의 의도·목적, 즉 섭리를 이해하기 위해서 있는 것이었다.

르네상스 이후 휴머니즘이 번성하여 기독교적인 신의 위력을 역사 속에서 배제하려는 노력이 전개되면서도 이 같은 외연적인 존재에 대한 생각은 지속되었다. 그리하여 칸트는 신 대신에 자연을 내세워, 그것으로 역사과정의 주체로 삼으려 하였고, 헤겔은 절대이성, 절대정신 그리고 세계사정신과 같은 용어로써 기독교적 신의 개념을 대신하려 하였다.

그러나 이 모든 것은, 설사 그 이름은 달리 하였다 하더라도 역사를 순수하게 인간에 의해서, 인간의 의도와 목적을 실현시켜나가는 과정으로 보지 아니하고, 인간 이외의 존재, 또는 초월자를 가정하고 그것이 스스로의 의도·목적을 실현해 가는 과정으로 보았다는 점, 그리고 인간의 행위는 궁극적으로 인간 자신의 목표를 달성하기 위해서 이루어지는 것이 아니라 표면적으로, 현실적으로 또는 근시안적으로는 인간의 의도와 목적을 실현하기 위해서 행해지는 것처럼 보이나, 역사적으로, 궁극적으로, 또는 원시적으로 보면, 인간의 목적과는 전혀 관계없는 큰 목적을 위한 과정의 일부요, 나아가서는 수단에 불과하다고 생각되는 점 등에 있어서는 다를 것이 없는 것들이다.

그런데 비코는 시기적으로 볼 때, 칸트나 헤겔보다 더 중세에 가까이 산 사람이다. 그리고 위에서 언급한 바와 같이 자연과학보다 인간의 문제, 사회의 문제, 역사의 문제를 주요 관심사로 생각한 사람이다.

이러한 제 조건들로 그는 근대의 어느 사상가들보다도 기독교에 충실해 있었다. A. R. 카포니그리의 말처럼, 비코에게 있어서 종교는 인간사회의 흔들릴 수 없는 기반으로 생각되었으며,[2] 또 그 자신이 한 사람의 진실한 기독교인의 입장에서, 그가 그와 같이 중요시하고 추구하였던 진리를 철저하게 신 그 자신(Truth is first and foremost God Himself)이라고 믿었다.[3]

이러한 비코였다고 한다면, 그가 그의 역사의 발전과정을 생각함에 있어서, 인간 외적인 존재로서의 신이 역사에 간여하는 일을 부정적으로 생각할 수 있다면, 그 자체가 논리의 비약이요 비역사적인 생각이다.

그러나 비코는 역시 중세인이 아니라 근대의 사상가다. 그러므로 그가 비록 신을 생각했다 하더라도 그의 신은 중세인의 신과는 다르며, 그가 신의 섭리를 생각했다 하더라도 아우구스티누스의 섭리와는 같지 아니하다.

중세인들이 생각한 신은 우주만물의 창조주이면서, 스스로 살아서 자신의 의도·목적을 가지고 있으며, 그것을 실현하기 위해서 인간을 이 지상에 있게 하여, 그로 하여금 역사를 창조케 하는, 행동하는 존재이기 때문에 아우구스티누스가 말하는 섭리는 신이 실현하고자 하는 의도·목적, 즉 역사과정 자체와 역사과정에서 실시되는 계획 그 자체이다.

그러나 비코에게 있어서 신은 그러한 인격적 존재로서의 신이 아니라, 진리일 뿐이다. 즉 V. 마티유가 지적하고 있는 것처럼, '비코에게서 원초적 진리는 신에 의한 피조물이 아니라, 신에 의해서 생성되고 있는 것이며, 영원히 신과 공존하고 있는 것이며, 또 신과 일치되어 있는 것이다.'[4]

한마디로 비코에게 있어서는 진리가 곧 신이다. 그러므로 아우구스티누스에게서는 섭리가 곧 신의 계획, 신의 목적, 의지를 뜻하는 것이었고, 그러므로 신은 그의 그 섭리를 실현하기 위하여 직접 천지를 창조하고 그 속에 인간을 있게 하여, 그를 하수인(agent)으로 내세워 역사를 창조하도록 하는 능동적 자세를 취하나, 비코에게서는 진리가 스스로 능동적 자세를 취하지 아니하고, 인간에 의한 발견, 즉 인간에 의한 인식을 통하여 스스로를 노출시킨다.

그러므로 비코에 따르면, 역사는 신과 인간의 공동작품이다. 왜냐하면 신은 스스로 진리를 포함하고 있고, 인간은 그것을 발견 인식함으로써 그것을 표현하여 그 결과로 역사의 과정을 진행시키기 때문

이다.[5]

　여기서 인간은 중세적 기독교 사상에 있어서 처하여 있던 신과의 종속적 관계에서 탈피하여 대등관계에 서게 된다.[6] 그러므로 인간의 신, 또는 진리에 의하여 그 행위에 제약을 받지 아니하고, 자기 자신을 중심으로 한 관심에 따라 자유롭게 행동한다.

　이 점에 있어 비코는 기독교인임에 틀림없었으나, 그러나 중세적 기독교인이 아니라, 근대적 기독교인이 된 것이다.

　즉 신은 자기 자신의 정신 속에서 진리를 발생시킴으로써 역사를 있게 하고, 인간은 또한 자기 자신의 정신으로 모든 진리를 표현함으로써 역사창조에 참여한다. 그러므로 인간은 신으로부터 진리를 발견해 내기 위하여 적극적으로 역할을 해야 한다. 이 역할은 인간의 진리에로 향한 노력으로 이루어진다. 이에 대해서 신은 '섭리라는 비밀스러운 방법(the mysterious ways of providence)'을 써서 그를 현현한다.[7]

　즉 신적 진리와 인간적 진리 사이에는 해만(海灣=Gulf)이 가로 놓여 있다. 그러므로 이 해만을 건너지 않고는 인간은 신적 진리에 접근할 수 없다.

　다시 말해서 신은 진리를 완전히 의식하고 있는 데 비하여, 인간은 그것을 인간이 당면해 있는 역사적 수준 위에서만 의식할 뿐이므로 그것은 불완전하게, 그것도 산발적으로, 그리고 점진적으로밖에는 의식하고 있지 못하므로, 이 해만을 연결하는 교량이 필요하다. 이 교량이 바로 섭리다.[8]

　그러므로 비코에게서는 아우구스티누스에게서와 달리, 섭리란 증명을 필요로 하는 것이 아니다.[9] 역사 속에서 진리를 포착한다(to comprehend truth)는 것은 섭리 그 자체를 증명하는 것이 아니라, 그것이 역사 속에서 어떻게 역사(役事)하고 있으며, 그 섭리가 인간에게 어떤 의미를 지니고 있는가 하는 것을 이해하는 것이다.

그러므로 비코의 《신과학(New Science)》은 섭리의 해석학으로써 읽히어져도 좋다.[10] 왜냐하면, 비코 스스로도 그의 《신과학》이 진리가 역사상에서 표현되어 가고 있는 과정과 그 방법, 그 형태를 이해하고 설명하기 위해서 쓰이어진 것임을, 다시 말해서 섭리를 이해하기 위해 쓰이어진 것임을 밝히고 있기 때문이다.

다음은 비코의 이를 설명하는 글이다.[11]

> 그러므로 이 Science의 원리에 대한 여러 면들 중의 일면에서, 이 과학은 신의 섭리에 대한 합리적이고 시민적인 신학(a rational civil theology of divine providence)이어야 한다.
>
> (중략)
>
> 그러므로 우리는 《신과학(New Science)》이 증명하지 않으면 아니 되는 것은 어떠한 섭리가 역사 속에서 작용하여 왔는가 하는 것이다. 왜냐하면, 그것은 제 제도들의 역사이어야 하며, 그 역사를 통해서 인간은 그것을 식별하지도 못하는 사이에, 그리고 가끔 인간들의 계획과는 정반대로, 섭리는 이와 같은 인류의 대도시를 다스려 나가고 있기 때문이다.

이와 같이 비코에게 있어서 섭리에 대한 생각은 철저하고 절실한 것이다.[12] 그러므로 우리는 이 섭리에 대한 생각을 중심으로 비코의 역사발전 이론을 요약 정리할 수 있다. 즉, 비코에 의하면, 신은 절대적 진리 그 자체다. 그러나 그 진리는 그 자체로서는 표상될 수 없고, 섭리를 통해서 연결된 인간정신에 의해서 발전되고 인식되며, 그것을 통해서 표상된다.

이 같은 인간정신에 의한 진리의 표상과정이 역사과정이다. 그러나 인간정신은 처음부터 완전한 신적 또는 절대적 진리를 발견—인식할 수 없고, 다만 그것이 처하여 있는 역사적 단계 또는 상태에 의해서 규정된 정신의 수준에 맞는 범위 안에서의 진리만을 표현한다.[13] 이렇게 해서 표현된 매 시대의 진리는 언제나 불완전성, 부적합성을 포함하고 있는 것이다.

그러므로 매 시대의 인간정신은 그 불완전성, 부적합성을 발견하고 그것을 극복하기 위한 노력을 한다. 그 결과 역사상 각 시대는 다음 단계로 발전되어 간다. 이때에 신은 그의 섭리를 통하여 인간정신 앞에 언제나 새로운 진리의 모습을 제시함으로써 인간정신의 노력을 유도한다.

제4절
비코의 역사사상의 단계 : 비코와 헤겔

1. 비코 사상의 사상사적 의의

우리는 위에서 비코의 사상을 역사사상에 주안점을 두고 논의하였
다. 그러나 비코가 지니는 사상사적 위치는 결코 여기에 국한된 것은
아니다. 그는 데카르트, 로크, 라이프니츠, 흄, 칸트, 그리고 헤겔 등의
인물들처럼, 일반철학에 있어서도 빼놓을 수 없는 완전한 철학적 저
술의 작가다.[1]

비록 그는 학자로서 일생이 불운하였고, 또 그가 죽은 지 50여 년
이 지나서야 이름이 알려지기 시작한 사상가였으나, 그의 영향은 그
후 프랑스의 사상가들, 19세기의 독일 낭만주의자들에게 있어서 거
의 결정적인 것이었다.[2]

구체적으로 비코의 제 개념들(Ideas)을 이어받은 사람들을 열거하
면, 포스콜라(Foscola), 야코비(Jacobi), 괴테(Goethe), 헤르더, 미슐레
(Michelet), 코우진(Cousin), 콜레리지(Coleridge), 마르크스, 크로체, 소
렐, 조이스, 그리고 W. B. 예이츠(Yeats) 등을 들 수 있다.[3]

이처럼 비코의 철학은 다방면, 이를테면 절대적 관념론, 가톨릭, 마
르크시즘, 그리고 현대 인식론의 특수한 제 개념들을 포함하고 있는

역사주의와 현대철학의 다양한 방법론에 있어 중대한 영향을 끼친 것이 사실이다.[4]

그러나 비코의 사상사적 가치를 보다 높이고 있는 것은 '역사, 사회, 그리고 법에 관한 제 과학들이 발달하면 할수록, 그의 평판은 그만큼 더 높아질 것이다'라고 예언한 R. 플린트(Flint)의 말에서 암시되고 있는 바와 같이 역사, 사회 및 법률에 관한 제 과학들이다.

즉, 인간의 생활과 그것을 위해서, 그리고 그것으로 이룩되는 일체의 사항을 대상으로 하는 학문, 다시 말하면 자연과학에 대립되는 역사적 또는 인문적 제 과학들에 있어서, 비코는 그 종주(宗主)의 위치를 점하고 있는 것이다.

그러므로 비코는 철학사에서 역사철학의 기초자로서 기술되고 있는 것이다.[5] 따라서 우리가 비코의 사상을 역사사상과 그것에 관련된 제 개념들에 주안점을 두고 이해하려고 한 시도는 비코의 사상 자체를 이해함에 있어서도 그렇게 거리가 먼 것은 아니었던 듯싶다.

그런데 이 같은 비코의 사상을 가장 직접적으로 전수받아 그것을 현대 철학사상으로 전개시킨 사람은 그의 동향인으로 스스로 그 후계자이기를 바랐으며, 또 그 때문에 그의 고옥(古屋)까지 인수하여 그곳에서 생활을 할 정도로 그를 흠모한 B. 크로체라 해야 할 것이다.

그러므로 비코의 사상이 현대에 이르러 어떻게 발전되었으며 전승되었는가를 이해하기 위해서는 우선 크로체의 사상을 그것에 연결시켜 연구하여야 할 것이다. 물론 본 논문의 목적은 여기에 있다.

그러나 비코와 크로체는 연대적으로 무려 2세기의 간격을 가진 사람들이다. 이 기간에 사상사의 과정은 하나의 변증법적 과정을 완전히 거쳤다. 물론 크로체는 '비코의 철학(La filosofia di G. B. Vico)'이라는 저서를 쓰는 등 비코에 대한 직접적인 연구를 하였다.

그러나 2세기라는 기간 동안에 명멸되어 간 사상들은 비코를 연구하는 크로체의 마음과 그의 지식체계 속에 많은 다른 요소를 가미시켰다. 다시 말해서 비코의 사상이 크로체에게 이르는 사상사적 과정 속에서 비코의 사상은 다른 많은 사상가들의 사상을 흡수, 포용해 가면서 발전, 변질되어 결국 크로체에게 도달한 것이다.

따라서 우리는 비코의 사상과 크로체의 사상의 교량적 역할을 담당하였던 사상가들의 사상을 약간 언급하지 않을 수 없다.

말할 것도 없이, 비코와 크로체의 교량은 헤겔이다. 그러나 우리는 헤겔에 앞서 헤르더(Herder), 칸트(Kant)를 조금 언급하지 않을 수 없다. 헤르더는 비코의 사상을 처음으로 독일에 소개한 사람이고, 칸트는 헤르더의 철학에 있어 은사이나 역사학에 있어 헤르더의 영향을 받아 그 사상을 헤겔에게 전수시킨 장본인이기 때문이다.

그러나 본 논문의 성격상, 이에 지면을 많이 할애할 수 없다. 고로 이 두 사람에 대해서는 그들의 사상이 비코의 사상과 관련되고 있는 것만을 요점적으로 정리하는 것으로 만족하겠다. 그러나 이것은 비코의 사상이 헤겔에게 어떤 경로를 거쳐 유입되어 갔는지를 이해하는 데 도움이 될 것이라 믿는다.

먼저 헤르더와 비코를 비교해 보면,

첫째, 헤르더는 비코를 처음으로 독일에 소개하여 독일낭만주의 및 역사주의의 공동 원조가 된 사람이다.[6]

둘째, 이 두 사람은 함께 언어학에 관심을 가지고 있었을 뿐 아니라,[7] 헤르더는 이를 근거로 역사의 발전을 인간성의 전개과정을 이해하여, 그 단계를 ① 시적 단계, ② 산문적 단계, ③ 철학적 단계로 3분함으로써, 비코의 ① 신화 및 시적 단계, ② 형이상학적 단계, ③ 경험과학적 단계로 구분한 것과 유사한 구분법을 취하고 있다.[8]

셋째, 두 사람은 진리의 상대성을 주장함에 있어서 궤를 같이 할 뿐만 아니라, 헤르더는 비코의 '신은 진리 그 자체이며, 역사는 이 진리가 인간에게 각 시대적으로, 그 시대의 상태에서 규정되는 인간정신의 수준 위에서 인식되는 과정'이라는 생각을 답습하고 있다.[9]

다음 칸트와 비코를 비교하면,

첫째, 칸트는 생각(Cogito)이 존재(Sum)의 원인이 될 수 없다는 비코의 것과 같은 논리에 입각하여 데카르트의 'Cogito ergo sum(나는 생각한다. 고로 존재한다.)'을 비판하고 비코의 'Verum-factum(진리는 창조되는 것과 동일하다.)'의 이론과 일치하는 인식이론을 세우고 있다.[10]

둘째, 칸트는 역사상 매 다양한 국면에서의 실재(Reality in its various phases)는 인간의식의 제 형태들로부터 유래된다고 주장함으로써 비코의 역사상 제 단계들의 특징에 대한 이론과 생각을 같이하고 있다.[11]

셋째, 칸트는 선험적 실체를 인정하고 있는데, 그것은 비코가 신과 일치시킨 진리와 그 개념상 일치한다.

이상에서 요약된 것을 돌이켜보고 우리가 얻을 수 있는 생각은 비코의 사상이 헤르더를 통해서는 주로 역사에 관련된 사상이, 칸트를 통해서는 주로 인식이론에 관련된 생각이 각각 흘러서, 결국 헤겔이라고 하는 탁월한 역사철학자에게로 모여들었다는 것이다.

그러므로 이제 우리는 이렇게 흘러든 비코의 사상이 헤겔에게서 어떻게 표현되고 있으며, 무엇이 변질되었는가 하는 것을 살펴보지 않으면 아니 된다.

그러나 본 논문의 주요목적은 헤겔의 역사철학을 이해하고자 하는 데 있지 아니하고, 다만 비코의 사상이 그를 통해서 어떻게 크로체와 콜링우드에게로 연결되고 있는가를 밝히는데 있다. 그러므로 이 글에서는 우리가 앞에서 행한 비코 연구에서 얻어진 몇 가지 결론을 헤겔 사상에 비추어 봄으로써 그 사상의 연결성을 찾고자 한다.

2. 비코와 헤겔

사상사에 있어서 비코의 첫 번째 공헌이 있다면, 그것은 'Verum-factum'의 원리, 즉 '신이 창조한 것은 신만이 인식할 수 있고, 인간은 인간이 창조한 것만을 인식할 수 있다.'는 명제에서 발생하는 창조와 존재를 일치시키는 원리를 정립하였다는 것이다. 이 원리는 그 이후 철학 및 인식론의 주조를 이루어, 앞에서 요약, 언급한 바와 같이 칸트가 이를 받아들였고, 그것을 다시 헤겔이 답습하였다.

N. 로텐스라이크의 주장을 따르면 헤겔은 'Verum-factum'을 변형시켜, 인간오성(human understanding)의 유한성에 대한 생각으로 소화시켰다.[12]

그러나 무엇보다도 비코와 헤겔의 관계를 밀접하게 만든 것은 역사발전과정에 대한 문제다. 이 문제를 몇 가지로 분석해서 생각하면 대개 다음과 같다.

첫째, 비코는 역사의 과정을 신, 곧 진리가 인간의 진리인식행위를 통하여 스스로 현현되어 가는 과정으로 보았는데, 이에 대해서 헤겔은 신이나 진리 대신에 절대정신, 세계사정신 또는 절대이성을 대치시켜, 역사를 이 같은 정신 또는 이성이 스스로 현현되어 가는 과정으로 보았다는 것이다.[13]

둘째, 비코는 역사상 매 시대, 매 단계는 각자 그 시대, 그 단계에 해당하는 특징적 정신, 또는 진리의 특징적 형태가 구성되는 것으로 생각하였는데, 헤겔은 이와 유사하게 역사상 매 시대에는 그 시대의 시대정신(the spirit of his time)이 있는 것으로 생각하였다.[14]

셋째, 비코는 역사를 동물적 속성을 포함하고 있는 인간성이 그 동물적 속성으로부터 탈피하여 스스로를 보다 높은 단계의 수준으로 끌어올리고자 하는 자유의식에 의하여 발전되는 것으로 생각하여 역사를 야만인의 시대, 영웅의 시대, 인간들의 시대로 3분하였는데, 헤겔은 이와 마찬가지로 역사를 자유의 역사로 보아, 세계사를 일인만이 자유를 향유하는 상태에서 소수자가 향유하는 상태, 그리고 만인이 향유하는 상태로 이행되어 가는 과정으로 보았다.

넷째, 변증법의 문제다. 헤겔이 역사의 발전을 변증법적으로 이해하였다는 것은 재론을 요치 않는 것이고, 또 비코에게서도 그의 역사이론에 변증법의 요소가 포함되어 있음을 논급하였다. 그런데 여기서 우리가 더 강조해 두어야 할 것은 비코와 헤겔이 마르크스와 달리 정신변증법을 주장하고 있다는 점과 그 변증법적 전개에 있어, 단순한 사회구조의 기계적이고 자연적인 변천으로 이루어지는 전개과정이 아니라, 개인의 정신의 역할을 강조하였다고 하는 점이다.

즉 비코의 변증법에서 역사가 어떤 상태에서 다음의 단계, 또는 상
태로 이행되게 되는 계기가 인간의 자유의지에 있다고 했는데, 헤겔
은 변증법적 전개의 원동력을 개인의 정신의 본질로서의 자유, 즉 그
가 말하는 '물체는 지구의 구심점을 향하여 작용하는 중력을 가지고
있고 인간정신은 자유의지를 가지로 있다.'고[15] 하는 그 자유의지를
역사의 동력으로 생각하였다는 것이다.

　다섯째, 영웅과 대중의 문제다. 역사의 과정을 정신적인 것으로 이
해하게 되는 경우, 여기에는 대개 영웅사관이 따르게 된다. 비코의 사
관이나 헤겔의 사관이 정신사관으로 생각될 때, 자동적으로 이 두 사
람이 공히 영웅사관에 입각한다는 것은 이런 점에서 당연하다. 그러
나 이것은 비코가 영웅들의 시대를 설정하였다고 하는 점에서 그의
사관이 영웅사관이라는 것은 아니다. 그에 의하면 영웅은 야만시대에
도 고전시대에도 있을 수 있는 그 시대의 선구자를 뜻하는 것이기 때
문이다.

　이를 확인하기 위하여 몇 가지 첨언하면, 비코의 역사관에 있어서
는 역사의 어느 단계에서 다른 단계로 이행되어 갈 때, 선구적 역할을
하는 것은 그 시대를 사는 대중이 아니라, 타인에 비하여 정신력이 강
하여 현인이나 문명인이라 불리는 사람, 다시 말하면 자유의지가 강
한 사람이다. 그리고 헤겔에 있어서 역사를 이끌어가는 것은 그가 실
례로 내세우고 있는 알렉산더나 카이사르와 같은 인물들이다.

　다시 말하면, 절대정신 또는 세계사정신은 개인, 특히 세계사적 개
인을 간지로 조정하여 그 시대의 시대정신을 실현한다고 했는데, 여
기서 세계사적 개인이란 영웅을 뜻하는 것이다. 이런 점에서 헤겔은

비코의 영웅, 즉 현인이나 문명인의 개념을 좀 더 강렬하게 강조한 것으로 생각된다.[16]

이와 같이 헤겔이 영웅의 개념과 그 역할을 강조한 결과, 그는 비코가 생각한 대중의 역할, 사회구조에 대한 문제를 도외시하는 실수를 범하여, K. 마르크스에게 비판의 여지를 마련해 두었다.

다시 말해서, 비코는 '제 관념들의 질서는 제 제도들의 질서를 따라야 한다.'라는 명제를 통하여 마르크스의 이른바 하부구조의 역사 발전에 있어서의 역할을 무시하지 않았는데 헤겔은 이것을 언급하지 않았다.

여섯째, 비코와 헤겔은 기독교적인 섭리를 근대적으로 전환시켜 수용하고 있다는 점에서 일치한다. 위에서 우리는 비코가 진리를 기독교적 신과 동일시 또는 대치시켰다는 점을 밝혔다. 그리고 섭리는 기독교에서처럼 신 자신의 계획이나 의도·목적이 아니라, 진리가 인간에게 연결을 맺는 교량이라는 점을 명백히 하였다.

이 점에 있어 헤겔은 기독교보다 비코에 가까운 주장을 한다. 헤겔은 기독교의 신을, 세계사의 정신 또는 절대이성, 절대정신으로 이해하였다.[17] 그리고 그는 그의 역사철학에 있어 지상 최고의 개념으로 다음과 같이[18] 섭리와 동의어로 표현하고 있다.

세계의 역사는, 그것을 기초로 하여 도덕이 그것의 고유한 위치를 지니는 것보다 높은 근거를 점하고 있는데, 그것은 개인적인 성격— 개인의 양심—그 개인들의 특수한 의지, 그리고 행동의 양식이다. 이것 때문에 이들은 이들에게 고유한 가치, 비난, 포상이나 형벌을 갖는다. 정신의 절대적 목표(the absolute aim of spirit)가 요구하고 완성하는 것—섭리(providence)가 하는 것—은 책무를 초월하는 것이고, 비난(imputation)에 대응하기 위한 행동과 선하거나 악한 동기 때문에 생기는 것이다.

그러나 여기서 우리가 밝히고 넘어 가야 할 것은 헤겔의 섭리의 개념이 비코의 것보다도 오히려 기독교적인 것에서 탈피하지 못하고 있다는 것이다.

왜냐하면 헤겔은 세계사적 정신이 직접 그의 간지를 통하여 세계사적 개인, 즉 영웅을 조정함으로써 그의 의도·목적·계획을 실현해 간다고 하여, 기독교의 신과 일치되는 세계사적 정신의 계획·의도·목적 등을 섭리의 개념으로 이해하였으므로, 기독교의 신을 정신으로 대치시키는 변화가 있었으나 섭리의 개념은 기독교의 것 그대로였기 때문이다.

그러나 헤겔은 비코의 역사철학을 19세기 및 20세기의 역사철학, 특히 앞으로 우리가 논의해야 할 크로체-콜링우드의 역사이론으로 인도해 주는 가장 중요한 교량적 역할을 하였다는 것은 확실하다. 특히, 그는 비코의 '진리'를 '정신'으로 전환시켜 크로체와 콜링우드가 정신철학에 근거한 역사이론을 확립할 수 있게 하였다.

제4장

실증주의와
크로체의 역사이론

B. 크로체의 역사사상과 실증주의사상의 관계는 G. 비코의 사상과 데카르트 사상과의 관계와 같다.[1] 콜링우드가 지적하고 있는 대로, 비코가 반(反)데카르트주의를 내세움으로써, 그리고 데카르트의 방법론, 또는 인식론에 대하여 반격을 하는 과정을 통해, 그의 사상체계를 구축하였던 것처럼, 크로체는 철저하게 실증주의적 사고형태에 대하여 반격을 가해 감으로써 그의 사상을 피력하였다.

그러나 역사이론에 있어서 크로체는 비코에 비하여 보다 상세하고, 보다 구체적인 공헌을 이루었다. 왜냐하면, 비코는 역사학을 위한 철학을 세운 사람이지만, 크로체는 그 철학에 근거해서 실제적인 역사학을 논의한 사람이기 때문이다.

다시 말해서, 비코는 이론적으로, 또는 사변적으로 그의 사상을 전개시켜 데카르트의 자연철학을 비판하였으나, 크로체는 비코의 철학을 근거로 실증주의를 공격하고, 그렇게 함으로써 그 자신의 역사이론을 정립한 사람이다.

그러므로 우리가 사상사적 견지에서 크로체의 사상을 이해하고자 할 때에는 비코의 경우가 그랬던 것과 같이, 먼저 실증주의 및 실증주의적 역사학의 정체와 그 문제점을 개론적이나마 이해하는 데서 출발하지 않으면 아니 될 것이다.

그런데 실증주의는 헤겔 철학 및 헤겔 학파의 사상, 이를테면 물 자체(物自體=ding an sich)로서의 사물의 본체보다 인간정신을 강조한 나머지, 사물을 인식함에 있어서 지나치게 사상성을 앞세워 자칫 선입견에 사로잡히거나, 또는 어떤 사상에 의한 윤색이 자행되는 경향에 대한 반발에서 비롯된 일종의 자연과학적 인식의 경향이다.

　　따라서 크로체의 반실증주의 운동은 자연, 헤겔 철학의 재흥 및 소생을 의미하게 된다. 그러나 재흥·소생이란 결코 사상의 재판, 또는 동일한 반복을 뜻하는 것이 아니다. 사상사에 있어 한 시대를 거치는 동안, 마치 동일한 물줄기라 하더라도 상이한 토양의 성분을 자체 내에 포함시키는 것처럼, 헤겔적인 사상은 그것이 실증주의를 거쳐, 크로체에게 이르는 동안 많은 비(非)헤겔적인 요소를 함유하였다.

　　그러면 헤겔적인 사상을 거부하였고, 크로체의 반발의 대상이 되었던 실증주의 정체는 무엇이며, 그것은 역사학에 있어 어떤 영향을 끼쳤는가?

제1절
실증주의와 실증주의적 역사학

1. 독일 낭만주의적 역사학의 문제점

계몽주의의 본질이 구체제 또는 중세 가톨릭체제의 잔재에 대한 비판과 배격에 있었다면, 낭만주의 운동은 그 계몽주의에 의하여 파괴된 구체제의 폐허 위에 새로운 체제를 구축하지 않으면 아니 되게 된 상황에 그 진원을 두고 있다.

계몽주의적 역사학은 박학, 즉 도서관에 수장되어 있는 제 문헌들, 박물관에 진열되어 있는 인쇄되지 않은 문헌(unprinted documents)들, 그리고 주화(coins), 골동품(brica biac) 등의 수집과 그것들에 대한 지식을 요구하였다.

그러나 낭만주의적 역사학은 그와 같은 단순한 박식(erudition)에는 만족할 수 없게 되었으며, 제 사실들과 제 사건들의 의미와 연결성을 확인하는 데에, 그리고 역사의 발전을 감지하고 이해하는 일에 열을 올렸다. 그런데 이 같은 운동의 시작은 때마침 전개되고 있던 나폴레옹 전쟁 및 그것에 항거하는 독일 등의 민족주의 운동과 때를 같이 하는 것이었다. 그러므로 낭만주의와 민족주의는 숙명적으로 연결되지 않을 수 없었다.

그러므로 독일의 낭만주의적 역사학자들은 모든 역사를 정치학, 특히 프러시아의 정치학에 종속시키는 경향을 갖게 되었다.[1] 이러한 낭만주의시대의 역사학의 특징을 톰프슨(Thompson)은 지벨(Sybel)과 슈몰러(Schmoller)의 말을 인용해 가면서 다음과 같이 피력하고 있다.[2]

아마 유럽에서는 어떤 시대에도 19세기의 독일에서만큼, 확고한 학풍과 과감한 해석의 통일을 촉구하고 있었던 때는 없었다. 역사가는 인류에게 중요하고 관심 있는 모든 문제에 전념하였다. 여기서 경향성을 지닌 역사학의 수없는 학파가 전개되었다. 지벨은 다음과 같이 말한다. '우리의 문헌 속에 있는 어떤 것을 찾아 접근하고 있는 모든 역사가는 그 나름대로의 색깔을 가지고 있었다.'

그 역사가들은 종교적이거나 아니면 무신론자이었고, 프로테스턴이거나 아니면 가톨릭이었으며, 자유주의자이거나 아니면 보수주의자였다. 그리고 모든 역사가들은 정치적 당을 가지고 있었다. 그러므로 이 시대에 객관적이고, 무(無)당파적이고, 냉정하며, 담담한 (nerveless) 역사가들이란 없었다.

정치적으로, 독일 역사가들의 영향력은 결정적인 것이었다. 슈몰러의 말을 인용하면, '그들의 도움이 없이는 제국은 결코 서 있을 수가 없었을 것이다.' 제1급의 역사가들은 모두가 프러시아 정부에 대한 어용(pro-prussian)이었다. 많은 역사가들, 이를테면 니버(Niebur), 드로이센(Droysen), 달만(Dahlmann), 몸젠(Mommsen), 지벨(Sybel), 그리고 트라이츠케(Tretschke)와 같은 이들은 정계에서 생활하였으며, 프러시아 정부는 이러한 학자들에게 영예와 지위를 포상하였다. 이러한 '역사학과 정치학의 동맹'은 1914년까지 지속되었다.

이와 같이 낭만주의적 역사가들은 종교문제나 사상—특히 민족주의, 자유주의, 보수주의—과 동맹관계를 가지고 있었으므로, 학문 본연의 목적이나 임무를 외면하고 종교나 사상적 목적을 앞세워 역사적 사실의 객관성이나 진실성 등을 무시한 채, 그것들을 편의에 따라 윤색, 날조, 왜곡하는 경우가 많았다.[3]

다시 말하면, 이 시대의 역사가들은 톰프슨이 지적하고 있는 바와 같이, 이들의 '당파주의, 정치적, 종교적 편견, 영웅숭배주의, 야망, 민족적 감정, 그리고 종족이나 민족의 긍지 등은 역사가들로 하여금 그들이 가지고 있는 사건·사실들은 왜곡해서 표현하거나 (또 자기들에게 불리한 것은)[4] 감추어 버리도록 유도하였다. 그들은 철학자들이 지니고 있는 제 사실들에 대한 존경심을 갖고 있지 않았다. 심지어 그들은 사건이 그들의 마음에 들지 않을 경우, 그들의 '제 사실들'을 꾸며내는 일까지도 서슴지 않았다. 그리고 그들은, …… 또 그들의 이론적인 사변이나, 또 그들이 미리 생각해 낸 제 관념들과 어긋나는 경우에는 그에 관련된 중요한 사건을 삭제하기까지 하였다.'[5]

이와 같은 사상의 근원은 중세사상에 대한 반발로서 발생한 르네상스와 데카르트의 사상에 두고 있는 것이지만, 아이러니컬하게도 이것은 오히려 중세적이고, 또 데카르트 자신이 비판하고 나섰던 사상체계와 유사한 것이다.[6]

즉 이 시대의 역사가들은 역사를 비인간화시켰으며, 인간을 추상적 개념으로 만들었으며, 역사를 도식화시켰다. 그리고 이 시대의 역사가들은 인간과 사건·사실들을 카테고리에 맞추어 분류시켰으며, 그렇게 함으로써 정확한 관념과는 거리가 먼 인위적 패턴을 창출하

였다.[7]

한마디로 합리주의를 전제로 하는 낭만주의시대의 역사학은 중세의 그것이 그랬던 것과 같이 독립성이나 과학성을 상실한 채, 그 시대의 종교 및 정치적 제 사상들의 시녀로 전락하는 양상을 보였다. 다만 다른 것이 있다면, 중세의 것이 기독교 사상의 시녀였던 것에 비하여, 이것은 근대적 정치사상 또는 정치권력 내지는 정치가들의 지향하는 목적의 시녀였다는 것뿐이다.[8]

이와 같이 반복되는 역사학의 시녀화(化) 현상에 대하여 인간정신의 과학적 성향은 좌시할 수 없는 것이었다. R. 데카르트가 코페르니쿠스나 갈릴레오의 과학정신 및 과학적 업적에 기틀을 두고 중세적 관념론에 반기를 들고 날카로운 과학적 비판을 가하여 새로운 사상체계를 형성한 것처럼, 그로부터 2세기 후인 19세기에도 현저한 과학적 발전을 본바탕으로 하는 새로운 비판운동이 일어난 것이다. 이것이 실증주의 운동이다.

2. 실증주의

E. 웨버(Eugen Weber)는 그의 저서 《The Western Tradition》에서 실증주의나 '실증적', 즉 'positive'라는 말과 '과학적', 즉 'scientific'이라는 말을 동의어로 쓸 만큼[9] 실증주의는 자연과학의 우월성을 주장하는 데서 비롯되는 생각이다.

그러므로 실증주의는 17세기 초 획기적인 과학의 발달, 특히 하비(Harvey)의 혈액순환의 입증(1628년)[10]과 더불어 정점에 도달하게 된

'과학의 위대한 소생의 역사(The history of the Great Renewal of Science)'
에 그 뿌리를 가지고 있다고 해야 될 것이다.[11]

톰프슨이 지적하고 있는 바와 같이, 이 세기의 과학의 진보는 그 시
대의 영광이었으며, 이미 있었던 어떤 다른 형태의 진보도 훨씬 능가
하는 것이었다.[12]

실증주의는 이러한 과학의 진보라는 시대적 특징이 인간정신세
계에 작용함으로써 발생한 19세기의 사상체계이다. 그러나 그것
은 구체제와 프랑스혁명의 급진주의자들과 공상적 사회주의자들
(Dreamer), 실례를 들면, 생 시몽(Saint-Simon, 1760~1825)과 프리에
(Fourier, 1722~1837)에게까지 소급된다.

즉, 이들은 '정치적 제 현상들은 다른 제 현상들과 마찬가지로, 법
칙 하에서 계통적으로 분류될 수 있다. …… 철학과 과학의 진정한 목
적지는 사회학이어야 하며, 사상가의 진정한 대상은 실증적 제 과학
들의 방법을 사회의 연구에 적용시킴으로써 사회를 해석하고, 재조직
하는 것이다.'고[13] 주장하였다. 그러므로 톰프슨은 실증주의에 있어서
의 이들의 역할을 다음과 같이 술회하고 있다.[14]

> 프리에는 실증주의를 파종하였고, 생 시몽은 물을 주었고, 콩트는
> 그것을 성장시켰다. 콩트의 목적은 그가 말하는 소위 '사회물리학
> (Social Physics)'에 대한 연구와 이해에 있었다.

위의 인용구에서도 보이는 바와 같이, 실증주의를 확립한 자는 오
귀스트 콩트(August Comte)다. 1822년 콩트는 사회의 재조직을 위해
'계획'을 출간하였는데, 이것은 곧 "실증철학"의 헌장이다.[15] 그리고

이것은 역사적인 제 연구들의 재조직을 위한 "계획"으로, 이로 인해서 종래의 합리주의적이고 형이상학적 사상에 근거한 정치철학의 포기를 종용하는 하나의 경고장이기도 하다.

여기서 콩트는 새로운 방법론을 주창하였는데, 이에 따르면, 자연세계가 물리적 제 법칙들(Physical laws)에 의해서 지배되고 있는 것처럼, 인간사회를 지배하고 있는 '일정한 제 법칙들'을 발견하는 것이 가능하다는 것이다.[16] 그리고 역사학에 관해서 콩트는 다음과 같이 말하고 있다.[17]

> 연구의 특수화 경향은 역사를 상호연결성이 없는 제 기술(記述 =delineations)들의 단순한 수집으로 전환시킬 것이다. 그리고 여기서는 제 사건들의 진정한 계통에 대한 모든 관념(Idea)은 대량의 혼잡한 기록들(descriptions) 속에서 사라져 버릴 것이다. 만약 문명의 상이한 시기에 대한 역사적 비교가 어떤 과학적 성격을 갖는 것이라면, 그것들은 일반적인 사회발전에 관련된 것이어야 한다.

이와 같이 실증적 철학(Positive Philosophy)의 목표는 사회적 제 현상들을 신학이나 형이상학에 의해서 부과되고 있는 억압으로부터 해방시키는 것과, 물리학, 신학 그리고 생리학에서 주도하고 있는 제 법칙들과 동일한 법칙을 사회에 대한 연구에 도입하는 것이었다.[18] 그러므로 콩트는 '만약 실증적 방법이 화학과 그 밖의 자연과학에 적용되어 온 것처럼, 사회연구에 확장될 때에, 사회적 제 사실들에 관한 문제는 해결될 것'[19]이라고 기대하였다.

실증주의는 단순히 평면적 사회의 제 사실들에 관한 문제에만 적용된 것은 아니다. 콩트는 1852년에 이른바 실증주의적 교리문답(Positivistic Catechism)을 발간하고, 이에 뒤따라 실증주의적 달력(Positivistic Calendar)을 세상에 공개하였는데, 그것이 목적하는 것은 상대적으로 원시적인 사회조직과 문명의 단계로부터 그의 시대의 최고단계에 이르기까지 인간성이 어떻게, 어떤 양식으로 발전해 왔는가 하는 과정을 반영하는 것이었다.

이것은 1년을 13개월, 1개월을 4주, 1주일을 7일로 구분하고, 이에 따라 전세계사를 분석하고 그것을 다시 체계화시켜 도표화시킨 것이다.

여기서 1년 중 첫째 달은 모세(Moses)로 상징되는 초기 신권정치, 둘째 달은 호메로스(Homer)로 상징되는 고대적 시, 셋째 달은 아리스토텔레스(Aristoteles)로 상징되는 고대적 철학, 넷째 달은 알키메데스(Archimedes)로 상징되는 고대적 과학, 다섯째 달은 카이사르(Caesar)로 상징되는 군사적 문명, 여섯째 달은 샤를마뉴(Charlemagne)로 상징되는 봉건적 문명, 여덟째 달은 단테(Dante)로 상징되는 근대적 서사시, 아홉째 달은 구텐베르크로 상징되는 근대적 산업, 열 번째 달은 셰익스피어(Shakespeare)로 상징되는 근대적 드라마, 열한 번째 달은 데카르트(Descartes)로 상징되는 근대 철학, 열두 번째 달은 프레데릭(Frederic)으로 상징되는 근대 정치학, 그리고 열세 번째 달은 비샤(Bichat)로 상징되는 근대 철학을 각각 그 특징으로 삼아, 그에 따라 여기에 속하는 각 시대의 각 분야의 인물들의 이름을 나열하였다.[20]

여기서 볼 수 있는 바와 같이, 콩트는 사회를 한 시대의 횡단면으로서 평면적으로 본 것이 아니라, 그 사회가 시간의 경과에 따라, 보다 원시적인 시대에서부터 보다 근대 철학이 극성한 시기에 이르기까지 발전되어 온 것으로 봄으로써 그의 역사에 대한 견해를 피력하고 있는 것이다.

그러나 그는 역사학자는 아니다. 그는 사회학의 창시자다. 즉, 그는 역사가와 사회학자를 구별하는데, 그에 따르면 역사학은 인간생활에 관한 제 사실들을 발견, 수집하는 일을 담당하는 학문이고, 사회학은 역사학에 의해서 발견, 수집된 인간생활에 관한 제 사실들 속에서 작용하고 있는 인과관계를 발견하는 일을 담당하는 학문이다.[21]

다시 말해서, 콩트에 의하면 역사학 자체는 과학일 수가 없고, 그 역사학을 과학의 영역으로 끌어 올리는 일은 초역사적 입장에 선 사회학자의 일이다.[22]

이와 같은 콩트의 생각, 이를 보다 일반적으로 말해서, 자연과학적인 방법론을 가지고 인간사, 즉 역사를 연구하려는 사람들은 역사의 발전을 자연의 법칙, 인과론적인 공식에 맞추어서 이해하게 되고, 이 때문에 인간의 자유의지는 무시당하게 된다. 그리고 그 결과는 플레하노프(G. Plekhanov, 1856~1918)가 지적하고 있는 바와 같이[23] 인간의 제반 행위를 운명론(fatalism)적으로 해석하려는 경향으로 연결된다.

따라서, 이 같은 자연과학적 또는 실증주의적 방법론은 가장 인문주의적(humanistic)인 입장을 고집하면서도 실제로는 중세시대의 기독교가 그랬듯이, 그리고 근세 초의 합리주의자들이 그랬듯이, 반인문주의적(Anti-humanistic)인 입장에 서서 독선과 횡포를 부리게 된 것이다.

특히, 역사학에 있어서는 그 폐해가 커서 역사학이 단지 사회학을 위한 자료제공자 정도로 전락하게 되었고, 기껏 역사학을 자료수집의 역할을 담당하는 이른바 순수역사학과 그 자료들을 재해석해서 그것들 사이의 인과관계나 의미, 발전의 법칙 등을 발견하는 것을 주요 임무로 하는 역사철학 또는 사회학을 분리시키는 결과를 가져 왔다.

그러나 이와는 달리, 실증주의적 입장에 있으면서도 역사자체를 하나의 독립된 학문으로 생각하려 한 사람이 없었던 것은 아니다.

실증주의적 철학의 영향하에서 가장 대표적인 역사가 버클(Thomas Buckle, 1821~1862)[24]은 《영국문명사(History of Civilization in England)》를 저술하였다. 여기서 그는 과감한 분석을 가하여 실증주의적 역사가로서 성공을 거두었는데, 그 원인은 그가 다음과 같은 시의적절한 호소를 제시하고 그것을 실현하려 노력하였기 때문이다.

> 만약 역사가들이 인간의 제행위 속에 숨겨진 일정불변성을 탐구하고 발견만 한다면, 그렇게 할 수 있다면 역사는 진정한 과학으로 될 수 있을 것이다.[25]

이 인용구를 중심으로 이해할 때, 버클(Buckle)이 말하는 실증주의적 역사학이란 자연과학자들이 자연과학에서 이루기를 바랐던 것을 역사학에서 성취하는 것이다. 즉, 수많은 제 사실들을 수집하고 그것들로부터 역사발전에 관한 일반적 제 법칙들을 도출해내는 것이다.[26]

한마디로, 실증주의적 역사학의 목표는 인간의 제 행동들과 그것들로 해서 이루어진 제 사건들과 제 사실들에 대한 자연과학적 연구에 있으며, 역사학을 자연과학의 범주 안으로 끌어들이는 것이다.[27]

그러면 자연과학이란 어떤 것인가? 실증주의자들의 생각에 따르면, 자연과학은 다음 두 가지, 즉 첫째는 사실의 확인, 둘째는 법칙의 정립으로 구성된다.[28] 사실은 감각적 지각에 의해서 직접적으로 확인된다. 법칙은 귀납법에 의한 이러한 제 사실들의 일반화를 통하여 정립된다.[29]

따라서 실증주의자들이 말하는 과학적 역사학은, 첫째로 과거에 인간행위에 의해서 이룩된 제 사건들과 제 사실들을, 그것이 객관적인 것, 즉 우리가 자연의 사물을 감각적으로 지각하고 직접적으로 확인할 수 있는 것처럼, 직접적으로 확인하였을 때 진리로 인정될 수 있는, 다시 말해서 시간과 장소를 바꾸어 같은 사실을 확인해도 언제, 어디서나 동일한 지식을 얻을 수 있는 물 자체(物自體=ding an sich)대로의 사건과 사실로 확인하고,[30] 둘째는 여기서 얻어진 객관적 제 사건들과 제 사실들 속에서 작용하는 일반법칙, 즉 역사발전의 법칙을 발견하는 것을 목적으로 하는 것이다.[31]

그런데 자연과학은 순수학문으로서보다는 궁극적으로 인간생활에 활용을 위한 학문으로서의 목적을 갖는다. 다시 말하면, 자연과학은 자연의 일정불변하는 법칙을 발견하고, 그 법칙을 이용하여 자연을 극복하거나 자연을 활용하여 인간생활을 돈독하게 하는 것을 목적으로 한다.

따라서 이러한 자연과학적 방법을 인간생활, 인간의 제 행위들, 이를테면 사회와 역사의 문제에 적용시킬 때 여기서도 실용적 목적을 생각하지 않을 수 없다.

실제로 이에 관해서, 실증주의자들은 사회의 '제 법칙들'을 이해하면 국가로 하여금 역사의 방향을 지배할 수 있게 할 뿐만 아니라, 역사의 과정을 예언할 수도 있다고 생각하였다. 한마디로 실증주의자들에게 있어서 역사학에 대한 궁극적인 목표는 역사적 발전과정의 법칙에 대한 이해와 그것에 근거한 미래사에 대한 통어와 예언에 있었다.

3. 랑케 사학

실증주의적 역사학의 첫 번째 조건을 따를 때, 역사가가 지녀야 할 눈[眼]은 모든 사실들을 상호연결성 없이 단독적이고 개별적인 것으로 보고, 하나하나의 사실들을 주도면밀하게 탐구하는 것이어야 한다. 그러므로 이들에게 있어서는 보편사에 대한 이상이란 헛된 몽상으로 일축하게 되며, 그들의 연구목표는 하나의 사실에 대한 정확한 전공논문을 작성하는 일이다.

따라서 이러한 입장은 실증주의적 역사학의 두 번째 조건과 배치되는 것이다. 왜냐하면 한 사람의 역사학자가 사실의 확인과 법칙의 정립이라는 이중적인 일을 함께 한다는 것은 실제로 어려운 일이며, 또 보편사를 배격하면서 거기에서 법칙성을 발견하는 일이란 서로 모순되는 일이기 때문이다. 그러므로 실질적으로 콩트의 주장대로, 역사적 사실의 확인은 역사학자에게로, 법칙의 정립은 사회학자에게 넘어갈 수밖에 없는 것이다.

실제로 한때 실증주의의 영향하에 있으면서 방향의식을 잡지 못하고 있던 역사가들은, 역사연구의 방법을 자연과학의 연구방법과 일치시키고자 하는 유혹에서 벗어나 역사가의 유일한 길을 찾아내었다. 그 대표적인 인물들이 바로 니버(Niebuhr)[32]와 랑케(Ranke)다.[33]

이들이 새로이 확인한 역사가의 과업은 비판적 방법을 사용해서 제 사실들을 확인하는 것이며, 실증주의자가 실증주의의 제2단계라고 생각하는 일반법칙의 발견을 부탁하기 위하여 역사가에게 보낸 초청장을 거부하는 일이다.[34]

그중에서도 이 일을 노골적으로 표명한 사람이 랑케다. 그는 그의 유명한 말 'Wie es eigentlich gewesen(과거에 있었던 대로)'을 통해서 역사가의 일은 과거에 있었던 사실을 과거에 있었던 대로 발견하고 진술하는 것으로 끝난다고 하는 것을 선언하였다.[35]

이로부터 역사학의 본분은 개별적 사실을 그 자체대로 인식하는 것으로 규정되었다.[36] 즉, 랑케는 역사를 이론화시키는 것을 거부하였으면, '사건(matter)이 지니고 있는 진리(truth)에 접근하라. 그러기 위해서 사료에 대하여 철저히 연구(penetrate)하라.'[37]고 하였으며, 또 그는 그의 학생들에게 '모든 문서(document)는 주관적인 요소를 포함하고 있다. 역사가의 의무는 그 주관적인 것으로부터 객관적인 것을 분리해 내는 일이며, 이를 달리 말하면 본질에로 돌아가는 일'[38]이라고 하였다.

그리고 그는 원천적 사료를 중요시하여, '어떤 역사가가 그의 책을 쓰려면 그 전에 그가 지니고 있는 정보가 원천적인 것인지 아닌지를 알아보아야 하며, 그것이 원천적인 것이 아니라 타 인용서에서 빌려온 것일 경우에는 그것이 어떤 방도를, 그리고 어떤 종류의 조사·연구를 통해서 수집된 것인지를 알아보아야 한다'[39]고 하였다.

즉, 랑케의 역사적 비판이론에 따르면 일반적인 역사서들은 사료로서는 거의 무용한 것이며, 그와 같은 무책임한 사료를 피하기 위하여 역사가는 마땅히 옛 기록(archives)과 기록 문서를 직접 사용하여야 되는 것이다.

그러므로 그는 지면 위에서 볼 수 없는 것은 전적으로 불신하였다. 그러므로 그는 문헌을 발견할 수 없는 고대사나 경제사에 대해서는 전혀 아무것도 쓰지 않았다. 그리고 그는 신비나 사변을 싫어하였다.[40]

이상과 같은 랑케의 역사가로서의 자세는 그의 루터교적 신앙과 연결되어 있는 것으로, 그는 모든 역사적 제 사실들이 자연세계의 사물들과 마찬가지로 신에 의한 피조물이므로 역사가는 그 제 사실들을 신이 창조한 그대로, 즉 물 자체(物自體=ding an sich)대로 인식하는 것을 의무로 삼아야 된다고 확신하였다.[41]

그러므로 그는 역사를 함부로 취급하는 자는 신으로부터 벌을 받아야 된다고 했고,[42] 또 당시의 역사서술을 행하는 역사가를 향하여 다음과 같이 비탄하였다.

> 불행은 점점 더 깊어가고, 생명의 불은 점점 더 사그러져 가며, 사고는 점점 마비되어 간다. …… 내부적으로 살아 있는 정신(신)은 복수를 할 것이니, 이는 그것이 멸시를 당하였기 때문이로다.[43]

이러한 랑케의 생각은 근본적으로 역사적 사실을 자연계의 사물과 동일시하는 것으로 자연과학자가 자연을 있는 그대로 인식하여야 되는 것처럼 역사학자도 역사적 사실 하나하나를 있었던 그대로 인식하여야 된다는 입장을 밝힌 것이다.

그러므로 이와 같은 그의 입장을 따르면, 역사적 사실들이라면 그것들이 아무리 상황에 맞지 않는 것이고, 아름답지 못한 것일지라도, 그것들에 대한 역사가의 주관적인 판단이나 가치기준이 개입되어서는 안 되며, 만약 역사에 인간의 판단이나 가치기준이 개입된다면 그것은 신성한 역사를 오염시키는 것이 된다.

또, 역사의 법칙이란 인간적 인식의 대상이 아니며, 다만 신의 섭리로서 마치 신에 의해서 창조된 자연의 세계가 사소하고 작은 물리적 사물들로 구성되어 궁극적으로 인간의 인식영역을 벗어나는 우주를 이루고 있는 것과 마찬가지로 전체로서의 역사란 신의 손길에[44] 의해서 만들어진 사소하고 작은 사건·사실들로 구성된 것이다.

그러므로 이 같은 전체로서의 보편적 세계사란 인간에 의해서 조작될 수 있는 것이나 인식될 수 있는 것이 아니라, 그 자체가 신의 모습이며 신 자신만이 인식할 수 있는 것이다. 그러므로 인간이 할 수 있는 최대, 최상의 일은 인간이 수집할 수 있고, 확인할 수 있고, 인식할 수 있는 구체적이고 개별적 사실들의 확인뿐이며, 전체로서의 보편사는 역사의 법칙 등은 그 사실들의 집합이 스스로 표현하도록 해야 된다는 것이다. 자연의 사소한 사물들은 집합되어 전체적 자연의 모습을 나타내고 있는 것처럼.[45]

따라서 이러한 입장에서 역사서술이 이루어진다고 할 때, 그것은 결코 민족적 입장이나 인위적인 종파적 입장과는 무관한 것이어야 된다. 그러므로 크로체의 말처럼, 랑케의 역사는 독일적인 것도 프랑스적인 것도 아니며, 가톨릭적인 것도, 프로테스탄트적인 것도 아니었다.[46] 이러한 랑케의 입장을 이거스는 '비(非)이론적이고 정치적으로는 중립적인 역사가들의 모범'[47]이라고 했다.

제2절
실증주의적 역사학에 대한 크로체의 비판

크로체의 역사이론은 이러한 실증주의 및 실증주의적 역사학에 대한 비판에서 비롯된다. 인간의 정신을 연구함에 있어 자연과학적 방법을 사용하려 한 일체의 시도를 거부하고 그는 '만물의 유일하고 중심적인 근원은 인간의 창조적 정신이며, 철학적 제 전제들이야말로 가장 높은 정도의 구체성을 지닌 것이고, 오히려 물질적으로 생각되는 세계는 추상적이고 진실하지 않는 세계다.'[1]고 주장하였다.

이 같은 크로체의 자세는 역사, 변론, 철학 등 인위적인 지식을 환상적 지식이라 매도한 데카르트에 대항해서 '자연은 신이 창조한 것이므로 신만이 알 수 있는 것이고, 인간이 할 수 있는 것은 오히려 인간에 의해서 만들어진 시민사회에 관한 것 뿐'이라고 주장한 비코와 마찬가지라 할 것이다.

크로체는 실증주의 및 실증주의적 역사학을 비판함에 있어서 언제나 그의 주의·주장, 즉 사상을 피력하였다. 역으로 말하면, 그는 그의 역사이론의 단서를 이들 실증주의 및 실증주의적 역사학에 대한 비판을 통해서 잡았다.

이를테면, 랑케 사학에 대한 비판과정을 통해서 그의 '현재사

(contemporary history)'의 개념을 제시하였고, 문헌학적 역사학에 대한 비판을 통해서는 그의 '사상사(history of thought)'가 무엇을 의미하는지를 밝히고 있으며, 그리고 실증주의 또는 사회학을 비판함으로써 '역사학은 곧 철학'이라는 주장을 세우고 있다.

1. 랑케 사학에 대한 비판

크로체는 실증주의적 역사학을 비판함에 있어 랑케 사학을 그 첫 번째 대상으로 삼았다. 그는 랑케 사학을 실증주의 자체로 생각하지는 않았지만, 실증주의적 역사학의 한 유형으로 보아, 그것이 실증주의라는 철학사상의 세례를 받고 성립된 것으로 간주하였다.

크로체가 랑케를 이처럼 실증주의적 역사학의 범주에 소속시킨 이유는 위에서 언급한 대로 랑케가 어떤 종교사상이나 철학사상, 그리고 민족적 입장에 입각해서 역사를 서술하지 아니하고, 이른바 객관적인 입장을 고수할 것을 고집하였다는 데 있다. 그런데 크로체의 비판의 화살은 바로 이 점을 향하여 겨냥된 것이다.

크로체는 이 같은 랑케의 입장, 즉 이거스가[2] '정치적으로 중립적인 역사가((the politically neutral historian)'라고 지칭한 입장을 '외교적 역사학(diplomatic history)'이라는 야유적인 명칭을 써서 비판하였다. 그러나 그의 비판은 결코 악의에 찬 일방적인 것은 아니었다. 오히려 랑케의 공훈을 기리는 그런 입장을 취하고 있다.

다음의 인용문은 그가 랑케의 역사학에 대하여 행한 설명이다.[3]

(랑케는) 루터교에 의한 프로테스탄트이며, 또 그의 전 생애를 통해서 거기에 속해 있었으나, 반종교개혁이라는 반동시대의 역대교황의 역사를 썼으면서도 모든 가톨릭 국가들에게 환영을 받았으며, 또 그는 독일인이었지만 프랑스인에게 반감을 삼이 없이 프랑스 역사를 썼다. 그리고 가장 우아한 저자로서 그는 결코 자기의 종교적인 또는 철학적인 확신을 노출시키지 않고……, 또 어떠한 경우에도 결코 자신의 지도이론이나 '역사적 이념', 또 국가와 교회와의 부단한 쟁투의 개념 등을 끌어들이는 지나침이 없이, 이러한 많은 암초 사이를 어려움이 없이 왕래하는 것을 알고 있었다. 랑케는 그의 나라의 많은 역사가들은 물론 그 밖의 나라들의 역사가들의 이상이며 스승이었다.

어느 면으로 볼 때, 이상의 인용문은 크로체가 랑케 사학의 장점을 지적하고 있다는 느낌을 느낄 수도 있다. 또 크로체 자신도 그러한 역사학을 '문화를 사랑하고, 당파의 열정에 의해서 유혈사태를 야기하는 일을 싫어하고, 철학적 사변으로 두통을 앓기를 싫어하는 사람들에게 환영받고 있는 유형의 역사학'[4]임을 인정하고 있다.

그러나 근본적으로 크로체는 랑케의 지지자는 아니다. 그는 위와 같은 랑케의 입장을 혜지(慧智)나 균형이나 묘미를 지니고 있는 것으로 보지 않았다. 그에 의하면 그와 같은 외교적 역사학은 결코 성공할 수 없다는 것이다.

왜냐하면, 아무리 그가 랑케라 하더라도 그가 한 사람의 인간인 한, 사회적 또 역사적 현실에서 소외된 채로 존재할 수도 없고, 또 그런 상태로, 즉 일체의 자기 외적 조건에 의한 영향이나 압력을 받음이 없이 사고할 수도, 또 서술활동을 할 수도 없는 것이 사실이라면, 그의 역사학은 어쩔 수 없이 객관적인 것에서 거리가 먼 것으로 될 수밖에 없기 때문이다.

이 같은 입장을 크로체는 다음과 같이 밝히고 있다.[5]

> 왜냐하면 중용주의에 활력을 주고, 또 외교적 역사학의 절충주의를 확고히 유지하는 것은 랑케의 능력과 지성으로조차도 어려운 것이기 때문이다. …… 불가지주의(不可知主義) 역사학이라고 하는 것의 이념, 즉 철학적이 아니지만, 그렇다고 철학을 부정하는 것도 아닌, 또 신학만이 아니지만, 그렇다고 반신학적인 것도 아닌, 그리고 문제 그 자체를 제 민족들과 그들 간의 상호영향에 국한시키는, 그러한 역사학의 이념은 환상적인 것이라는 점이 확실하다. 왜냐하면 랑케 자신도 제 국민들 위에 군림해 있으며, 또 그 자체로서 하나의 신학으로 사변적인 정상화가 되지 않으면 안 되도록 강요되는 제 권력들과 제 이념들을 인정하지 않으면 안 되었기 때문이다.

이상과 같은 랑케에 대한 크로체의 비판은 그 후 크로체의 영향을 받은 많은 역사가들에 의해서 반복되어진 것이다. 그리고 그것은 또한 역사학이 갖는 하나의 한계성을 암시하는 것이기도 하다. 그러므로 우리는 이 같은 역사학의 한계성을 인정하고 랑케 사학, 특히 'Wie es eigentlich gewesen(과거에 있었던 대로)'를 '고상한 꿈'이라고 야유한 미국의 저명한 역사가 베아드(Charles A. Beard, 1874~1948)의 문장을 인용함으로써 크로체의 비판의 타당성을 시사해 보고자 한다.[6]

비록 랑케가 이 역사이론의 성장에 있어서 강력하게 공헌하였고, '과거 실제로 있었던 대로의 역사(history as it actually had been)'를 서술하고 있음을 주장하였지만, 그는 실제적으로 그것의 경험주의적 결론으로 향한 그의 이론적 진행을 따르지 않았다. 그는 헤겔의 도식을 전체로서 파악하려 시도한 강력한 사상가의 철학적 방법에 반대하였다. 그리고 동시에 랑케는 역사를 좀 이상한 방법인 '신의 현현(a revelation of God)'으로 생각하였다.

그러나 그는 과거에 실제로 있었던 대로의 역사의 제 사실들을 객관적으로 선택하고 배열해야 한다는 이 신념을 공개적으로 채용하지는 않았다. 그는 우리가 신을 역사로 인식할 수 있다고 생각하지 않았다. 그러나 그는, 우리는 인간적 제 사건들 속에서 '신의 손가락(God's finger)'을 느낄 수 있으며, 역사 속에서 희미하게나마 신의 수작업(手作業)을 파악할 수 있다고 상상하였다. 랑케의 생각에 의하면, 역사 속에는 신이 서 있으며, 'Wie eine heilige Hieroglyphe an Seinem Aussersten aufgefasst und bewahrt', '역사는 세계에 있어서 신의 길이다(History was der Gang Gottes in der Welt)'는 경건한 루터교의 진정한 정신으로 랑케는 제 물건들의 뚫을 수 없는 미스터리 앞에서 엎드려졌다. 즉 'Allgewaltiger, Einer und Dreifaliger, du hast mich aus dem Nichts gerufen, Hier liege ich vor deines Thrones Stufen.'

그러나 그는 흔쾌히, 비밀 속에 감추어진 대로 역사를 쓸 것이며, 그것도 '과거에 실제로 있었던 대로'를 이미 기술되어 있는 문헌들에 대한 비판적 연구를 통해서 불편부당한 입장에서 그는 철학을 거부하였고, 실증적인 역사를 주장하였다. 그러나 그는 그럼에도 불구하고 일종의 범신론에 의하여 통제되었다.

위에서 볼 수 있는 것과 같이, 랑케의 이른바 객관적 역사라는 것은 실제에 있어 그의 경건파 루터교의 입장과 또 범신론적 입장이라는 신학적 견지에서 이해한 역사에 불과하며, 결코 랑케 자신의 말처럼 실제로 있었던 대로의 사실들이나 그것의 편집으로서의 역사는 될 수 없었다.

랑케가 서술한 고대사나 또는 중세시대에는 경건한 루터교란 있지도 않았음을 생각한다면, 랑케도 결국 자신의 현재적 입장에서 사고를 하였고, 또 그 사고를 통해서 또는 그 사고의 일환으로서 역사를 서술하였다는 결론에 도달하게 된다.[7]

이러한 베아드의 의견과 비판은 랑케의 신학도로서의 입장과, 또 그의 신학사상을 꼬집은 것이라고 한다면, 또 한편으로는 랑케의 철학사상을 지적하는 사람이 있다. 류다겐지로(柳田謙十郞)가 그 사람이다. 그는 자신의 저서《역사철학》(昭和36年)에서 위에서 베아드가 지적한 것과 같은 근거에서, 다음과 같이 랑케가 그 나름대로 철학을 가지고 있었다는 사실을 지적하고 있다.[8]

> 그는(랑케) 헤겔의 합리주의에 반대하여 끝까지 현실의 개별적 사실에 즉해서 역사를 보려고 하였다. 그럼에도 불구하고 그는 또 하나의 철학을 갖지 않을 수 없었다. 세계사는 그에게 있어서는 신의 전당이었다. '그 하나하나의 사실이 특히 각 사실들 간에 연계성이 신에게 있어서 입증된다. 역사학은 이 신의 상형문자를 판독하는 것이다.' 역사 속의 신의 내재성을 '손아귀에 잡은 것처럼' 파악한 그에게 있어서는 사실을 사실 그대로 안다고 하는 것이 곧 신에 접촉하는 것이었다. 여기서 종교적 즉물주의(卽物主義)가 나오며 사실에 대한

몰아적인 헌신으로서의 객관주의가 나온다고 그는 생각하였다. 그는 이성보다도 직관을, 개념보다도 사실을, 추상적인 것보다도 구체적인 것을 구하였다. 그럼에도 불구하고 그의 역사학에는 하나의 보편적 원리가 있으며 철학이 있다. 그 점에 있어서 그는 그가 완강하게 반대하였던 헤겔과 공통점을 지니고 있다.

이상과 같은 주장들을 놓고 생각할 때, 지금의 우리의 입장에서도 랑케 사학을 그가 주장하고 있는 대로 '과거에 실제로 있었던 대로'의 역사라고는 볼 수 없다. 그럼에도 불구하고 랑케가 그와 같이 주장했던 이유는 어디에 있는가? 이것은 말할 것도 없이 랑케 이전, 다시 말하면 랑케가 직면하고 있었던 시대의 역사학의 풍조에 대한 반조정이다.

즉 당시대, 그가 처하여 있던 역사적 상황의 계몽주의적 합리주의의 횡포에 반발하여 일반원리를 부정하고 개별자를 추구하고자 하는 실증주의가 유행하고 있었다는 데서[9] 유래하는 랑케 자신이 현재에 당면하고 있는 문제의식에서 나온 것이다. 그러므로 이 문제의식을 가지고 랑케는 크로체가 지적하고 있는 것처럼[10] 헤겔 철학에 대항하여 싸우는 일을 해야 했던 것이다.

그러므로 크로체는 실증주의적 역사학 또는 랑케의 역사학을 절대적인 의미에서 부정하지 않았다. 그뿐만 아니라, 실증주의적 역사학이 비록 크로체의 입장에서 볼 때, 비판의 여지를 많이 가지고 있으나, 낭만주의적 역사학에 비교해 볼 때 진보된 것으로 인정하였다.[11]

여기서 우리는 랑케의 입장을 이해할 수 있게 된다. 랑케는 그가 당면하고 있던 역사적 현실은, 특히 그가 전공하고 있던 역사학의 현실은 낭만주의의 횡포에 의하여 지배되고 있는 상태였다. 그러므로 랑케의 학자적인 의식은 그와 같은 역사학의 역사가 당면한 현실적 문제를 극복하지 않으면 안 된다는 방향으로 흐르게 되었고, 그 결과 랑케는 낭만주의에 대한 반조정으로서의 실증주의의 영향을 입은 역사이론을 주창하기에 이른 것이다.[12]

그리하여 그는 역사가의 주의주장 또는 주관이 개입되지 않은 객관적 역사를 부르짖었다. 그러나 그의 그 같은 행위자체도 정신을 지니고, 그것으로 사고를 하고, 그 결과로 이루어진 것이므로 완전히 객관적인 것일 수는 없고, 결국 그가 당면한 시대의 현실적 문제를 해결하고자 하는 의도의 표현으로 될 수밖에 없었다는 것이다.

그러므로 랑케에게 있어서 역사에 주관이 개입, 이를테면 그가 경건파 루터교라는 신학사상에 입각점을 둔 것이나, 헤겔에 대항한다는 그의 철학적 입장 등에 근거한 의도 및 사상의 개입은 그가 인간이고, 또 그가 당면하고, 현실의 문제를 해결하려는 의식을 가지고 있는 한은 어쩔 수 없는 필연적인 일인 것이다.

크로체는 이처럼 학자나 사상가가 그에게 주어진 현재에 필연적으로 당면한 문제를 해결하지 않으면 아니 된다고 생각하게 되는 정신적 현상을 '현재생에 대한 관심'이라는 술어로 표현하고 있다.

2. 문헌학적 역사와 '사상사'의 개념

크로체의 주장을 따르면, 랑케에게서 표현된 '현재의 생에 대한 관심'은 어쩔 수 없었다는 필연성에 근거하는 것으로, 그것은 소극적인 의미를 지니는 것이다. 그런데 크로체는 그것의 적극적 의미를 강조한다. 즉 크로체에 의하면, 역사가 참으로 생명을 지닌 역사로 되기 위해서는 그것을 서술하는 역사가의 '현재생에 대한 관심'이 적극적으로 작용되어야 한다는 것이다.

그런데 이와 정반대로 실증주의적 역사학의 한 유형인 문헌학적 역사학은 오히려 이 같은 '관심'을 철저하게 배제하는 것을 주장한다.[13] 이 때문에 크로체는 문헌학적 역사학을 하나의 사이비 역사학으로 취급한 것이다.

그러면 문헌학적 역사학이란 무엇인가? 그것은 연대기나 고문서 등의 원천적인 문헌에 유일한 권위를 인정하고, 그것에 대해서 일체의 주관이나 사상, 의도, 가치의식을 첨가함이 없이, 그것들을 물 자체(物自體=ding an sich)로서 취급하라는 명령에 근거하는 역사학의 형태다.

이를 다시 크로체 자신의 말을 빌려 설명하면, '그것은 일명 박식의 역사학이라고도 불리는 것으로 과거에는 고문서, 연보집(年譜集), 목록집(目錄集), 고어수록집이라고 불리어지곤 했던 비교적 세심한 사료편집을 말하는 것이다. 이것은 실증주의의 영향력 하에서 활개를 치기 시작하여 그것만이 유일하게 권위 있고 과학적인 역사임을 자처하게 되었다.

이 부류에 속하는 역사가들의 주장에 의하면 역사가가 갖는 사실 및 역사에 대한 확신은 일구일언(一句一言)이라 할지라도 원전에 의해 입증될 수 있는 것이라는 점에서 생겨날 수 있으며, 또 그들의 작품

속에 포함되어 있는 사실들이란 원전 속에 포함되어 있는 것이어야 하며, 그것들을 제외하고는 모두가 그것들의 문맥이나 전후 연결 관계를 무시한 채 잘라낸 것으로 문헌학자 자신도 그것에 자신의 생각을 개입시킴이 없이 오로지 원전에 있었던 자료를 반복해서 기술하는 것 이상의 일은 할 수 없는 것이다.

그리고 이들이 목적하는 것은 그들의 역사가 특수한 시대에 관련된 것들, 즉 제 지역들·제 사건들에 관련된 것들로부터 출발하여 최종적으로 대백과전서로의 편집을 통하여 역사적 지식의 전체가 정리되는 단계에까지 도달할 수 있는, 그러한 포괄적인 편집의 수준에 이르는 것이다.[14]

이와 같은 역사학, 즉 문헌학적 역사학은 그것의 순수성 또는 사료의 순수성을 수호하려는 자세에 있어서는 높게 평가할 수도 있을 것이다. 그러나 이것은 자연의 오염을 두려워 한 나머지 자연의 개발을 포기하는 일이나 마찬가지가 될 수밖에 없다. 그리고 그들의 일, 사료를 있는 그대로 발굴해 내어 편집을 해 두는 일은 결국 광산에서 원광을 채굴하여 쌓아두는 일에 불과하다.

만약 그렇지 않고 그것을 비판한다거나 체계화시키는 일을 그들이 한다고 하면, 그들은 결국 자가당착에 빠지고 만다. 왜냐하면 비판이라고 하면, 그것이 문헌학적 비판이든 철학적 또는 사변적 비판이든 간에 결국 비판의 기준에 근거하지 않을 수 없고, 그 기준이란 결국 주관적 가치기준 또는 그 시대의 역사적 조건에 있어 규정되는 한정적인 카테고리에 입각한 것일 수밖에 없기 때문이다.[15] 때문에 크로체는 이와 유사한 점을 들어서 문헌학적 역사학이 그 자체대로 성립될

수 없음을 지적하고 있다.[16]

그러나 크로체의 문헌학적 역사학에 대한 비판은 이에 그치지 않는다. 보다 더 심각하고 보다 더 적극적인 비판을 가하는데, 그에 따르면 문헌학적 역사란 역사일 수가 없다는 것이다. 왜냐하면 문헌자체, 이를테면 연대기나 고문서 등은 거기에 역사가의 사상이 유입되지 않는 한 생명을 가질 수 없고, 생명을 갖지 아니한 사료로 단순히 편집된 역사란 생명이 없는 역사라는 것이다.[17]

크로체의 문헌학적 역사학에 대한 비판은 많은 격언적인 말로서 표현되고 있다. 이 방면에 관심을 가지고 있는 독자를 위하여 몇 개의 구절을 인용·나열해 두는 것이 좋을 것 같다.[18]

> ① 연대기는 그것이 설사 쓸데없는 것을 추려내고 단편들로 잘라내서 그것을 재결합시키고 재정리된 것이라 할지라도 그것은 언제나 연대기, 다시 말해서 공허한 이야기로 남아 있을 뿐이다.
> ② 문서들은 그것들이 아무리 원형으로 복구되고, 복사되고, 기술되고 정렬이 되었더라도, 그것들은 문서들로, 즉 소리 없는 물건들로 남아 있을 뿐이다.
> ③ 문헌학적 역사란 한 권 또는 더 많은 책들로부터 흘러나온 것들로 구성된 하나의 새로운 책에 불과하다. 이러한 작업은 유행하고 있는 말로 적합한 이름을 붙인다면 그것은 '편집'이 될 것이다.
> ④ 이러한 역사들은 실제로 고귀하고 과학적인 외양을 지니고 있다. 그러나 불행하게도 그것은 정신적인 연결성이 결여되어 있다.

이상의 인용문 속에 포함되어 있는 크로체의 문헌학적 역사학에 대한 생각을 요약하면, 그것은 수많은 박식의 수합이며, 그것들의 편집이다. 그런데 이것은 그 자체대로 지식의 보고라는 점에 있어서, 그리고 그것은 무해무익(無害無益)한 박식들의 수합이라는 점에 있어서 나쁠 것은 없는 것이다.[19]

그러나 그것은 그 자체가 역사학으로서의 가치나 생명력은 갖고 있지 못한 것이다. 왜냐하면 그것은 인간에게 아무것도, 즉 실천적인 또는 논리적인 것을 제공하는 것이 하나도 없기 때문이다.

그러므로 이러한 박식을 가리켜 크로체는 '화려하게 장식한 무지(Sumptuous ignorance)'라고[20] 갈파하였으며, 또 그것을 '연주 전에 음을 조정하기 위해서 마구 불어대는 데서 나오는 악사들의 잡음'으로 비유하여 이러한 문헌학적 역사 또는 박식을 참된 역사라고 생각하는 사람들은 이러한 '기괴한 전주'를 듣고 정말로 연주인 줄 아는 귀먹은 음악 감상자에 비유하였다.[21]

그러면 크로체가 이처럼 문헌학적 역사학을 무가치한 사이비 역사학으로 몰아붙인 이유는 무엇인가? 그것은 한마디로, 그러한 역사학은 역사학으로서의 생명을 지니고 있지 못하기 때문이다. 그러면 역사학에 있어 생명성은 어떤 것인가?

크로체는 '인간의 정신과 영혼을 살찌우며 따뜻한 피가 돌게 하는 것'을 이야기하고 있다.[22] 그리고 역사학에 있어 '오류는 사실에 있는 것이 아니라, 그 사실을 수반하고 있는 주장이나 이념에 있다.'고 하였다.[23]

이 점을 생각할 때, 역사의 주체는 문헌이나 그 속에 수록된 제 사실들이 아니라, 그 문헌이나 그 제 사실들을 통해서 표현하고자 하는

'주장' 또는 '이념'인 것이다. 그러므로 문헌이나 박식은 역사를 살찌게 하는 것들일 수는 있어도, 그 자체가 역사일 수는 없다. 그러므로 문헌학적 역사학은 '정확'한 것일 수는 있어도, 진실한 것일 수는 없다. 그것은 진정한 역사적 관심이 없이 이루어진 것이므로 또 진실성도 없다.

다시 말해서 크로체에게 있어 역사학의 주체는 '주장' 또는 '이념'이다. 따라서 진실한 역사는 곧 진실한 주장 또는 진실한 이념에 입각한 역사다. 그리고 이처럼 주의와 이념에 입각한 역사란, 곧 사상사를 의미한다. 여기서 크로체의 '모든 역사는 사상사'라는 주장이 성립된다.

크로체는 주장한다. '모든 역사상의 사실들이 역사가의 정신에 의하여 생명이 불어넣어져야 하며, 그 사실들은 무의미한 객관적 상태에서 사고를 통하여 의미 있는 지식으로 변형'되어야 한다.[24] 그리고 그 무의미하고 단편적인 사실들은 역사가가 의도하는 바, 또는 그 역사가의 정신 사상에 입각한 이론에 따라 정리되고 배열되고, 그리고 서술되어 그 자체가 통일성을 지닌 하나의 작품이 되어야 한다.[25]

만약 이러한 작품으로 되지 아니한 사실들이란 조각으로부터 떨어져 나온 파편 이상의 아무런 가치도 갖지 않는다. 비유하면 역사가 참된 역사로 되기 위해서는 마치 심포니에서 많은 악사들이 지휘자의 지휘에 따라 작곡자의 이미지를 표현하듯이, 역사가 자신이 당면하고 있는 역사적 상황과 관계를 가지고, 그 시대의 정신적 요소를 합리적으로 표현하며 동시에 역사 자체로서의 정신과 생명을 지니고 있는 살아 있는 역사가 되어야 한다.

다시 말하면, 과거의 제 사실들(그대로 두면 죽은 사실인)은 역사가의 '현재의 생에 대한 관심'과 종적인 관계를 갖고 현재적인 사실과 유기적인 관계를 가짐으로써 생명 있는 사실로 되어야 한다.[26]

그러나 이와 같은 크로체의 주장은 결코 낭만주의적 역사학으로의 복귀를 뜻하는 것은 아니다. 또 그렇다고 그리스 말기나 로마시대의 역사학이 그랬던 것처럼 역사를 애국심을 고취하기 위한 정치가 또는 정치적 의식을 지닌 사람들의 웅변의 자료나 논리적이고 도덕적인 의식에 사로잡혀서 역사를 인간들의 논리적이고 도덕적 교육을 위한 교재로 이용하려는 교훈적 역사가들의 입장을 옹호하는 것도 아니다.

따라서 그는 이러한 유형의 역사학을 한 데 묶어서 시적 역사학 (Poetical history)[27]이라 칭하고, 또 한 가지의 사이비 역사학으로 간주한 것이다.[28]

그러므로 크로체가 말하는 주장이나 이념 또는 정신이나 사상은 역사 외적인 데에 따로 존재하면서 역사라는 작품을 통해서 표현되는 그러한 것이 아니라, 그 자체가 역사이며 역사 그 자체가 정신 및 사상인 그러한 역사, 즉 사상사를 뜻하는 것이다.

3. 실증주의 또는 자연주의 및 사회학에 대한 '역사 는 곧 철학'이라는 이론

크로체의 실증주의적 역사학에 대한 비판의 마지막 화살은 실증주의 그 자체 또는 인간사를 오로지 자연과학적으로 이해하려한 자연주의, 그리고 이러한 입장을 근거로 인간사에 대한 연구를 기도한 사회학으로 향한다. 그는 우선 실증주의 및 사회학을 다음과 같이 분명히 이해하였다.[29]

> 그들은 스스로를 실증주의자, 자연주의자, 사회학자, 경험주의자, 비판주의자 또는 그러한 종류의 어떤 것으로 칭하였다. 그들의 목적은 역사의 철학자들이 해온 것과 상이한 어떤 것을 하는 것이었다. 즉 역사의 철학자들은 '목적의 개념'을 가지고 작업하는 데 대하여, 그들 모두는 '원인의 개념'을 가지고 작업할 것을 맹세하였다. 그들은 모든 사실의 원인을 찾아내고, 그 다음 점점 더 광범하게 그 원인들 또는 역사의 전 과정의 원인을 일반화 시키는 것을 맹세하였다.
> 그리고 전자가 역사의 '원동력'을 시도하였는데 대하여, 그들은 일종의 '기계적 역사학' 즉 일종의 사회적 물리학을 연구하였다. 그리고 역사의 철학에 반대해서 하나의 특수한 과학이 일어났는데, 여기서 위와 같은 자연론적이고 실증주의적 운동이 스스로 그 힘을 과시하였다. 이것이 바로 '사회학'이다. 사회학은 인간의 기원에 대한 제 사실들을 분류하고 그것들을 규정하고 있는 상호 의존의 법칙을 찾아내어, 이러한 제 법칙들을 역사가들이 제 진술들을 설명하는 원리로 제공한다.
> 다른 한편, 역사가들은 부지런히 제 사실들을 수집하여 그것들은 사회학에 제공한다. 그러면 사회학은 그 제 사실들로부터 즙액을, 다시 말해서 그것들을 분류하고 그것을 통제하고 있는 제 법칙들을 빼어낸다. 즉 이것을 분류하고 그리고 그 가운데서 법칙을 추출해 내는 것이다. (중략)
> (이들은) 역사, 참된 역사는 자연과학적 방법을 가지고 구성되고, 그

것에 인과율적 귀납법에 의하지 않으면 아니 된다는 편견에 사로잡혀 있다.

앞에서 실증주의에 대한 일반적인 설명을 가함에 있어서도 밝힌 바 있고, 또 위의 인용문에서도 보이고 있는 바와 같이 실증주의는 곧 자연주의를 의미하는 것이고, 그것은 사물들이 인과관계에 따라 진행되어 간다고 하는 대 전제하에서 그 인과의 법칙을 발견하는 것을 목표로 하는 것이다.

그런데 이와 같은 자연법칙을 인간사, 즉 역사적 사실에 적용시켜 이해한다는 것은 결국 역사의 발전법칙을 연구의 주안점으로 생각하는 역사의 철학이 된다. 그런데 이처럼 실증주의가 하나의 역사의 철학이라고 할 때, 그것은 결국 그것이 적대시하였던 낭만주의자들의 역사철학으로 환원된다고 하는 자가당착에 빠지게 된다.

물론 이론적으로 생각할 때, 낭만주의적 역사철학자들의 역사철학과 실증주의자들의 역사철학은 다르다. 아니 크로체의 말과 같이 그것들은 서로 모순, 상반되는 개념이다.[30] 즉, 전자는 학자들의 목적에 따른 관념이 먼저 있어서 그것에 따라 역사의 발전에 대한 이론을 전개시키는 것인데, 후자는 '사실을 수집한 후에 원인을 구명한다.(Apres la collection des faits, la recherche des causes)'라는 테느(Taine)의 말에 따라 먼저 수많은 사실들을 수집하고, 그것을 정리하고, 배열해서 그 속에서 작용하고 있는 인과관계나 법칙을 발견해 내는 것이라는 이론만을 생각할 때, 그들은 분명히 상이한 것이다.

그러나 실제로 후자의 경우 얼마나 많은, 얼마나 객관적인 사실들을 수합할 수 있으며, 그 속에서 전혀 연구자의 선입견이나 목적, 의도, 사상에 관계없이 자연적 인과관계, 즉 제 사실들, 제 사건들의 자연적인 연결 고리를 어떻게 발견할 수 있다는 것인가?[31]

이 의문에 대해서 크로체는 부정적인 답변을 하고 있다. 즉 그에 의하면, 실증주의자들은 기고만장해서 스스로 자연적이고 객관적인 인과관계 및 법칙을 발견하였다고 외쳐도, 실제로 그것들은 그들의 자의에 의한 것이고, 그들의 주관에 따른 것이라는 것이다.[32]

이 점을 보다 분명히 이해하기 위해서 우리는 비록 크로체가 직접적으로 언급하지는 않았더라도 우리가 이미 비코의 역사사상을 논의함에 있어서 문제로 삼았던 인식의 문제, 즉 '인간은 스스로 창조한 것만을 인식할 수 있다'는 명제를 상기할 필요를 느낀다.

즉 인간이, 그것이 비록 자연과학 자체의 대상인 자연일지라도 그것을 인식하고 또 거기에서 어떤 법칙이나 진리를 발견하였다고 하는 것은 결국 그 인간이 생활한 역사적 상황 및 역사적 단계에서 이룩된 인간정신의 인식능력 및 그 한계와 그 관심도에 따라 규정되는 것이다.

그러므로 자연과학의 지식도 결국은 처음부터 완성된 지식은 없고, 언제나 시대가 변천되어 감에 따라 누적·변천되어 가는 것이다. 다시 말해서 전시대에 진리라고 인정되었던 것을 부정하고 그 부정을 통해서 새로운 진리를 발견해 나감으로써 자연과학은 발달하게 마련인 것이다.[33]

쉽게 말해서 자연과학도 인간정신에 의해서 설정된 대전제 또는 대(大)가설에 의해서 형성될 수밖에 없는 것이고, 또 그 가설이 변경됨에 따라 거기서 도출되는 진리도 달라진다. 다시 말해서 매 시대의 자연과학은 그 시대의 역사적 상황의 표현이며, 그 시대의 인간정신의 생각이 미칠 수 있는 한계에 의해서 규정되는 그 시대의 인간정신의 표현 또는 산물인 것이다.

그런데 하물며, 자연과학의 대상인 자연적 제 사물들처럼 시간, 공간이 변경됨에도 변경되지 아니하는 것도 아닌 인간적인 제 사실들과 제 사건들을 대상으로 하는 역사학에 있어서 영구적으로 불변하는 진리, 이를테면 인과관계 또는 법칙을 찾으려 한다는 것은 도로(徒勞)가 아닐 수 없다. 그러므로 크로체는 '보편적이고 항구적인 사실이란 존재하지 않는다.'고 단정하였으며, 또 객관적인 의미의 보편사, 즉 역사철학자나 자연과학적 역사학자들이 인식의 최종적 대상으로 생각하고 있는 보편 세계사의 인식은 단념하지 않으면 아니 된다고 주장하였다.[34]

이상에서 논한 바를 종합할 때, 결국 낭만주의적 역사철학자들이나 실증주의자들이나 그들이 역사철학을 주장하고 있는 한, 그것은 결과적으로 동일한 것이며,[35] 그렇다고 할 때, 앞서 언급한 바와 같이 실증주의자들은 이 점에 있어 다시 낭만주의에로 환원되는 우를 범하고 있는 것이다.

이상과 같은 양자의 역사철학이론에 대해서 크로체는 역사학과 역사철학은 구별할 수 없는 것이라고 주장한다. 아니 더 나아가서, 그는 역사학은 철학이며 철학은 동시에 역사학이므로 '역사철학' 또는 '역사의 철학'이 따로 존재할 수 없다고 다음과 같이 주장한다.[36]

그러므로 우리는 퓌스텔 드 쿨랑주(Fustel de Coulanges)의 다음과 같은 말에 직면하게 된다. 즉, 확실히 '역사와 철학은 존재하지만 역사의 철학은 존재하지 않는다.' 그는 또 이 말에 덧붙여서 다음과 같이 말했다. 철학도 존재하지 않고 역사학도 존재하지 않고 또 역사의 철학도 존재하지 않는다. 다만 존재하는 것은 철학인 역사학과 역사학, 그리고 역사학을 본질로 하는 철학뿐이다.

이상과 같은 논리를 중심으로 생각할 때, 결국 역사학에 있어서 실증주의는 있을 수 없다. 그리고 역사학이란 자연을 이해하고 자연을 연구하는데 적용되는 자연주의 또는 경험주의적 방법론으로 연구될 수 있는 학문이 아니다. 그리고 역사학의 연구목적은 자연과학의 그것과는 달리 인과관계나 법칙을 발견하는데 있지 아니하다. 그것은 그 독자적인 방법으로 그 독자적인 목적을 갖는 학문이다.

다시 말해서 역사학의 연구방법은 그 자체대로 따로 있어야 되며 역사학의 연구목적은 따로 있어야 된다. 그런데 그 방법이나 목적은 자연과학적인 것이라기보다 철학적인 것, 즉 인간정신을 이해하는 것을 목적으로 하는 것이다. 그러므로 역사학은 곧 철학이며 철학은 곧 역사학이며 이것은 모두가 인간관계를 연구의 대상으로 하는 정신철학이다.

제3절
현재의 역사

1. 현재의 개념

'진정한 역사는 현재의 역사다.'라는 명제는 크로체의 역사 이론의 관건이 되고 있다. 그런데 여기서 중요한 골자로 되는 것은 '현재의 역사'[1]라는 용어의 문제이며, 또 이 용어의 참의미는 크로체가 생각하는 '현재'의 개념이 무엇인가 하는 데서부터 풀릴 것이다. 그는 그의 저서《역사의 이론과 그 실제》의 벽두에서 다음과 같이 '현재'의 의미를 밝히고 있다.[2]

일반적으로 '현재의 역사'라고 하면, 가장 최근의 과거라고 생각되는, 시간경과의 역사를 일컫고 있다. 여기서는 지난 50년의 역사나 10년의 역사, 1개월의 역사 또는 바로 지난 시각, 아니 지난 순간의 역사라 해도 관계가 없다. 그러나 엄격하게 생각하고 정확하게 말하자면, 그 '현재'라는 용어는 그와 같은 데에는 적합지 않은 말이다. 그 말은 성취되어지고 있는 행동 이후에 직접적으로 존재하고 있는 바로, 다시 말하면 그 행동이 의식화되고 있는 바로 그 역사에 대해서만 적용될 수 있는 용어다. 실례를 들어 설명하면, 그것은 내가 이 페이지를 구성한다고 하는 행동 중에 있는 동안 내가 나 스스로 만들어낸 역사이다. 그러므로 그것은 그것을 구성한다는 작업에 대한 필요성과 연결되어 있는, 내가 그것을 구성하고자 하는 사상(생각)이다.

여기서 우리가 명백히 알 수 있는 것은 크로체가 말하고 있는 'Contemporary'가 일상적으로 통용되고 있는 '현재', '현대'라는 말과는 다른 의미를 지니고 있다는 것이다. 다시 말해서, 크로체의 '현재'란 적어도 물리학적인 측정단위 내지는 기준으로서의 시간상의 현재는 아니라는 점이다. 그것은 어디까지나 정신적인 또는 의식상의 현재 또는 인식론적 의미를 지니고 있는 현재다.

우리는 이 같은 의미의 '현재'의 개념을 그 이전, 이를테면 성 아우구스티누스의 《고백록》이나 헤겔의 《역사철학》에서 발견할 수 있다. 성 아우구스티누스는 그 책 제11권에서 신의 입장에서 생각할 수 있는 시간관과 인간적인 입장에서의 시간관을 생각하였는데, 여기서 그는 시간을 과거의 현재, 그리고 미래로 나누어 생각하고, 그것을 다음과 같이 설명하고 있다.[3]

> 이제야 비로소 똑똑히 밝혀진 것은 미래도 과거도 있는 것이 아니라는 것입니다. 따라서 과거, 현재, 미래라는 세 가지 시간이 있다고 말함에 옳지 못할 것이요. 차라리 과거의 현재, 현재의 현재, 미래의 현재, 이렇게 세 가지 때가 있다는 것이 그럴 듯한 것입니다.
> 이 세 가지 영혼 안에 있음을 어느 모로나 알 수 있으나 다른 데에서는 볼 수 없사오니, 즉 과거의 현재는 기억이요, 현재의 현재는 목격함이요, 미래의 현재는 기다림이다.

이 말을 헤겔은 반복하여 "과거는 회상이요, 미래는 희망이나 공포의 대상일 뿐"[4]이라 함으로서 과거나 미래는 실재하는 것이 아니라, 존재하는 것은 다만 현재뿐이라고 하는 것을 암시하고 있다. 그런데 그 현재라는 것이 실제로 존재하는 것인가? 아우구스티누스는 그것을 목격함이라 했지만, 실제로 목격이 어떻게 이루어지고 있는가?

그것은 단지 하나의 순간, 아니 찰나(刹那)에 불과한 것이고, 우리가 어떤 사물을 목격했는가 하면, 그 순간 그것은 이미 하나의 기억으로 되어 버릴 것이고, 또 무엇을 목격할 것이라고 하면 그것은 하나의 기대에 불과한 것이니, 결국 현재라는 것도 순간 또는 찰나를 경계로 하여 양쪽으로 펼쳐져 있는 기억과 기대에 불과한 것이 아닌가? 만약 그렇다면 현재라는 것도 실제로는 기억과 회상이나 기대라는 또는 이 두 가지의 교차로 구성된 하나의 생각이 되고 만다.

다시 딜타이의 말에 의하면 '현재란 영구적으로 과거를 생성시키며 미래란 현재를 낳는 것이다.'[5] 이렇게 볼 때, 현재란 결국 과거와 미래를 연결하는 교량이다. 그러면 이 교량의 길이는 얼마나 되는가?

H. W. 카(Carr)의 의견을 빌면, '과거란 현재의 절대적으로 없어서는 안 될 근본적인 부분이다. 미래도 마찬가지다. 그리고 과거란 기정된 부분이고, 미래는 규정되지 않은 가능성으로 현재의 과정 또는 변화의 개념에 있어 필연적인 부분이다.'[6] 따라서 과거와 미래는 기정과 미정으로 서로 밀접하게 연결되어 있으며, 현재랑 기껏해야 과거와 미래를 연결하는 시간이라는 선상에 찍히어진 점 이외에 아무것도 아니다.

그런데 점이란 게 무엇인가? 유클리드 기하학의 공리를 따르면, 그것은 길이도, 넓이도, 두께도 없고, 다만 위치만을 나타내는 것이다. 그러나 이러한 점이란 실재하지 않은 하나의 가정에 불과하다.[7]

마찬가지로 현재란 실재하지 않는 하나의 의식에 불과하다. 헤라클레이토스(Heracleitos)가 '우리가 동일한 냇물에 두 번 발을 들여 놓을 수 없다. 왜냐하면 우리가 첫 번째 발을 들여 놓았던 물은 이미 흘러가 버리고 새로운 물이 그 장소에 흘러 왔을 터이니까'[8]라고 주장한 것과 마찬가지로 시간도 내가 현재라고 생각하는 순간, 이미 그 현재라고 생각한 순간은 이미 현재가 아닌 과거로 되어 버린다. 그리고 아직 동작을 하지 않은 상태는 미래에 불과하다. 결국 실재하는 것은 과거에 대한 회상과 미래에 대한 예측뿐이다.

이것을 다시 성 아우구스티누스의 말을 빌려 표현하면, 현재라는 것은 '영혼' 또는 '정신' 안에서 이루어지고 있는 생각을 말하는 것이고, 따라서 현재란 생각의 동음이어(同音異語)에 불과하다. 그리고 이렇게 생각할 때, 역사학자들에게 중요한 관심사가 되고 있는 과거나 현재나 또는 미래는 모두가 생각이며 생각 속에서만 존재할 수 있는 것이다.

크로체가 실제로 시간에 대한 문제에 있어 여기까지 생각을 했는지 아닌지는 저자로서는 아직 확인하고 있지 못하다. 그러나 그가 말하는 '현재의 역사'란 이러한 이론을 전제로 할 때에만 이해가 가능해진다.

실제로 크로체는 현재를 생각과 동일한 의미로 해석하고 있으며, 그 때문에 그는 '현재의 역사'를 '생각의 역사', 즉 사상사와 일치시켜 '모든 역사는 사상사'라는 명제를 내세우고 있는 것이다.

이를 구체적으로 설명하면 역사가들이 과거를 연구한다고 하며, 또 과거에 있었던 사건·사실을 기술한다고 하지만, 실은 과거 그 자체를 연구하는 것도, 기술하는 것도 아니며, 단지 자신의 관심, 자신의 사상을 그것에 투영시켜 표현하고 있을 뿐이라는 것이다. 왜냐하면 역사가는 그의 연구 또는 기술을 위해서는 그것에 대해서 먼저 생각하지 않으면 아니 된다.

과거 중에 어느 과거를 연구의 대상으로 삼을까? 선사시대사? 고대사? 중세사? 근대사? 또는 현대사인가? 그리고 만약 그중 중세사를 연구의 대상으로 선택하였다면, 그중에서도 어떤 분야에 대한 연구를 할 것인가를 생각하지 않으면 아니 된다. 정치현상인가? 경제적 구조인가? 기독교 사상의 발전인가? 수도원 운동인가? 장원제도인가? 중세도시의 발달인가? 등등, 그리고 중세도시의 발달을 연구테마로 잡았다면 그것은 어느 측면에서 해야 할 것인가를 생각하지 않으면 아니 된다.

역사가들이 아무리 객관적인 역사를 연구하려 하고 아무리 과거에 있었던 대로의 역사를 기술하려 한다 하더라도 그가 한 사람의 개인으로서의 역량을 생각할 때, 이상과 같은 그의 연구의 대상이나 방향을 '미리' 생각하지 않고는 연구나 기술이 불가능하다. 그것은 설사 문헌학자들이 다만 문헌을 수집 정리를 하는 것으로 그의 일을 완수했다고 하는 경우에도 마찬가지이다.

아무리 광물의 채집가라 하더라도 자기가 채집하려는 대상을 명백히 설정하지 않고는 그의 작업은 불가능하기 때문이다. 지구상의 광물을 모두 채집할 수는 없는 것이니까 말이다.

그러므로 크로체는 이 점을 강조해서[9] '하나의 사실은 그것이 사유되는 한에 있어서만 역사적인 것이므로, 그리고 사유를 벗어나서는 어떤 것도 존재하는 것이 없는 것이므로, 무엇이 역사적 사실들이냐? 무엇이 비역사적 사실들이냐? 하는 질문에는 아무런 의미도 없다'라고 했다.

2. 현재생에 대한 관심

대상을 선택하고 수집하고 정리하는 데에는 선택의 기준이 없을 수 없고, 수집과 정리의 경향이 없을 수 없는 것이다. 그러면 기 기준과 경향을 규정하는 것은 무엇인가? 그것은 가장 객관적인 또는 자연과학적인 바탕에서 말한다 하더라도 '관심'이라는 말 외에 사용할 수 있는 용어는 없다.[10]

설사 광물채집가나 식물채집가라 할지라도 그가 관심을 갖고 있지 아니한 광물이나 식물을 채집하지는 않는다. 만약 잘못해서 관심 없는 것들이 그의 채집 배낭 속에 들어 있다면 정리하는 과정 중에 버림을 당할 수밖에 없다.

다시 말해서 모든 인간 또는 연구자의 행위는 그의 관심에서 출발할 수밖에 없고, 그 관심을 기준으로 하는 판별이나 또는 사고가 이루어지게 마련이다. 여기서 크로체는 역사가의 연구와 서술의 단서를 '현재생에 대한 관심'에서 찾았다. 그러므로 그는 이상의 생각을 다음과 같은 문장으로 설명하고 있다.[11]

전자의 경우에서처럼, 그것의 존재조건은 역사에서 이야기 되고 있는 행위는 역사가의 영혼 속에서 생명을 호흡하지 않으면 아니 된다는 것, 또는 (전문적인 역사가의 표현을 채용하면) 문서들은 역사가 앞에 있어야 하며, 그것들은 역사가들에 의해서 이해될 수 있어야 한다는 것이다. 사실에 대한 어떤 한 가지 이야기 또는 일련의 이야기들이 통일성을 지니고 있으며, 그것과 섞여져 있다는 것은 그 사실이 보다 풍부하다는 것을 입증한다는 것을 의미할 뿐, 그것이 현재적인 것이라는 그것의 특성을 상실하였다는 것을 의미하는 것은 아니다. 소위 역사가(필자 주)의 앞에 있는 이야기들 또한 판결문들이란 그 자체들이 사실들, 즉 현대에 해결되고 판단되어야 할 '문서들'이라는 것이다. 역사는 이야기들로 구성되는 것이 아니라, 언제나 문서들, 또는 이야기들이라 할지라도 이미 문서화되어 있는, 그리고 그렇게 취급되고 있는 것들로 구성되는 것이다. 이처럼 만약 현재의 역사가 곧 바로 생으로부터 솟아나는 것이라면 소위 비현재적인 것이라고 불리는 역사도 마찬가지다. 왜냐하면 '현재생에 대한 관심'만이 과거사실을 조사할 수 있게 하는 동기가 될 수 있다는 것이 확실하기 때문이다. 그러므로 이 과거 사실은 그것이 현재생의 관심에 따라 통일화되고 있는 한, 그것은 어떤 과거의 관심에 대해서 답변하고 있는 것이 아니라, 현재의 관심에 답변하고 있는 것이다.

위의 인용문은 크로체, 그가 주장하고 있는 '모든 역사는 현재사'라는 것과 '모든 역사는 사상사'라는 것을 가장 함축적으로 설명해주고 있는 것이다. 즉, 역사가는 어차피 과거에 이룩된 문서들을 현재에 눈앞에 가져다 놓고, 그것에 의해 ① 사고를 투영시켜서 자기 나름대로 이해하고, 그것을 ② 자기의 현재적 관심에 따라 취사선택하고, 그리고 그것들을 다시 ③ 자기 자신의 사상을 표현하는, 즉 자기 자신의 현재적 문제의식에 해답을 위한 자료로 활용하여 서술한다는 것이다.

그러나 크로체의 입장은 이 문제에 있어서 보다 더 적극적인 자세로서 역사서술에 있어서의 사유 또는 사상의 중요성을 주장한다. 즉 그에 의하면, 역사서술에 있어서 사상의 개입은 비의도적이어서는[12] 아니 되고, 오히려 의도적으로 사상 및 정신의 취입을 강조하였다.[13]

> 어떤 사실이 사유를 거치지 않는 한, 그것은 역사일 수가 없다. 내가 그것을 사유하고, 나의 정신적 욕구에 따라서 재생시킬 때에 그것은 참된 역사로 된다. 따라서 장래에 있어서도, 내가 그것을 사유하게 된다면 그것은 역사로 될 것이다.

3. 사유의 외적 이유와 내적 이유

그러면 크로체가 이처럼 강조하였고 중요시한 사유(思惟)란 무엇인가? 크로체는 사유를, 내적 이유와 외적 이유로 나누어 생각하였다. 여기서 내적 이유는 사유의 동기이고, 외적 이유는 사유의 대상이다. 즉 역사가에게 있어 사료들, 이를테면 연대기나 문서들은 역사가의 대상, 즉 외적 이유에 불과하다. 그리고 그것들만으로는 공허할 뿐이다.

예를 들면, 미술사에 있어서 그리스의 화가들의 이름들과 그들의 작품들의 명칭들만을 나열해 놓은 사료는 외적 이유인데, 이것만으로는 그리스의 미술사를 이해할 수 없으며, 그뿐만 아니라 그것은 공허하다. 미술사를 이해하려는 미술작품을 보고, 그 작품에서 역사가가 느끼는 것이 있어야 한다. 그리고 그 스스로 그리스의 미술가가 그의 작품을 제작할 때 느낀 감정과 동기를 느끼고 생각해야 한다. 그리고 그것을 서술하였을 때, 결국 그 미술사는 공허한 것이 아닌 진실한 것, 죽은 것이 아닌 생명을 갖고 있는 것으로 된다.

이것은 일반적인 역사에 있어서도 마찬가지다. 문서들이 그 자체로 만은 공허한 것이고 생명이 없는 것이다. 진실하고 생명력을 지니고 있는 문서들은 그것을 기술한 사람의 정신과 사상이 깃들어 있는 것이다. 그리고 이와 같은 생명력 있는 문서들로부터 떨어져 있는 모든 역사들은 공허한 이야기들이며, 진실성이 결여되어 있는 것들이며, 죽은 역사에 불과하다.[14]

이와 같이 공허하고 죽어 있는 역사에 진실성과 생명력을 넣어 주는 것이 내적 이유다. 그러므로 크로체는 '진리는 언제나 내적 이유를 요구하고 있다.'[15]고 했다. 그런데 진실성과 생명은 현재적인 것이다. 그리고 공허한 이야기로 되어 온 역사는 하나의 과거적인 것이다.[16] 따라서 내적 이유는 현재적인 것이다. 그리고 현재적인 것은 현재의 생활이며, 따라서 내적 이유는 현재에 살아야 하는 이유이다.

딜타이도 말하고 있는 바와 같이, 현재에 인간이 살아야 하는 이유, 즉 우리가 언젠가는 죽고 말 인생인데, 그럼에도 불구하고 죽는 순간까지 살지 않으면 아니 된다는 그 이유, 그것은 곧 사상을 의미하며, 그것으로부터 우리의 모든 현실적 생의 관심은 유발된다.[17] 비록 그가 역사가라 하더라도 사고력을 지닌 인간인 한, 그는 이와 같은 삶의 이유를 가지고 있으며(이것을 구체적으로 의식하고 있든 또는 무의식에 있든), 또 그것에 근거한 행위의 동기, 즉 역사연구 및 역사서술의 동기를 갖게 된다.

그리스의 소피스트들이 역사를 그들의 정치적 연설에 활용해야 되겠다던가, 로마의 역사가들이 역사를 논리, 도덕을 위한 교훈에 이용하겠다던가, 또는 낭만주의시대의 독일 민족주의적 역사가들이 역사를 통하여 민족의식을 고취시키겠다던가 하는 그러한 종류의 동기가 아니라, 생 자체에 근거를 두고 있는 다시 말하면, '현재생에 대한 관심'에서 유발되는 동기를 갖게 되는 것이다.

거듭 말해서 이 같은 역사가의 동기는 어떤 외연적 목적에 의해서 외부로부터 들어오는 것이 아니라, 역사의 한 시대에 현재적으로 생활하는 인간의 정신 속에서 내재적으로 솟아나는 것이며, 그것은 인간정신의 본질의 표현인 것이다.

이와 같이 역사가가 그의 역사를 서술함에 있어서 자신의 생에 대한 관심에 그 동기를 두고 있으며, 이 현재생에 대한 관심을 근거로 하는 그의 내적 이유, 즉 사상을 그가 서술하는 역사에 표현하지 않을 수 없는 고로, '모든 역사는 현재의 역사'이며, 동시에 '모든 역사는 사상사'인 것이다.[18]

제4절
역사학과 철학의 일치

이제 우리에게 주어진 문제는 역사가의 '현재생에 대한 관심'을 규정하고 그의 역사연구, 역사서술의 동기를 유발시키는 인간정신의 본질이 무엇인가 하는 것이다.

크로체는 역사와 철학을 동일시하고 있는 사람이다. 그러므로 그를 가리켜 철학자라고 호칭하는 일은 그의 마음에 들지 않는 것이겠지만, 통상적으로 그를 호칭할 때에 그는 자타가 공인하는 정신철학자임에 틀림이 없다.

크로체의 연구자로서《B. 크로체의 철학(The Philosophy of B. Croce)》이라는 저서를 남긴 H. W. 카(Carr)는 그의 책 제1장의 제명을 '정신철학(The Philosophy of Mind)'이라 하고, 그를 '정신을 유일한 실체로 보는 정신철학자 입장에 서 있는 사람'으로 규정한 것을 예로 들지 않더라도, 그 자신이 명백히 하고 있는 견해, 즉 역사를 정신의 역사로 보았으며, 또 역사는 정신과 가장 밀접한 관계를 가지고 있다고 생각하여 역사학의 유일한 과제는 정신을 이해하는 데 있다고 한 점, 그리고 역사학이란 정신에 대한 구체적 연구라 하였다는 것을 생각할 때, 그것은 입증되는 일이다.

이런 점에서 크로체는 역사를 위해서 역사학을 연구한 역사학자라기보다 오히려 인간정신을 이해하는 방법으로서 역사학을 연구한 사람이라고도 할 수 있을 것이다. 그러나 크로체 자신에 이런 의문을 제시한다면, 아마 그는 부정적 반응을 보일 것이다. 왜냐하면 그는 정신과 역사를 분리된 것으로 생각하지 않고, 역사란 정신이 그 정신자체에 의하여 발전되어 온 과정이라고 이해하였기 때문이다.

따라서 크로체에게 있어서는 정신을 배제하고는 역사자체가 존재할 수 없으며, 역사가 없이는 정신은 표현될 수 없는 것이다. 한마디로 크로체에게 있어서는 유일한 실재는 정신이며, 인류의 역사는 이 정신이라고 하는 실재의 표현과정인 것이다.[1]

그러므로 크로체의 역사에 대한 생각을 근본적으로 이해하는 선행적 조건은 정신에 대한 이해다. 그러면 크로체가 생각한 정신이란 무엇인가? 이 문제는 대체로 두 가지 논점, 즉 첫째는 정신의 본질에 대한 문제, 둘째는 정신에 대한 분석적 이해에 대한 문제로 대별하여 생각할 수 있다.

1. 정신의 본질

주지하고 있는 바와 같이, 크로체의 정신철학은 그 뿌리를 비코에 두고 있으며, 또 스스로는 반대적 입장을 취한다고 공언했으나, 그것은 세부적인 면에 대한 것이고 정신철학이라고 하는 것 자체와 또 그것의 전반적 얼개는 역시 궤를 같이 하는 것으로 나타나는 헤겔 철학에 깊은 영향을 입고 있는 것이다.[2]

특히 크로체와 비코의 관계는 정신적으로나 심리적으로 깊은 유대를 지니고 있다. 그가 《G. 비코의 철학(filosopia de G. Vico)》이라는 저서를 출간하여 비코 연구의 독보적 위치를 차지하고 있다고 하는 점에서도 우리는 그 관계를 알 수 있다. 이와 같은 두 사람의 관계는 그들이 다 같이 인간정신을 역사의 주체로 본 것이나, 역사를 인간정신의 표현형식으로 보았다는 점에서 더욱 뚜렷해진다.

우리가 비코의 역사사상을 논의하는 과정에서 결론으로 얻어낸 문구, '역사의 인식은 각 시대를 산 인간정신에 대한 인식이어야 한다. 즉, 역사가 창조의 연속과정이며, 창조의 주체가 인간정신이며,[3] 또 역사상 각 시대가 그 인간정신의 특징적인 표현이라고 한다면, 역사에 대한 인식은 곧 그 시대 시대를 산 인간의 정신에 대한 인식이다.'고 한 문구가 위에서 대강 언급한 크로체의 입장과 거의 동일한 궤를 가는 것이라는 점이다. 인식의 문제에 있어서도 그것은 마찬가지다. 즉, 크로체가 그의 인식론의 기본적 가설로 제시한 '우주에는 원천적으로 인간이 발견(주: 인식과 동일의미임)할 수 없는 것은 존재하지 않는다. 생각할 수 없는 것은 무엇이든지 존재할 수 없다. 그러므로 존재하는 것은 무엇이든 또한 생각할 수 있다.'[4]라는 말은 결국 인식과 창조와 존재의 삼자를 연관시킨 것으로, 이것은 비코의 'Verum ipsum factum(진리는 창조되는 것과 동일하다.)'의 원리와 일지 내지는 약간의 변형된 논리에 지나지 않는 것이다.

이를 다시 풀어서 말하면, 만물, 만사는 인간이 발견 또는 인식하게 되는 순간 존재하는 것이고, 발견이나 인식의 행위를 통하여 무(無)를 유(有)로 전환시켜 존재하게 만든다는 것은 결국 창조를 의미하는 것이고, 그렇다면 적어도 인간에게 있어서 창조되지 아니한 것은 어느 것도 존재할 수 없다는 말이 된다.

이것을 다시 비코의 말로 표현하면 '원칙적으로 신은 신이 창조한 것만을 인식할 수 있고 인간은 인간이 스스로 창조한 것만 인식할 수 있다.'는 것이 되기 때문이다.

이처럼 크로체의 정신철학의 근거는 비코에게 있는 것이 확실하나 비코 자신은 정신의 본질을 문장 상으로 명백히 언급하고 있는 것은 아니다. 그것은 우리가 앞에서 논급한 바, 비코적인 사상계통을 이어 받아 그것을 '역사철학'이라는 강의로서 꽃을 피운 헤겔에 와서 명백히 취급되게 된 것이다.[5] 따라서 우리는 크로체가 생각한 정신의 본질에 대한 문제를 헤겔의 것에 비추어서 부각시켜 보는 방법을 취하기로 한다.

주지하는 바와 같이, 헤겔은 정신의 본질을 자유로 파악하였다. 즉, 그는 '역사철학' 서론에서 '정신의 본질은, 그것의 직접적인 반대, 즉 물질에 비추어서 이해될 수 있을 것이다. 물질의 본질이 중력인 것과 마찬가지로 다른 한편으로, 우리의 정신의 실체 또는 본질은 자유다'고[6] 하였다. 그리고 그는 또 '정신의 요체가 되고 있는 것은 바로 행위이다.'[7]라고 하였다.

이 같은 헤겔의 의견을 종합할 때, 우리는 정신의 본질은 자유이고, 자유란 정신의 움직임, 즉 물질이 지구의 구심점을 향하여 작용하는 것과 같이, 현재를 버리고 미래를 향하여 작용하는 정신의 움직임이라는 결론을 얻게 된다.

그런데 크로체는 이를 보다 구체적이고 심층적으로 이해하여, '언제나 현재에 만족하지 않고, 언제나 새롭고 묘한 것을 추구하는 것'을 인간정신의 속성으로 보았고 이것을 다시 자유라는 말로 표현하였다.[8]

이와 같이 용어상으로나 외견적으로 이해하고자 할 때, 크로체가 말하는 정신의 속성으로서의 자유나, 헤겔이 말하는 정신의 본질로서의 자유는 결과적으로 같은 것으로 보인다. 그리고 확실히 정신자체의 본질은 자유라는 것으로 규정할 수도 있다.

그러나 정신의 주체를 무엇으로 보았나 하는 점에 있어서는 두 사람이 전혀 같지 아니하다. 왜냐하면 헤겔은 인간개인의 정신이외의, 즉 외연적 정신을 인정하고 있으나, 크로체는 정신의 내재성 이외는 일체 인정하지 않기 때문이다.

즉, 헤겔은 정신을 3등급으로 나누어 개인적 인간의 정신과 민족의 정신 그리고 세계사의 정신 등을 언급함으로써 기독교에 있어서의 신과 같은 외연적 존재로서의 정신을 인정하고, 그것의 자기실현 과정으로서의 민족사 또 세계사를 규정하고 있으나, 크로체는 이에 반대하고 오로지 인간 개개인의 정신만을 인정하고 있다는 것이다.

따라서 자유의 개념에 있어서도 헤겔의 것은 약간의 기계적 또는 자연적인 성격을 지니는 것으로 그것의 전개과정은 소위 변증법이라고 하는 도식적 원리에 따르는 것이다.

이에 비하여, 크로체의 자유는 개인적 정신의 내재적인 발현일 뿐이다. 그러므로 헤겔의 것이 보다 기독교, 특히 성 아우구스티누스적인 것에 가깝다고 한다면[9] 크로체의 것은 보다 휴머니스트의 입장을 취한다.

실례를 들면, 헤겔에 의하면 세계사에 있어서 자유의 행정이 오리엔트의 일인의 자유에서, 그리스 로마의 소수인의 자유를 거쳐 게르만인의 만인의 자유에로 전개·발전되는 것인데 비하여, 크로체는 이것을 다음과 같이 이해하고 있다는 것이다.[10]

'역사는 자유의 역사라고 하는 헤겔의 유명한 진술을 전혀 이해됨이 없이 반복되었다. 그리고 그 다음에 그것은 쿠쟁(Victor Cousin), 미슐레(Jules Michelet) 및 그 밖의 작가들에 의하여 유럽 전역에 확산되었다. 그러나 헤겔과 그의 제자들은 우리가 위에서 비판한 바 있는 의미를 가지고 그 말을 사용하였다. 그 의미는 자유의 제1차적인 탄생, 그것의 성장, 그것의 성숙, 그리고 그것이 더 이상 발전할 수 없는 결정적인 기간에 이루어진 그것의 정착적(定着的) 영속이라는 것이다.(이 공식: 오리엔트, 고전적 세계, 게르만 세계 = 1인의 자유, 소수자의 자유, 만인의 자유)

여기서 이 진술이 예증하고 있는 것은 다른 의미와 내용이다. 즉, 그것은 과거에 존재하지 않았으나 미래에 존재하게 될 자유를 창출해 내는 과제를 역사에 위임하기 위해서가 아니라, 자유는 역사의 영원한 창조자이며, 그 자체가 모든 역사의 주체라는 것을 주장하기 위한 것이다.

이처럼 역사가 도식적으로, 다시 말하면 세계사의 이성 또는 정신이 미리 마련해 놓은 궤도를 따라서 자동적이고 공식적으로 표현되어 가는 자유의 행정이 아니라, 제1차적 탄생과 그것의 성장 및 성숙의 과정을 거치며 발전해 나가는 것이다. 여기서 문제로 되는 것은 자유의 탄생은 무엇이며, 성장이나 성숙이란 무엇을 의미하는가 하는 것이다.

2. 자유의 문제

이 문제를 이해하기 전에, 우리가 분명히 해 두지 않으면 아니될 것은 크로체가 생각하는 역사발전의 개념이다. 그런데 크로체의 역사발전의 개념은 기독교의 목적 사관에 의한 개념이나, 헤겔의 정신변증법적 사관에서의 개념과 다르다. 즉, 기독교나 헤겔에서의 역사발전은 목적론적인 것으로 역사발전과정이 그 과정 자체에 목적을 두고 있는 것이 아니라, 역사의 과정이 종결되는 종말론적 단계를 위한 것이다.

즉, 기독교에서는 인류가 태초에 에덴동산에서 선악과를 따먹은 원죄를 범한 이래, 그 죄로부터 구원되어 역사가 종결되는 날, 또는 최후의 심판이 있게 되는 날, 인류가 완전히 죄에서 탈피된다는 최종적 목표를 향해서 진행되어 가는 것이 역사의 발전이다.[11] 그러므로 이러한 역사과정 속에서는 과거나 현재는 무의미하거나 또는 내일을 위해 필요한 단계로서의 의미 이상을 갖지 않는다.

이 점은 헤겔에서도 마찬가지다. 즉 헤겔은 보편사를 인정하고, 그것을 정신의 부분 위에서 자유의식이 전개되고, 그 자유가 지속적으로 실현되는 과정으로 보았다.[12] 그리고 보편사의 발전은 역사의 종말에 있을 절대정신, 절대이성, 그리고 절대적 자유의 실현을 위한 것이다.

그러나 크로체는 이처럼 알파와 오메가를 전제로 하며, 무한한 인간사의 전체를 포함하고 있는 보편사를 비판하고 나섰다. 아니, 그는 그러나 보편적 세계사라는 것은 인간의 인식능력으로는 발견할 수 없다는 불가지론을 취하고 있다. 다음은 그것을 명백히 하는 그의 생각이다.[13]

> … 이러한 모든 것을 안다고 하는 것은 지옥으로 통하는 길을 가는 것이 아니라, 정신병원으로 통하는 길을 가는 것이다.
> 즉, 우리들의 지식에 대한 무한한 욕구에 따라서 모든 역사적 사실을 안다면, 우리는 미치게 될 것이다. 우리들의 정신을 이 무한에서 해방하고, 그것을 잊어버리고, 주로 특수한 점에서만 하나의 문제에 답을 두고, 그래서 생명 있는 작품의 역사, 즉 '현재의 역사'를 구성하는 바의 특수한 점에만 집중되는 것을 제외하고는 눈을 돌려라.

한마디로 크로체는 앞에서 언급된 바, 개별적 사실의 물 자체(物自體=ding an sich)로서의 사실성을 인식할 수 없는 것으로 간주한 것과 마찬가지로, 무한한 사건·사실들로 구성된 보편적 세계사도 물 자체 대로는 인식할 수 없는 것으로 보았으며, 그럼에도 불구하고 보편세계사를 서술할 수 있었던 것은 그 나름대로의 '요구'와 '주장'에 의한 것이다.[14]

이와 같이 크로체가 기독교적인 또는 헤겔적인 보편사를 부정하고 이런 종류의 역사를 또 한 가지 유형의 시적 역사, 다시 말하면 그것을 구상하고 서술한 사람이 어떤 동경하는 바를 표현해주고 있는 역사에 불과한 것[15]이라고 지적하였다.

크로체가 강조하고 있는 것은 '현재'다. 즉 크로체에 의하면, 인간의 정신, 특히 그것의 본질로서의 자유는 언제나 자기의 면전에 펼쳐져 있는 현재에서만 작용할 수 있는 것이지, 결코 그것을 넘어선 미래나 역사의 종착점을 위해서 작용하는 것이 아니다.

다시 말하면, 인간의 정신은 언제나 자기 앞에 놓이어진 현재적 상황에서 스스로 문제의식을 갖게 되고, 그것에 근거한 과제를 설정하고, 그리고 그것을 해결하기 위하여 노력한다. 그리고 그 과제가 해결되었을 경우, 거기에서 다시 발생한 문제의식을 갖게 되고 하는 일의 연속적 반복과정을 통해서 역사는 진전되어 가는 것이다.

이러한 견해를 크로체는 다음과 같이 표현하고 있다.[16]

> 그런데 역사는 모든 순간에 스스로 완성되기 위해서 노력하고 있다. 말하자면, 역사는 스스로 풍부해지고, 스스로 그의 깊이를 심화시켜 가고 있다. 그러므로 어떠한 역사도 우리들을 완전히 만족시키기에 족한 역사가 주어진다고 하는 것은 없다. 즉, 우리들이 역사를 구성한다고 하는 활동의 각자는 늘 새로운 사실과 새로운 문제를 일으키고, 그리고 늘 새로운 해결을 만든다.

이와 같이 역사에 있어 '언제나 새로운 사실과 새로운 문제를 일으키고 늘 새로운 해결을 만드는 것'의 반복과정을 가능케 하는 원동력은 인간정신의 본질, 즉 '언제나 현재에 주어진 상황에 만족하지 않고 언제나 보다 낫고, 보다 새롭고 묘한 것'을 추구하는 인간정신의 속성이 역사발전의 동력이 되는 것이며, 이 속성을 크로체는 '자유'라는 말로 표현한 것이다. 그리하여 크로체는 자유의식이란 새로운 미답(未踏)의 대상을 추구하려는 정신적 욕구라 했고 이것을 다음과 같이

표현하고 있다.[17]

자유란 당시대에 존재해 있는 것에 비하여 보다 새롭고 신기한 것에
대한 의식이며, 사상을 취입시킨 새로운 어떤 것과 그 사상이 통하
고 있는 생이며, 인간에 대한 새로운 개념이며, 그리고 그 인간의 면
전에 전개되어 있는 길[道]에 대한 비전으로, 이들은 그 이전에 비하
여 더 확대되고, 보다 더 광명하게 될 어떤 것을 의미한다.

요컨대, 크로체에게 있어서의 자유란 일반적으로 통용되고 있는
속박(束縛)이라든가 압박과 같은 외연적 자극에 대한 저항을 뜻하는
것이 아니라,[18] 인간정신의 내적인 욕구, 이를테면 어떤 상태에서 다
른 미답의 상태에로 지향하려는 의식이다.

그러므로 이 같은 정신 및 자유에 의한 역사의 발전은 결코 최종적
인 목적을 향한 것이 아니라, 언제나 현재에 생활하고 있는 인간의 정
신이 느끼는 현재에 있어서의 부족한 점, 또는 문젯거리라라고 생각
되는 것, 다시 말하면 현재 눈앞에 펼쳐져 있는 현재적 과제를 해결한
다고 하는 것이 현재적 역사의 최대목표가 되는 것이다.

그리고 기독교나 헤겔이 주장하고 있는 바, 역사의 최종적 목표란
인간으로서 인식할 수 없는 인간의 인식대상 이외의 것이고, 그럼에
도 그것을 설정한 것은 아우구스티누스나 헤겔이 그들의 앞에 펼쳐
진 현재적 과제를 해결하고자 하는 그들 나름의 자유의식의 표현에
불과하다.

그러므로 크로체에 의하면, 보편사 자체는 불가능한 것이며, 그것
은 시적 역사라는 사이비 역사의 한 유형에 불과한 것이지만, 그것을

시도한 폴리비오스나 아우구스티누스, 그리고 헤겔의 역사학은 진실에 입각한 것이다.

왜냐하면 그들은 그들 나름의 '현재의 역사'로서의 역사를 썼으며, 그것은 그들의 현재적 관심, 즉 그들 나름대로의 '현재생에 대한 관심'에서 출발된 것으로 그들의 자유의식, 그들의 문제의식의 표현이기 때문이다.

3. 가치관의 문제

여기서 우리가 다시 생각하여야 할 것은 가치의 문제다. 왜냐하면, 크로체는 위에서 논급한 바와 같이 역사를 정신의 역사, 자유의 역사라고 하면서, 또 한편으로는 정신이나 자유를 가치와 일치시켜 역사를 가치의 역사로 규정하고 있기 때문이다. 크로체는 이 문제를 다음과 같이 명백히 하고 있다.[19]

> 역사는 정신의 역사이고, 이 정신은 가치이고, 그리고 이것만인 우리들이 이해할 수 있는 유일의 가치로 된다면, 역사는 다시 가치의 역사라는 것이 명백하다.

주지하고 있는 바와 같이, 19세기의 사상사적 특징은 가치의 문제가 중시되었다고 하는 것이다. 쇼펜하우어가 인생의 일생을 단순히 생존에서 사망으로의 과정으로 이해함으로써 나타난 니힐리즘을 극복하는 운동으로서의 F. 니체의 가치철학, 그리고 스스로 헤겔의 정신 변증법을 전도시켜 유물 변증법을 정립시켰다고 자처한 K. 마르크스의 인간의 물질적 욕구에 기초를 둔 가치이론 등은 그 대표적 예라 할 것이다.

크로체는 사상사적으로 볼 때, 바로 이러한 가치에 대한 논란의 와중(渦中)을 관통하면서 그 나름의 정신철학을 다져나간 사상가라고 할 수 있을 것이다. 그러므로 크로체의 사상에 있어, 이 가치의 문제는 매우 중요한 것일 수밖에 없다.

그리고 위에서 언급한 대로 가치의 문제가 니체적인 것과 마르크스적인 것으로 대별된다면 말할 것도 없이, 크로체의 것은 니체적인 것, 즉 정신적 가치론일 것이다.

그런데 필자의 사견으로 볼 때, 크로체는 가치론에 있어 니체의 그것과 매우 유사한 경향을 지니고 있다. 그것은 두 사람이 함께 정신에서 가치를 찾았기 때문이다. 따라서, 여기서 우리는 니체의 가치론과 크로체의 그것을 연결, 비교시킴으로써 크로체의 가치에 대한 생각이 어떤 것인가를 알아보기로 한다.

가치의 철학자 니체의 이론에 의하면 가치의 본질은 관점(觀點)에 있으며, 이 관점은 생성을 위한 유지향상(維持向上)의 조건(Erhaltung-Steigeruns Bedingungen)들의 관점이다.[20] 따라서 가치란 생성을 위한 유지와 향상이라는 상대적 조건을 위한 관점이다.

여기서 유지의 조건을 인간에게 있어서의 개체유지, 사회에 있어서의 현상유지를 위한 육체적이고 물질적인 조건으로 이해하고, 향상의 조건을 인간이 현재 자기에게 주어진 상태보다 나은 상태에로 향상하고, 사회가 현 상황에서 탈피하여 보다 나은 상황으로 발전하기 위한 정신적 조건으로 이해한다면, 결국 생성을 위해서는 육체나 물질과 정신의 상호관계, 즉 물질을 기조로 해서 상승하려는 정신이 그 물질적 기조를 향상시키고, 그 향상된 기조를 기반으로 그 정신이 다시 상승하는 관계가 성립되어 상호작용하지 않으면 아니 된다는 이원론적 결론이 나온다.

크로체에게 있어서도 이와 유사한 견해는 보인다. 즉, 크로체의 주장에 의하면 역사의 진보는 부단한 극복(a perpetual surpassing)과 부단한 보존(a perpetual conservation)[21]의 연속이다.

이 말은 위에서 언급한 니체의 생성이론에 대입시켜 보면, 니체의 '유지'는 크로체의 '보존'과, 다시 '향상'은 '극복'과 각각 동일시 될 수 있을 것이다.

요컨대, 크로체에게 있어서의 가치란 니체에게 있어서의 가치의 개념과 유사한 것으로,[22] 인간이 자신의 현 위치—생존의 문제나 현재적 지위와 신분—를 보존하려는 정신의 요구와 그것에 만족하지 않고, 현재의 상태 및 가치를 보다 나은 것으로 만들고자 하는 극복의 의지, 또는 자유의지에 따른 관점에 의하여 규정되는 것이다. 그런데 이러한 관점은 다시 매 시대의 인간정신이 지니게 되는 현재생에 대한 관심에 의하여 규정되는 것이다.

따라서 크로체에게 있어 가치는 절대적으로 규정되어 있는 기준에 근거하는 것이 아니고, 그것은 상대적이고 역사적인 것이다. 이 같은 생각은 크로체보다 시대적으로 선배이며, 그리고 비코의 사상을 흡수하고 이해하는 데 있어서 선배인 헤르더의 '모든 인식과 모든 가치는 구체적인 문화 및 역사적 배경에 관련되어 있는 것'[23]이라는 주장과 일치하는 것이다.

4. 역사에 있어서 선악의 문제

가치의 문제에 수반되지 않으면 아니 되는 것은 선악의 문제다. 역사가 인간의 행위에 의해서 창조되고 진전되어 나가는 것이며, 그 행위는 정신의 활동, 즉 비판과 판단에 의하여 이루어지는 것이라고 볼 때, 그 비판과 판단의 기준은 결국 '좋다' '나쁘다' 이를테면 선악의 개념일 수밖에 없다. 그러므로 정신의 또는 사상 및 가치의 가장 구체적 표현은 선택의 기준으로서의 선악의 개념이다.

그런데 B. 크로체에게 있어서는 선악, 희비, 미추가 절대적인 것이 아니고, 상대적이며 역사적인 것이다. 즉, 크로체에게 있어서는 역사상에 나타난 모든 사실들, 그리고 인물들이란 모두가 선한 것이지 악한 것이란 없다. 왜냐하면 악이란 선의 상대적 개념이고, 관점, 즉 가치관의 차이에서 나타나는 것에 불과하기 때문이다. 이러한 입장을 크로체는 다음과 같이 피력하고 있다.[24]

> 마지막으로, 역사를 악으로부터 선으로 가는 과정으로 보거나, 선으로부터 악으로 가는 과정으로 보는 견해들은 외연적인 선악, 희비(이것은 실재 그 자체의 변증법적 구조인데)를 만드는 것과 같은 오류에서 그 기원을 두고 있는 것이다. 그것들을 선이냐 악이냐, 또는 진보냐 퇴보냐 하는 식의 양자택일의 취사선택적인 생각에서 통일 시키는 것은 부정확하다. 진정한 해결방법은 진보를 악에서 선으로 가는 과정으로 이해할 것이 아니라, 비록 어떤 상태에서 다른 상태로 이행되더라도, 그것을 선에서 더 선한 것으로의 과정으로 이해하는 것이다. 그리고 여기서 악이란 보다 더 선한 것의 빛 속에서 보이는 선 그 자체인 것이다.

다시 말해서, 크로체에게 있어서는 악이란 존재하지 않고, 보다 더 선한 것과 보다 덜 선한 것이라는 선의 정도의 차이만이 있는 것이다. 그럼에도 불구하고 일반적으로 선악, 미추, 희비가 인정되고 있는데, 그 이유는 어디에 있는가? 이에 대해서 크로체는 다음과 같이 답변한다.[25]

> 그러면 선과 악, 죄와 속죄, 퇴폐와 부활의 현상론은 어디서 나온 것인가? 그것이 행위자의 인식으로부터, 즉 새로운 생활의 형식을 만들어 내기 위해 노력하는 그 행위로부터 나오지 않는다면 어디에서 나오겠는가?

한마디로 선악, 미추 등은 절대적 의미로 볼 때, 또 그 자체대로는 존재하는 것이 아니고 다만 인간, 특히 어떤 사상 또는 가치관을, 또는 생에 대한 관심을 가지고 그것에 따라 새로운 생활의 형식을 창조하려고 하는, 다시 말하면 자유의식을 가지고 있는 사람의 의식에 의해서 만들어지는 것이다.

예를 들면, 오늘날 우리의 눈으로 볼 때, 그리스의 소피스트들이 악은 아니다. 그런데 소크라테스는 그들을 악으로 규정하였고 매도하였다. 그것은 소피스트를 그 자체가 악이어서가 아니라, 천재인 소크라테스가 그리는 이상적 세계, 이상적 신지식들을 전제로 할 때, 소피스트는 악으로 규정·매도될 수밖에 없었으며, 반대로 그들의 현실적 위치가 악이라고 생각지 않는 소피스트들에게는 그들의 생활과 동떨어진 관념을 내세워 가며 그들을 비방하는 소크라테스나 플라톤이 악으로 보였고, 그 때문에 그들은 소크라테스를 사형장으로 보낸 것이다.

그러므로 선과 악의 구별은 자유와 보수의 구별일 뿐이며, 관심과 무관심의 차이, 욕구되는 것과 그것을 장애하는 것, 그리고 가치와 무가치의 구별일 뿐이다. 다시 말해서, 인간정신의 본질이 현재 주어진 상황에 만족치 않고 새롭고 묘하고 신기한 것을 추구하는 데 있다고 할 때, 악이란 언제나 '현재에 주어진 상황'이고, 선이란 인간정신이 설정한 미래적 상황이다.

그리고 이것을 문제의 설정과 그 해결이라는 정신의 작용 형식에 맞추어 볼 때, 악이란 현재의 문젯거리로 되는 대상, 즉 파기해 버리지 아니하면 아니 되는 대상과, 그 파기하는 행위를 저해하는 일 그 자체이고, 선이란 해결하기 위해서 이루어지는 일 그 자체와 해결되었을 때 이루어질 일이다. 여기서 전자는 추해 보이고 후자는 아름다워 보이며, 전자는 퇴보로 보이고 후자는 진보로 보인다.

5. 역사학과 철학의 일치

이상에서 논의된 가치 및 선악의 문제에 있어서 기초가 되고 있는 크로체의 생각은 한마디로 그의 일원론적 사고다. 그런데 이 같은 일원론적 사고는 학문으로서의 역사학과 학문으로서의 철학을 동일시하는 학문상의 일원론으로 적용된다. 그러면 크로체가 이 같이 역사학과 철학을 동일시하는 일원론의 근거는 무엇인가?

주지하는 바와 같이 서양 사상사의 흐름(思潮)은 중세 초 성 아우구스티누스에 의해서 확립된 이원론적 사고가 주류를 이루어 왔다. 기독교적 사고(思考)를 거부하고 인간적이고 과학적인 새로운 사고의 양식을 추구했다고 하는 데카르트나 스피노자와 같은 근세 초기의 관념론자들도 그 이원론을 고집하였으며, 칸트까지도 이원론을 탈피하지 못하여, 그의 논리학은 선과 악, 사회성과 비사회성의 대립을 전제로 하는 것이었으며, 그에게 깊은 영향을 입은 바 있는 피히테는 칸트를 모방하여 '역사적인 것과 형이상학적인 것은 전혀 대립적인 것이다.'고 규정하였다.[26]

그리고 정신철학을 정립시켜 정신이원론을 주장하고 있던 헤겔까지도 정신을 물질에 대립시켰고, 그의 변증법에 있어서도, 정(正, an sich)에 대한 반(反, fur sich)의 엄격한 대립을 전제로 하는 것이었다. 또 스스로 헤겔 철학을 전도시켰다고 자처한 마르크스는 오히려 더 적과 아, 부르주아지와 프롤레타리아트의 이원적 대립성을 강조하였다.

그러나 크로체는 이러한 모든 이원론적 대립과 구별을 그의 정신일원론을 근거로 하여 모두 극복하였다. 그것은 앞에서 언급한 바 있는 '우주에서는 원칙적으로 인간이 발견(주: 인식한다는 말과 동의임)할 수 없는 것은 없다. 생각할 수 없는 것은 무엇이든지 존재할 수 없다. 그러므로 존재한다는 것은 무엇이든지 또한 생각할 수 있다.'고[27] 한 말에서 이미 명백해져 있다. 모든 존재하는 것은 정신에 의해서 발견 또는 인식된 것이다.

그러므로 정신이 없으면 아무것도 존재하는 것은 없게 된다. 비록 그것이 소위 객관적 존재라고 하는 자연물이라 할지라도 그것은 인간의 정신에 투영됨으로써만이 존재하게 되는 것이다. 그러므로 정신과 물질이 구별되어 존재하는 것이 아니라, 정신 속에 투영된 물질, 정신에 의하여 인식된 물질만이 존재하는 것이다. 정신과 육체와의 관계, 정신과 신과의 관계도 마찬가지다.

그런데 이 같은 인간의 정신력은 크로체의 주장에 의하면 판단력과 실천력으로 분류되며,[28] 다시 판단력은 미학적 요소인 직관을 통해서 획득된 여러 종류의 직접인지와 직접경험을 연결시키는 힘인 추리력으로 구분된다.[29] 직관의 대상이 되는 것은 미(美)이다. 그리고 이 미를 연구하는 철학은 미학이다. 추리의 대상은 진리이며, 그것을 연구하는 학문은 논리학이다.[30]

정신의 다른 기류인 실천력은 정신의 실천적 형태로, 그것은 본질은 의지인데,[31] 그것은 경제적 활동력과 논리적 활동력으로 분류된다. 경제적 활동의 목적은 공리에 있으며, 논리적 활동의 목적은 선에 있다. 이 중 전자를 대상으로 하는 학문은 경제학이고, 후자를 대상으로 하는 학문은 윤리학이다.[32]

그러므로 결국 인간의 정신력은 총체적으로 볼 때, 진(眞), 미(美), 공리(功利), 선(善)을 지향하여 작용하는 것이고, 이것들이 무엇이냐 하는 것에 관한 의문에서 모든 학문이 나오는 것이고, 또 이것들을 지향해서, 즉 모방하고 실천하고 보다 이것들에게로 접근하려는 인간정신의 경향으로 해서 인간의 제반 행위가 나오게 되는 것이다.[33]

이와 같은 논거에서 생각할 때, 인간의 일체 행위는[34] 이 정신력에 의하지 않는 것은 없고, 인간이 연구하는 모든 학문은 정신을 대상으로 하지 않은 것이 없다. 그러므로 지구상에 인류가 생존하기 시작한 이래, 발생해 온 제 사건들은 결국 인간의 정신력에 의해서 이루어진 것들이다.

즉 역사과정을 형성하고 있는 제 사건들은 그들은 본질상 관념이

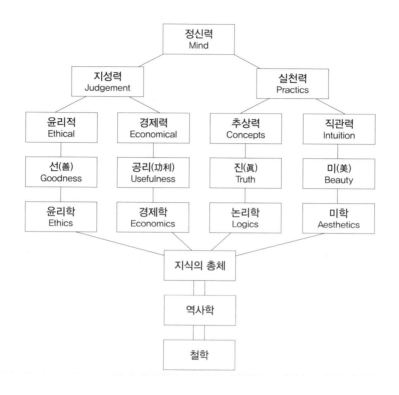

며, 그것들은 정신적 행위의 표현이다. 그리고 진정한 의미의 역사인 것은 어떠한 것도 정신 이외의 것의 작용을 받는 것은 없다.[35] 이를 거꾸로 말하면, '우리의 정신은 그 정신의 역사, 그 이외의 어떤 것도 아니다. 우리는 존재하여 온 것이며, 우리의 역사는 우리의 실재이다.'[36]

따라서 역사학이란 인간의 정신력에 의한 창조과정과 그 정신력의 발전과정을 연구하는 학문이 아니면 아니 된다. 그러므로 '역사적 지식이란 지식의 일부분이 아닌 지식 그 자체이다.'[37] 그리고 역사란 실재가 의식으로 표현되는 가장 구체적 형태이다. 그러므로 역사학은 판단의 형태에 있어서, 즉 개별적인 설화의 형태가 아니라, 사실의 판단, 역사적인 판단에 있어서 철학자체의 최상의 형식이며, 철학과 동일한 것이다.[38]

간단히 말하자면, 역사학이란 역사적 과정상에 나타나는 인간의 정신력의 총체를 연구의 대상으로 하는 학문으로, 그 속에는 위에서 말한 미학, 논리학, 경제학, 윤리학이 포함된다. 따라서 역사학의 범위를 벗어나는 학문은 있을 수 없다.(171쪽 도표 참고)

이러한 견지에서 볼 때, 모든 학문은 인간정신의 전개과정의 일분야의 역사, 즉 문명의 역사, 윤리의 역사, 종교의 역사, 예술의 역사가 되지 않으면 아니 된다. 간단히 말하면 정신력의 역사가 되지 않으면 아니 된다. 따라서 '실재하는 것은 단지 하나, 즉 하나의 과학, 즉 정신과학=역사학=철학 뿐이다.'

제5장

크로체의 역사발전론

지금까지 우리는 '모든 역사는 정신의 역사'라는 전제 아래서, 역사발전의 주체로서의 정신, 그 정신의 속성인 자유, 그 자유의 실현을 위한 행위자의 판단기준으로서의 가치의 문제 및 선악의 문제를 논의하여 왔다. 이 모든 것은 역사가 발전해 가는, 또는 인류가 역사를 창조해 가고 있는 그 추진력에 대한 종합·표현일 수 있다.

　　그러나 이제 우리는 그 역사발전에 대한 논의의 마지막이며, 또 정리의 단계로서 역사발전의 양식에 대한 언급을 하지 않을 수 없다. 그 이유는 역사학에 대한 일반적인 관심은 이른바 역사관에 관한 문제에 있으며, 역사관에 대한 문제에 있어서 주요 요체가 되는 것은 이미 논급한 바 역사발전의 추진력의 문제와 아울러 역사의 전개과정에 관한 문제이기 때문이다.

제1절
역사발전의 형태

1. 나선형적 발전

역사의 전개과정에 대한 주장은 대개 두 가지 형태를 취한다. 역사의 제 국면들이 영구적으로 반복하는 순환운동인가, 아니면 진보의 기준이 되는 어떤 절대적 목표를 향하는 직선운동인가 하는 것이다.

전자의 형태는 주로 고대의 사상 또는 기독교의 영향을 받지 않은 오리엔트 세계의 사상에 근원을 두고 있다.[1] 그리고 후자의 형태의 대표적인 것은 기독교의 종말론적인 목적론이다.[2] 그 전에 근대 유럽 사상에 있어서 주도되고 있는 역사관은 비록 그들 스스로는 반기독교적인 입장을 취하고 있는 것으로 자처하지만, 실은 뢰비트(Karl Löwit)가 지적하고 있는 바와 같이,[3] 기독교적인 것을 대부분 답습하고 있다. 역사철학으로 유명한 헤겔의 것이 그렇고[4] 진화론을 근거로 하는 진보사상이나 독일관념론을 근거로 하면서도 자칭 과학적 또 실증적 철학이라고 하는 K. 마르크스의 유물사관도 마찬가지다.[5]

위에서 언급했듯이, 크로체는 헤겔의 영향을 많이 받은 사람이다. 그러므로 그의 역사관이 고대적 또는 동양적으로 윤회적 순환사관일 수는 없다. 실제로 그는 다음과 같이 그것을 밝히고 있다.[6]

역사는 스스로 반복되지 않을 뿐만 아니라, 그것에 의해서 이루어진 산물들도 손에서 손으로 패스되며, 모든 사람에 의해서 잡혀지고, 그것들의 도움이 모든 사람에게 돌아가는 그러한 물건들이나 기구처럼 아무런 손상을 입지 않은 채, 다음 세대로(필자 첨가) 이전되지도 않는다.

이처럼, 반복되고 동일한 역사적 산물이 후세에 전달되는 윤회적 반복사관을 거부하였다면, 그렇다면 크로체의 사관은 그 반대인 직선적 사관인가? 여기서 우리가 중요시해야 할 것은, 크로체는 이처럼 양자택일의 논법을 쓴 것이 아니라는 것이다. 그는 반복적인 사관을 거부하는 한편, 헤겔적인 직선적 목표사관에 대해서도 찬의를 표하지 않고 있다.

그러면 크로체의 역사발전 양식은 어떤 것인가? 여기서 우리가 또 한 번 주의하여야 될 것은 크로체 자신은 이 문제에 대한 명백한 해답을 주지 않고 있다는 것이다.[7]

그는 원래 어떤 외연적 요소나 외연적 형식을 거부하고 있는 사람이므로 역사발전의 틀을 제시하지 않았다. 그러므로 필자는 이 문제에 대해서 크로체의 문구 등을 중심으로 그가 속으로 생각하고 있는 형식이 무엇인가 하는 것을 유추해 보는 수밖에 없었음을 밝혀 둔다.

크로체는《역사의 이론과 실제》에서 역사의 발전을 '부단히 동일하고 동시에 부단히 차이 없는 원주운동' 또는 '변화 없는 항구성과 항구성 없는 변화, 또는 동일성'의 결합으로 이해하여 다음과 같이 말하고 있다.[8]

우리가 여기서 언급할 수 있는 것은 오로지, 발전이라고 하는 실재의 개념은 두 개의 일면적인 대자(對者), 즉 변화 없는 항구성과 항구성 없는 변화, 차별성 없는 동일성과 동일성 없는 차별성으로 구성된 대자들의 결합 이외에 아무것도 아니라고 하는 것이다. 왜냐하면 발전이란 부단한 극복으로 그것은 동시에 부단한 보존이기 때문이다. 그는 이어서 다음과 같이 말하고 있다.[9]

일련의 순환을 동일한 원으로 구성되어 있는 것으로 생각한다면, 거기에 있는 것은 오로지 항상성뿐일 것이며, 반대로 그것을 차이 있는 원으로 구성되어 있는 것으로 생각한다면, 거기에 있는 것은 오로지 변화뿐이 될 것이다. 그러나 만약, 반대로 그것을 부단히 동일하며, 동시에 부단히 차이 있는 원주운동으로 이해한다면, 그것은 이런 의미에서 발전 그 자체의 개념과 일치한다.

이상과 같은 인용구를 중심으로 생각할 때, 비록 크로체 자신은 역사발전의 과정이나 그 형식을 구체적으로 표현하고 있지 않다고 할지라도, 그의 이론이 비코의 나선형적 순환론을 그대로 답습하고 있음을 감지할 수 있다. 이를 입증하기 위해서 위 두 개의 인용구에 담겨진 용어를 중심으로 논의해 보는 것이 좋을 것이다.

첫째, 크로체는 '변화 없는 항구성', '차별성 없는 동일성', 그리고 '부단한 보전'이라는 용어를 통해서, 역사의 반복성을 암시하고 있으며, 또 '항구성 없는 변화', '동일성 없는 차별성', 그리고 '부단한 극복'이라는 용어들을 통하여 역사의 발전성을 시사하고 있는 바, 이를 달리 말하면 전자는 순환사관을 뜻하는 것이고, 후자는 직선적 목적사관을 의미하는 것이다.

그런데 두 번째 인용구에 나타난 내용을 따르면 이 두 가지, 즉 원과 직선은 따로따로 분리되어 있는 것이 아니라, 결합되어 있는 것으로 이른바 나선형적 원주운동을 이루고 있는 것이다.

그런데 나선형이란 단순한 평면적인 원이 아니라, 수개의 원이 종적인 관련성을 가진 하나의 입체를 이루고 있으며, 소규모의 원주에서 대규모의 원주로 확대되어 가는 것이다.

따라서 나선형적 순환이란 고대 오리엔트세계에서 유행하였던 윤회적인 순환사상이 의미하는 것과는 다른 것이다. 즉, 이 나선형적 순환은 직선에 대한 이미지와 원에 대한 이미지의 결합이다. 따라서 나선형적 순환론은 기독교에서 유래하는 직선적 시간관과 고대 오리엔트 사상에 근거하는 윤회의 시간관의 결합이라고도 볼 수 있다.

이런 점에서 크로체의 역사관도 전혀 무(無)목적인 순환이 아니라, 어떤 지향점을 향하여 운행되고 있는 과정으로 이해될 수 있다. 실제로 크로체 자신도 역사를 '언제나 끝과 처음을 연결하는 결코 죽지 않은' 생명체로서 이해하고 있다.[10]

2. 역사의 발전목표

그러나 크로체는 기독교 사상이나 헤겔의 역사철학처럼, 역사발전의 목표를 신의 계획이 이루어지는 종말론적인 최후심판에 둔다거나 절대정신의 실현이라는 데 두고, 역사발전 자체가 신의 섭리나 그 밖에 어떤 초월적 존재의 수중에[11] 있다는 데 대해서는 극력 반대한다.

크로체의 주장에 따르면, 역사는 여하한 외래자의 간섭도 받지 않고 자존하며 그 자체로서, 다시 말하면 순수하게 인간의 정신력의 작용에 의해서 발전해 나가는 것이다. 따라서 역사는 초월적이거나 또는 절대적인 최종의 목표, 이를테면 그곳에 도달하면 모든 것이 종결되는 그러한 목표는 소유하고 있지 않다.

그 역사가 지니고 있는 목표란 외연적으로 외래자에 의하여 주어진 유일의 목표가 아니라 역사자체가 소유하고 있으며, 그 스스로가 창조하는 내재적 목표다. 그러므로 이 목표는 여러 순간에 이미 도달되고 또 동시에 결코 도달될 수 없는 것, 그러나 무한히 접근될 수 있는 것으로 생각하여야 한다.

왜냐하면 모든 도달은 새로운 과제의 형식을 의미하기[12] 때문이다. 따라서 역사의 발전이란 성 피에르(Saint Pierre)가 믿고 있던 바와 같이 물질적인 복지 상태나 또는 콩도르세가 그의 《Tableau Historique》에서 주장한 것과 같은 개인의 자유와 계몽[13]에 목표를 두고 있는 것이 아니라, 역사상에 나타난 매 시대가 각각 당면하고 있는 매 시대의 과제를 해결하는 데 두고 있는 것이다.

이와 같은 과제설정과 그 해결이라고 하는 크로체식의 변증법적 양식을 통하여 역사는 '모든 순간에 스스로 완성'되어 가고 있으며, '스스로 풍부해지며' 스스로 '자신의 깊이를 심화시켜 가고'[14] 있는 것이다.

그리고 이와 같이 역사의 매 시대에 당면하고 있는 현재의 입장에서 과제를 설정하고, 그 해결을 모색함으로써 역사로 하여금 '완성'되고 '풍부'해지고 '심화'되어 가게 하는 것은 앞에서 언급한 바, 인간정신이며, 인간정신이 갖는 현재의 생에 대한 관심인 것이다.

다시 말하면 크로체에게 있어, 역사발전의 목표란 역사자체의 목표라기보다 매 시대에 살고 있는 인간의 정신적 욕구가 지향하는 목표로서 이를 역사 속에서 이해하게 되는 경우, 그것은 내재적 목표가 되는 것이다.

이와 같은 역사발전의 내재적 목표는 헤겔의 역사철학에서도 보이는 것이고, 마르크스의 계급투쟁설에서도 나타나는 것이다. 그리고 도우슨(Dawson)에 의하면, 실증주의 조부인 오귀스트 콩트도 '모든 진보는 정신적인 견해의 표현이며, 생동하는 사회단위를 창조해 나가는 것'이라는 견해를 보임으로써 역사발전의 내재적 목표를 시사하고 있다.[15]

그러나 이들은 대체로 그 내재적 목표를 절대적 또는 최종적 목표에 도달하는 과정의 단계로 생각하였다. 이에 대해서 크로체의 이르는바 내재적 목표란 그러한 절대적 또는 최종적 목표에 도달하기 위한 1단계가 아니라, 그 자체가 역사의 최종적 목표로서 그 외의 절대적 목표란 존재하지 않는다는 것이다.

왜냐하면 크로체에게 있어서 중요한 것은 오로지 현재일 뿐이고, 미래란 과거 그 자체와 마찬가지로 인간의 정신력이 미칠 수 있는 한계 밖의 것이므로, 인간으로서는 그것을 인식할 수 없고, 동시에 그것은 실재하지 않은 것이기 때문이다.

한마디로 크로체는 기독교 사상의 영향하에서 주장되어 온 직선적 시간관에서 절대적 존재의 개입을 거부하고 역사의 내재적 목표를 강조, 주장함으로써 소위 나선형적 역사발전론을 확립한 것이다.

3. 인식능력의 확대와 세계의 확대

그러면 이와 같은 나선형적 역사발전은 어떠한 양태를 취하며 진행되는 것인가?

앞에서 상술한 바와 같이, 크로체에게 있어서의 역사과정이란 정신이라고 하는 실재가 표현되어 온 과정이다. 그리고 이 실재의 표현이라고 하는 과정에 있어 그 역할을 담당하는 것은 인간의 정신력이다. 그런데 정신력은 지성력(知性力)과 실천력으로 구별된다. 즉, 실재인 정신을 표현하는 인간의 활동은 지성적 활동과 실천적 활동으로 구별된다.

여기서 지성적 활동, 이를테면 직관과 추상을 통한 인식행위는 카테고리와 연쇄관계를 맺고 있다.[16] 즉, 카테고리가 확대되면, 그 확대정도에 따라서 인식의 대상은 많아지고 인식의 범위가 넓어진다. 그리고 인간의 인식행위는 인간의 실천행위의 동기가 된다.[17] 인식의 범위의 확대는 인간이 실천행위를 할 수 있는 영역을 확대시킨다. 그리고 실천영역의 확대는 다시 카테고리의 확대를 의미한다.

이 관계를 보면 H. W. 카(carr)의 말을 빌려 표현하면, '과학은 자연에 대한 우리의 지배력을 증가시키고, 그들은 우리의 지식의 범위를 넓히고, 그로 인해 우리의 활동범위가 확대된다.'[18] 요컨대, 크로체의 역사발전이란 일반적인 진보론자들의 주장처럼 인간의 쾌락이나 복지의 증진을 의미하는 것이 아니라, 인간의 정신력에 의한 세계의 확대과정을 의미하는 것이다.

이와 같은 문제를 보다 명백히 하기 위해서는 일반 역사에 나타난 실례를 드는 것이 좋을 것이다.

B. 크로체의 영향을 크게 입은 사람으로 알려진 R. G. 콜링우드는 그의 저서 《역사학의 이상》 중 사학사를 서술한 제1부에서 역사서술 또는 인식이 가능한 시간적 공간적 한계의 변화, 확대과정을 착안점으로 하여 그것을 서술하고 있다.

그의 의견을 빌면, 초기 그리스인이 서술한 역사의 범위는 공간적으로 볼 때, 개인이 사적으로 접촉하여 사람들이 기억하고 있는 사건들을 청취하여 그것을 서술할 수 있는 범위, 다시 말하면 어떤 지도자가 아크로폴리스에 올라가서 큰 소리로 호령을 치면 전시민이 모여 그것을 듣고 직접 민주정치를 행할 수 있는 폴리스 중심의 소규모 사회에 국한된 것이었으며, 시간적으로는 일인의 생존기에 한하는 역사이었다.

이것은 다시 마케도니아의 영웅의 손에 잡힌 칼의 힘을 빌려 소위 헬레니즘 문화권에 대한 역사, 이를테면 접촉이라든가 청취라는 직접적인 인식활동을 훨씬 넘어 선 '가위와 풀'에 의한 편집을 통해서만 가능한 역사가 서술될 수 있도록 그 판도가 확대된 것이다.[19]

이 확대작용 이면에는 백여 년 전에 있었던 페르시아 전쟁에 대한 기록이 있었고, 소피스트 – 소크라테스 – 플라톤 – 아리스토텔레스에 걸친 절정에 달한 지식이 있어 작용을 하였다. 이러한 일련의 과정은 소위 고대 지중해 세계를 형성시켰다. 즉, 고대에 있어서 인간의 인식 능력이 미칠 수 있는 범위는 지중해를 중심한 세계이었으며, 그 당시의 세계란 오늘의 세계의 개념과 동일한 유일의 세계로 생각되었을 것이다.

이러한 세계는 다시 로마인에 의하여 소위 유럽세계로 확대되고, 이 유럽 세계는 13세기의 로자 베이컨(Roger Bacon)을 그 선구로 하는 과학적 지식의 발달, 이를테면 토스카넬리(Toscanelli)의 지구 구형설, 코페르니쿠스(Copernicus)의 지동설, 구텐베르그(Johannes Gutenberg)의 인쇄술 발명 및 나침반, 화약발명이라고 하는 지성적 활동을 근거로 하는 인간의 실천적 활동, 지리상의 제 발견들을 통하여 세계는 다시 지중해를 포괄하는 대서양 중심의 세계로 확대되었고, 그것은 바로클로가 지구적 세계(Global World)[20]라는 특수용어를 써서만 표현할 수 있는 금일의 세계에까지 발전되어 온 것이다.

제2절
크로체의 정신변증법

1. 변증법은 정신의 표현양식

지금까지 논의한 바, 역사발전과정을 생각할 때, 우리는 크로체의 변증법 이론을 빼어 놓을 수 없다. 주지하는 바와 같이 변증법이라고 하면 우리는 보통 헤겔의 정신변증법과 마르크스의 변증법적 유물론을 생각하게 되고, 또 그것들로 대표되고 있다.

그런데 우리가 앞에서 논의한 바와 같이 변증법 이론의 뿌리는 비코에게 있고 그의 정신철학에 있는 것이다. 그리고 비록 마르크스가 이를 변증법적 유물론이라고 하는 것을 주장함으로써 변증법을 유물론과 연결시키고 있으나, 변증법적 과정이 단순히 기계적으로 전개되어 가는 것이 아니라, 그것을 추진시켜 나가는 것이 인간이고 인간의 정신력이라고 생각하지 않을 수 없으므로[1] 변증법의 문제는 정신철학 또는 '모든 역사를 정신의 역사'로 보는 입장에 있어 가장 본질적인 것이다.

상식적인 면으로 볼 때 변증법의 공식은 정(正=an sich), 반(反=fuer sich), 합(合=an und fuer sich)의 반복적 과정이다. 그런데 크로체는 여기서 반조정을 인정하지 않는다.[2] 왜냐하면 앞의 가치론 및 선악의 문제에서도 언급한 바와 같이, 크로체에게서는 어떤 추상이나 사물의 대립적인 개념을 부인하고 있기 때문이다.

이를테면 일반적이고 상식적인 견해를 따를 때, 진(眞)은 위(僞)로, 선(善)은 악(惡)으로, 미(美)는 추(醜)로, 그리고 아(我)는 적(敵)으로 대립되는 것이지만,[3] 크로체에게 있어서는 절대적 의미의 위나 악이나 추는 존재하지 않고, 그것들을 다만 상대적으로 '덜 진하고', '덜 선하고', '덜 아름답고' 등의 개념에 지나지 않기 때문이다.[4]

그러므로 헤겔이나 마르크스에게서처럼 변증법이 철저한 대자(對自)의 개념으로만 그 성립이 가능한 것이라고 한다면, 크로체에게서는 변증법이 인정될 수 없다.

그러나 위에서 언급했듯이, 크로체가 역사를 정신의 역사로 이해하고 있는 한, 그에게서 변증법을 배제할 수는 없다.[5]

왜냐하면 그가 파악한 '정신의 역사'란 정신의 본질, 즉 현재에 주어진 상태에 만족하지 않고, 보다 더 진(眞)에 가깝고, 보다 더 선(善)에 가깝고, 보다 더 미(美)에 가까운 데로 향해서 움직여 가는 본질에 의해서 추진되어 가는 역사를 의미한다고 할 때, 비록 헤겔이나 마르크스의 것처럼 위(僞)나 악(惡)이나 추(醜)와 같은 절대적이고 규정적인 개념의 반(反)조정(措定)을 주축으로 하는 조정과 반조정의 대립, 그리고 그 투쟁에 의한 종합이라는 공식에 의한 것은 아닐지라도 이와 유사한 바이지만, 크로체에 의하면 역사의 진보는 악으로부터 선으로의 추이(推移)로서, 하나의 상태에서 다른 상태에로의 추이로서 이해된 진보가 아니고 선에서 보다 더 선한 것으로의 추이로서 이해되는 진보로 되지 않으면 아니 된다.[6]

이처럼 진보의 개념이 '선한 것에서 보다 더 선한 것으로의 추이'라고 할 때, 이는 분명 정(正)에 대한 반(反), 조정(措定)에 대한 반조정(反措定)의 대립적 성격은 아닐지라도, 이를 정신이 작용한다는 입각점에서 볼 때, 그것은 그와 비슷한 공식, 즉 현재의 상황과 그것에 대한 불만의 관계라는 공식이 없을 수 없다. 이를테면, 현재에 주어진 상황을 볼 때, 그것은 그대로 선한 것이다.(특히 그 이전시대의 것과 비교를 할 때, 그것보다 훨씬 더 선해진 것이다.)

그러나 그것을 직면해 있은 인간정신은 그것보다 더 선한 것을 추구하게 되고, 그 추구에 의해서 보다 새롭고 보다 더 선한 것을 창조해 낸다. 그런데 여기서 정신이 현재에 있는 것에 직면해서, 보다 더 선한 것을 생각해 내는 데는 현재의 것에 대한 부정 및 비판, 쉽게 말하면 불만[7]을 느끼지 않고는 될 수 없는 것이다.

그러므로 크로체가 아무리 위나 악이나 추와 같은 절대적이고 규정적인 개념을 부정했다 하더라도 실제에 있어서는 그것이 없어질 수는 없는 것이다. 여기에서 크로체의 변증법적 논리는 정신이 보다 덜 선하다고 생각되는 현재에 주어진 상태에 대한 불만, 그 불만을 해소시키기 위한 노력, 그리고 그 노력의 결과는 성립된 새로운 현재 상태, 그리고 또 이에 대한 불만…… 등을 이루어가는 연속과정으로 이해될 수 있다.

이것을 다시 크로체 자신의 용어로서 풀이하면, 문제가 해결된 상태, 또는 현재에 주어진 상태, 여기서 문제의 제기, 또는 과제의 설정, 과제의 해결…… 등으로 이해될 수 있다. 이것을 다시 공식화하면,

A. 현재에 주어진 상태 → an sich

F. 현상태에 대한 불만—문제의 제기 → fuer sich

H. 문제의 해결을 위한 노력 → aufheben

A. F. 문제가 해결된 상태 및 새로운 현재에 주어진 상태

　　　→ an und fuer sich

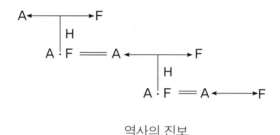

역사의 진보

이상과 같은 과제의 설정과 그 해결의 연속적 과정으로 이루어지는 크로체의 정신변증법은 그 자체가 인간정신의 본질의 표현이며, 그러므로 또 그것에 따른 역사의 발전은 '무한한 정신의 무한한 발전이며', 이것은 '영구히 모순을 낳고 영구히 그 모순을 극복해 나가는 과정'[8]으로 나타난다.

결국 각 시대의 과제란 모순의 형태로 나타난다. 이 모순이란 기존(既存)에 대한 Anti(반조정)을 의미하는 것으로, 이것은 지성에 대한 실천(지성적 활동 시기에 있어서 그것에 대한 불만에 근거한 실천에 대한 요구), 실천에 대한 지성(실천적 활동 시기에 있어서 불만에 근거한 지성에 대한 요구), 데카당스에 대한 생성, 낡은 것에 대한 새것 등을 찾지 않으면 아니 된다는 것이다.

이를 요약해서 말하면, 소위 역사적 과제란 언제나 현재상태에 주어진 것에 대하여 대립적인 성격을 지니고 있다는 것이다. 예컨대, 그리스의 이오니아를 중심한 자연철학의 완숙은 그에 대립적인 인간중심의 소피스트적인 철학에로 방향을 잡게 하였으며, 이러한 인간중심사상의 완성으로서의 소크라테스-플라톤의 관념론이 탄생되자 아리스토텔레스에게서 맹아를 보인 형이상학에 대립된 자연철학이 다시 나타나게 되었다.

다른 면에서 예를 들면, 인문주의와 분립주의라는 특징을 지고 있던 그리스 문화는 군국주의와 통일주의라는 특징을 지닌 로마 제국으로 방향을 잡아야 했고, 그 로마 제국은 그의 붕괴와 더불어 무정부 상태의 분립적(分立的)이고, 목가적인 중세의 봉건시대를 현출시켰으며, 이 봉건시대는 다시 군국주의적인 절대주의시대를 초래하였다.

또 다른 예를 들면, 그리스인의 관심은 주로 여러 신들[諸神] 혹은 실재성, 이데아를 향하였으며, 이 관심은 그들의 모든 생활과 모든 문화의 특성을 형성하였다. 그러나 로마시대에 이르러서는 이러한 이상주의는 지하로 들어가고 현실적인 문제, 이를테면 경제문제가 인간의 주요 관심사로 되었다. 그리하여 로마인은 정복을 통한 자본축적으로 소위 고대자본주의를 형성시켰다.

그러나 이것은 다시 중세에 들어와 소멸되고 기독교적인 신이 인간을 지배하게 되었다. 르네상스 이후, 이 신은 다시 맘몬으로 대치되기 시작하여 드디어는 근대 문화의 특징인 자본주의와 과학만능의 사상이 온 세계를 지배하게 된 것이다.

이와 같은 역사발전과정에 있어서, 역사상의 명백한 시대의 분계

선은 인정되지 않는다.[9] 그리고 그 과정상에 나타나는 시대적 특징이
결코 규정적인 것이라고는 할 수 없다. 그러나 각 시대의 각자의 특징
은 위에서 논의된 변증법적 원리에 따라 필연적으로 귀결된 것이며,
그러므로 그것들은 그것들대로 역사적으로 중대한 의미를 갖는다.

이 점을 크로체는 다음과 같이 비코의 주장을 인용하고 있다.[10]

> 그릇된 인간적인 시대란 존재하지 않는다. 왜냐하면 그 각자 그 나
> 름대로의 힘과 미를 가지고 있으며, 그 각자는 그 자체의 선구자와
> 그것을 뒤따르도록 예비되어 있는 필연적인 후계자, 이를테면 귀족
> 정 뒤에는 민주정이 따르고 민주정 뒤에는 군주정이라는 후계자가
> 있으며, 각 시대는 그들에게 적절한 순간에 나타나기 때문이라고 비
> 코는 주장하였다.

이상과 같은 점을 감안하면, 우리는 크로체가 역사의 발전을 변증
법적 공식에 맞추어 생각하고 있다는 점을 명백히 알 수 있다. 그런데
이것은 크로체의 본의는 아니다.

크로체는 논리학에 있어서도 공식을 전제로 하는 형식논리를 취하
지 않았다. 이 점을 일본인으로 크로체 연구에 혁혁한 공헌을 한, 하
니고로(羽仁五郎)는 다음과 같이 말하고 있다.[11]

> 크로체의 논리학은 소위 형식논리학은 아니고, 종래에 학교에서 가
> 르쳐 온 형식논리학 및 그러한 교과서적 논리학을 크로체는 학문 및
> 과학으로 인정하지 않았다. …… 크로체의 논리학은 인생의 논리적
> 정리이다.

그러므로 역사발전의 형식논리라 할 수 있는 역사의 공식은 크로체 스스로 인정한 것이 아니다. 그것은 위에서 논의된 역사발전에 개입하는 외연적 존재와 맞추어 생각하더라도, 또는 그가 실증주의를 극력 반대하고 나섰던 사람이었다는 점에서도 명백해진다.

그럼에도 불구하고 이와 같은 공식이 그에게서 추출될 수 있었다는 것은 '그의 논리학이 인생의 논리적 정리'라고 한 하니고로(羽仁五郎)의 말처럼, 이 같은 역사발전의 논리는 역사발전에 대한 논리적 이해였다고 해야 할 것이다.

이처럼 역사발전의 법칙성 또는 공식의 인정을 거부하고 있는 크로체이므로, 형식논리나 공식 또 법칙성의 인정에 따라 필연적으로 결과하게 될 역사적 예언의 문제에 있어서도 그는 부정적이다. 이것을 명백히 해 주는 것으로 하니고로는 다음과 같이 말하고 있다.[12]

> 일본과 이탈리아, 그리고 독일에서 파시즘이 폭력을 휘두르고 있을 때, 아메리카의 지식계급이 크로체를 향해서 '세계는 파시즘의 지배 하에 떨어질 것인가?' 하고 질문하였다.
> 크로체는 다음과 같이 대답하였다. '이것은 기상학적 질문이다. 논리적, 지적인 문제, 정치의 문제는 기상과 같이, 우리들 밖에 있는 것이 아니다. 내일 비가 올 것인가? 맑을 것인가? 그것은 하나의 완전한 관측의 문제이다. 그러나 정치상의 문제는 하나로 완전히 우리들이 스스로 행하는, 우리의 양심과 식견과 능력에 따라서 무엇을 할 것인가 하는 실천의 문제'이다.

이처럼 크로체에게 있어 중요한 것은 실천이다. 인간사의 문제, 즉 윤리적, 지적인 문제나 정치, 경제 등의 문제는 그 자체가 인간의 정신력에 의하여 해결되는 문제인 만큼, 천문기상이나 그 밖의 자연의 현상들과 같이 어떤 법칙이나 공식에 맞추어서 예언이나 예측을 할 수 있는 문제가 아니다.

이를테면 인간의 정신은 그것이 미래에 어떤 불길한 일이 일어날 것이라고 생각되면 그런 불상사가 돌발하지 않도록 노력할 것이고, 그러면 그것이 미연에 방지가 될 수도 있기 때문이다.

그러므로 크로체에게 있어 예견 또는 예측이란 어떤 공식이나 법칙성에 근거해서 결정적인 답을 얻는 데서 나오는 것이 아니라, 그 자체가 하나의 사상, 다시 말하면 현재에 주어진 상태에서 거기에 주어진 문제를 발견하고, 그것을 해결하기 위해서 설정한 하나의 상(相)이며, 또 그 시대에 사는 사람들이 실현해 나아가야 할 목표이며, 그 목표를 지니고 있는 사람들의 의식이다.

이러한 목표, 의식은 철저하게 실천을 전제로 할 때에만 의미를 갖는 것이다. 다시 말해서 예언은 실천가, 또는 지도자가 갖는 하나의 비전인 것이다.

2. 개인과 전체

역사발전에 대한 문제를 생각함에 있어서 제외시킬 수 없는 것은 그 역사발전의 추진력의 역할을 담당하는 것이 무엇인가 하는 문제이다. 이 문제에 대한 의견들을 돌이켜 보면, 그 해답은 각 시대, 각 사상 체계에 따라 다르다.

이를테면, 그리스의 철학자들은 이것을 제 신들의 조작, 그리고 진자(振子)의 운동과 같은 자연적 법칙에서 그 답을 찾았고,[13] 로마의 역사가들, 예를 들면 폴리비오스와 같은 사람은 그 답을 운명에서 찾았으며,[14] 기독교 특히 아우구스티누스는 이것을 신의 섭리와 그것에 의해서 조정되는 인간의 자유의지에서 찾았고,[15] 근대, 특히 '18세기의 역사철학의 학도들은 모든 것을 개인의 의식적인 제 행위들로 돌렸으며'[16] 그중에서도 역사철학의 대가인 헤겔은 세계사적 정신과 그것의 조종을 받는 세계사적 개인, 즉 영웅에게서 그 해답을 찾았다.[17]

그리고 이러한 사조에 대한 반동으로, 역사에 있어서 개인의 역할을 무시하고 사회, 경제적 구조의 중요성을 강조하여 '역사학의 가장 중요한 과제는 사회적 제 제도와 경제적 제 조건들을 연구하는 것이다.'라고 주장하는 일군의 학자들이 나왔다.[18]

이상과 같은 제 주장들을 종합하면 역사를 발전시키는 추진제 역할을 담당하고 역사의 기본 성격을 규정함에 있어서 주역을 담당하는 요건에 대한 문제는 대체로 세 가지 경향으로 대별할 수 있다.

하나는 인간 외적인 힘, 즉 신의 섭리나 운명, 자연의 법칙, 그리고 대중의 생활로 구성된 사회와 그 사회와 경제의 구조 등을 포괄하는, 이를테면 초월적 또는 전체적인 힘이 역사를 주도해간다고 하는 운명론적인 경향이고, 다른 하나는 개인으로서의 인간의 자유의지가 역사를 만들어 간다고 하는 영웅주의 또는 휴머니스트의 경향이다. 그리고 제3의 경향으로는 이상의 양자의 절충적 입장이다.

그러면 이러한 다양한 견해들을 수반하고 있는 이 문제에 대해서 B. 크로체는 어떠한 자세를 취하고 있는가?

앞에서 누누이 언급한 바와 같이 크로체는 정신철학자이며, 정신을 유일의 실체로 생각한 사상가다. 그러므로 그에게 있어 역사의 주체는 당연히 정신이다. 그리고 정신력을 지성력과 실천력으로 구분할 때, 여기서 더욱 크로체가 강조하고 있는 것은 실천이다. 그런데 크로체에게 있어 정신, 그리고 정신적 실천에 입각한 제반 인간사는 자연 및 자연사와 대칭적인 의미를 지니고 있는 것이다.

다시 말하면, 크로체는 인간사를 자연사와 명백히 구별하고 있다. 여기서 인간사는 역사학의 대상이 되는 것이고, 자연사는 자연과학의 대상이 되는 것이다. 그러면 인간사와 자연사의 차이는 어디에 있는가?

그것은 한마디로 정신이라고 할 수 있다. 인간은 정신을 가지고 있어서 그 정신의 본질의 발휘를 통한 창조활동을 하고 그것을 통해서 역사는 전개되어 간다. 그러나 자연은 정신을 소유하고 있지 아니한다.

그러므로 자연은 변화를 하되 그것은 창조는 아니다. 그것은 단지 생성과 소멸의 과정일 뿐이며, 그리고 물질의 이합집산의 과정일 뿐이다. 이 같은 자연의 과정에는 순리 및 순행만이 있을 뿐, 역행이나 극복 또는 초월을 위한 노력은 없다.

그런데 문제는 이 같은 인간사와 자연사의 구별이 인간자체에게서도 발견된다고 하는 것이다. 다시 말하면 같은 인간의 형상을 가지고 있으며, 같은 인생을 살며, 같은 인간의 집단, 인간의 사회 속에서 존재하고 있으면서도 역사적 삶을 사는 인간과 자연적 삶을 사는 인간의 구별에 있다는 것이다.

이것을 편의상 역사적 개인과 자연적 개인으로 구별할 수 있다면, 전자는 우리가 일반적으로 말하는 영웅이며 후자는 대중이 될 것이다.

여기서 우리가 크로체는 정신을 강조하고 있는 사상가라는 점을 염두에 둘 때, 자칫 크로체를 영웅사관의 주창자로 생각하기 쉽다.

물론 어떤 의미에서 그는 영웅사관을 지지하고 있다고도 할 수 있다. 그러나 그 자신은 '역사에는 결코 비약이 있을 수 없다' 다시 말하면 역사는 그것이 지금까지 발전해 온 길 이외의 발전을 하는 것은 아니라고 주장한다.[19]

그러므로 역사는 결코 어떤 특출한 영웅이나 천재라는 개인에 의하여 좌지우지되지는 않는다. 오히려 그 영웅이나 천재라고 하는 개인도 역사발전 단계, 그 단계에서 표현되는 시대성의 딸, F. 베이컨이 강조하고 있는 대로 '시대의 딸'에 불과한 것이다.[20]

그럼에도 불구하고 영웅이나 천재가 존재할 수 있는 것은 그들의 개인적 능력도 능력이겠지만, 그들의 일이 그 시대에 사는 인간들이 갖는 '현재에 주어진 관심'의 대상이 되고, 그 시대의 사상, 그 시대의 가치에 적합하기 때문이다.

또 한편, 역사상에 있어서 우리가 영웅이나 성현으로 받드는 인물들은 이 같은 당시대의 문제를 발견하고 그 해결방법을 모색함으로써 새로운 미래적 비전, 새로운 가치의식, 새로운 사상을 이룩한 사람, 다시 말하면 인간정신이 추구해야 할 새로운 자유의 개념을 형성하고, 그것을 실현하기 위해서 노력한 일인 또는 소수자들을 말하게 된다.

이 같은 크로체의 사상에 직접적인 영향을 입었는지는 모르나, 플레하노프는 그의 논문 '역사에 있어서 개인의 역할'에서 이와 유사한 입장에서 역사에 있어서 개인의 역할을 다음과 같이 설명하고 있다.[21]

개인이 철학적 사고에 있어서 영웅적인 노력을 함으로써, 이 자유를 얻을 때까지 그는 완전한 자기 자신이 아니다. 그리고 그에 반대하는 입장에 서 있는 외연적 필연성에 지불되는 찬사를 받지 못하고, 오히려 수치스러운 것으로 느껴진다.

그러나 이 개인이 이 고통스럽고 수치스러운 제약의 멍에를 벗어 버리면, 즉시 그는 새롭고 충만하여 지금까지 경험해 본 적이 없는 생을 위해 태어난다. 그리고 그의 자유로운 행위들은 필연성의 의식적이고 자유로운 표현으로 된다. 그러면 그는 위대한 사회적 노력으로 될 것이며, 그 다음엔 어떤 것도 그를 방해할 수 있거나 하려 할 것이 없게 된다.

이것은 앞에서 이미 논의된 바 있는 헤겔의 자유의 행정, 즉 오리엔트 세계의 일인의 자유에서 비롯되어, 그리스, 로마의 소수인의 자유, 그리고 게르만의 만인의 자유에 이른다는 자유의 행정에 대한 크로체의 재해석에 나타난 자유의 발전의 의미와 거의 동일한 뜻을 가진 것이다.

즉, 크로체에 의하면 '일인의 자유'란 그 시대의 문제 및 과제를 발견하고, 그것의 해결을 위한 새로운 가치, 새로운 사상을 의식한 최초의 사람에서, 이것이 그의 주변으로 전파되어 소수인이 깨닫게 되고, 그리고 드디어는 그 시대에 사는 모든 사람들이 깨닫게 되는 과정으로 변경, 해석하였는데, 여기서 일인의 자유인, 또는 소수인의 자유인을 우리는 영웅, 성현 등으로 이해할 수 있는 것이고, 그 밖의 만인은 대중으로 이해할 수 있는 것이다.

그리고 여기서 자유가 대중의 것으로 되었다는 것을 플레하노프가 지적한 바, 자유가 필연적으로 된 것을 의미하는 것이다. 여기서 분명한 것은 크로체가 말하는 영웅이나 천재는 역사의 진행을 자의대로 이끌어 가거나 또는 변경시켜 갈 수 있는 인물들이 아니라, 역사 그 자체에 가장 충실하여 역사가 매 시대에 표현하고자 하는 것, 즉 역사상 각 시대의 특수한 성격—사상·가치—을 가장 충실하게 표현하고 있는, 또 표현하기 위하여 처신한 그러한 인물들인 것이다.[22]

이 점에 있어 크로체는 비코와 헤겔에게로 복귀하고 있는 것이다. 즉, 크로체는 헤겔이 말하고 있는 역사를 이끌어가는 외연적 존재로서의 세계사의 이성, 또는 세계사의 정신을 부정하고 있으나, 각 시대에 나타나는 '일인의 자유인'이 그의 시대의 정신을 표현하고 있는 선구자라는 점을 인정할 때, 헤겔이 말하는 세계사적 정신의 간지(奸智)에 의하여 조종되고 있는 영웅의 일생과 다를 것이 없다. 이것은 다시 '역사나 매 시대에 그 시대의 특징을 표현하고 있다'고 한 비코의 생각과 일치하고 있는 것이다.

그러나 크로체에게 있어, 보다 발전된 것은 그가 역사에 있어 대중의 역할을 인정하고 있다는 것이다. 즉, 헤겔의 경우는 영웅에 대한 언급만이 있을 뿐 대중에 대한 언급이 없는데 비하여, 크로체는 역사를 하나의 유기체적 조직으로 보았고, 그것의 구성요소로서 필연적으로 있을 수밖에 없는 대중의 역할—비록 자유의 최종적 단계이기는 하지만—을 인정하였다는 것이다.

그리고 상대적인 정도의 차이는 있으나, 인간은 그것이 개인이든 전체이든 누구나 역사발전에 참여하고 있는 것이다. 그는 '참된 역사는 보편적인 체제 안에서의 개성의 역사이며, 개성적인 특성의 결집으로서의 보편의 역사'라고 말하고 있는 바, 이것을 달리 말하면, 역사를 창조하고 발전시키는 것은 전체적인 체제 안에서의 개인이며, 개인적인 결집으로서의 전체인 것이다. 다시 말해서, 역사를 창조하는 주체가 되는 것은 전체이며 동시에 개인인 것이다.

즉, 세계라는 유기체의 구성요소인 대중과 또 그 시대의 문제점의 발견과 그 해결에 있어 선구적 역할을 함으로써 대중의 선도적 위치를 갖는 개인은 따로 떨어질 수 없는 것이다.[23]

이 문제에 있어 크로체는 대중이라는 용어를 쓰고 있지는 않았지만, 전체적인 것과 개인적인 것의 관계, 즉 그것들이 둘이 아니요, 하나라는 점을 다음과 같이 피력하고 있다.[24]

　　…… 개인과 섭리 또는 개인과 이성은 하나로가 아니라, 둘로 되어야 할 것이다. 그리고 개인은 열등하고 이데아는 우월한 것으로 되어야 할 것이다. 말하자면, 이원론과 신과 세계의 상호 초월성은 지속될 것이다. 다른 한편, 이것은 헤겔, 나아가서는 비코의 사상의 밑바탕에 신학적 요소로 남아 있는 것으로, 여러 번 관찰되어 온 바 있는 역사학적 관점과 아무 다를 것이 없는 것이다. 그러나 이제, 이상주의적 개념이 주장하는 것은 개인과 이데아가 둘이 아닌 하나가 되는 것이다.

여기서 중요한 것은 크로체가 개인에 대립되는 개념으로서의 전체를 뜻하는 것으로 섭리, 이성, 그리고 이데아와 같은 용어를 구별 없이 쓰고 있다는 사실이다. 이것은 필자의 사견으로, 크로체가 역사발전에 있어서 외연적 존재를 거부하고 있는 자세에서 나온, 일종의 무시의 표현으로 나온 것이 아닌가 한다.

그러므로 섭리의 기독교적 의미나, 이성의 헤겔적 중요성, 이데아의 플라톤적 뜻을 구별하지 않고 혼용한 것이다. 그리고 이 용어들이 지니는 공통적인 것은 이것들이 지니는 추상성이다. 개인, 즉 Individuals가 구체적인 개념인데 비하여, 이 용어들은 추리적 사유를 요하는 추상적 개념이라는 것이다.

그런데 본 논문에서 필자가 의도하는 개인에 대별되는 전체, 영웅에 대별되는 대중의 개념 또한 추상적 개념일 수밖에 없다. 그러므로 위의 인용문에서 크로체가 사용하고 있는 섭리, 이성, 이데아를 전체 및 대중으로 대입시켜 이해해도 무방할 것이다.

여하튼 크로체는 일원론자이다.[25] 그는 정신을 유일의 실재로 생각하는 일원론을 주장하고 있는 관계로, 그에게 있어서는 '하나'가 있을 뿐이지 '둘'은 있을 수 없고, 동일성과 일치성이 강조되고 있을 뿐, 대립성이나 차별성은 가급적 무시, 아니 초월되었다.

그러므로 역사의 발전 또는 창조에 있어 인간이 담당하는 역할에 있어서도 영웅과 대중, 개인과 전체의 엄격한 구별은 없다. 그래서 크로체는 이 문제에 대한 결론적인 해답으로 다음과 같은 명언을 남기고 있다.[26]

역사로부터 개인들을 떼어내고, 또 떼어내라고 하라. 그리고 좀 주의 깊게 생각해 보라고 하라. 그러면 그는 자기가 상상한 것처럼, 그들을 떼어내지도 못하였고, 그것들과 함께 역사자체를 떼어내 버렸다고 하는 것을 감지하게 될 것이다.

그리고 그의 이론을 근거로 해서 역사발전에 있어서의 영웅과 대중의 역할을 단적으로 말한다면, 영웅은 역사의 필연성의 발견과 그 실현을 위한 선구적 역할을 담당한 자이고, 대중은 그것을 수용하는 입장에 있는 자이다.

3. 인간행위의 동기로서의 환각

그러면 그것이 전체이든 개인이든, 또는 대중이든 영웅이든 그들이 역사발전 및 창조의 요체가 되는 행동을 하게 되는 동기가 어디에 있는가? 다시 말해서 역사는 인간의 실천적 행위를 통해서 창조되고 발전된다고 하면, 그들의 그 행위를 가능케 하는 동기가 무엇인가 하는 것이다.

물론, 이 문제에 있어서도 크로체의 답은 정신의 작용일 수밖에 없다. 그리고 정신의 작용은 앞에서 논의한 '현재생에 대한 관심', 이상, 가치 등의 문제에서 설명된 것이다. 그러나 크로체는 이것을 보다 깊이, 정신철학 내지는 심리학적인 입장에서 천착하고 있다. 그는 이 문제를 쇼펜하우어의 의식이론에서 그 단서를 잡고 있다. 다음은 이에 관련된 크로체의 글이다.[27]

그럼에도 불구하고 의심할 나위 없이 확실한 것은, 개인은 무한한 환상들의 중개를 통하여 행동하고, 그렇게 함으로써 그가 이룰 수 없는 목표를 스스로 설정하고, 또 그가 지금까지 경험한 적이 없는 목표들을 이루어 간다는 것이다. 쇼펜하우어(헤겔을 모방하고 있는)는 사랑의 환상들을 대중화시켰는데, 그에 따르면 의지는 그 사랑의 환상들을 통해서 개인으로 하여금 종족을 번식시키도록 유도한다는 것이다.

그런데 우리 모두가 주지하고 있는 바와 같이, 그 환상들은 남성과 여성이 서로를 향해서 작용하는 것에 국한되는 것은 아니다. 그 환상들은 우리의 모든 행위 속으로 들어와 있는 것으로, 그것은 언제나 실현이 뒤따르지 않는 희망과 신기루들에 의해 수반되고 있는 것이다. 그리고 환상들의 환상은 다음과 같은 것으로 생각된다.

즉, 개인은 스스로 생활하기 위해서, 그리고 그의 생을 보다 더 풍부하고 깊이 있게 하기 위해서 노력하고 있다고 믿고 있다. 그러나 실제에 있어 그는 죽기 위하여 노력하고 있는 것이다. 그는 그의 사업을 완성하여 그의 생에 대한 확인을 하고 싶어 한다. 그러나 실제에 있어 이 완성은 그 종결이 멸망이다. 또 그는 생에 있어 평화를 얻으려 노력한다. 그러나 평화란 반대로 죽음이며, 죽음만이 평화이다.

이것은 쇼펜하우어의 허무주의적 인생론에 대한 가장 요점적인 이해다. 그러나 크로체가 이러한 이해를 갖게 된 것은 그것에 대한 동조 때문이 아니다. 크로체는 이상과 같은 쇼펜하우어의 생각에 자기 나름대로의 해석과 변조를 가하여 이해하고 있다. 그렇게 해서 쇼펜하우어의 생각을 극복한다. 다음은 그것을 보여주고 있는 크로체의 문장이다.[28]

그러나 실제적인 진리, 즉 위에서 표출된 관념들과 이론들로부터 나온 것은, 사랑하며, 그에 사업을 완성하기 위해, 노력하며, 평화를 구하는 개인의 환상이 아니라, 오히려 그 개인이 환상에 사로잡혀 있다고 믿고 있는 그 자신의 환상이다. 즉, 그 환상이란 자기 환상인 것이다.

(중략)

개인에게서 그 환상이 야기되는 것은 그 개인이 스스로를 반성하기 시작할 때이다. 그리고 그 반성이 시작될 때, 그 환상은 동시에 일종의 변증법적 과정으로 된다. 그러나 구체적인 반성을 하게 되면, 또는 오히려 구체적으로 의식을 하게 되면, 그는 그 과정 속에서는 지금까지 실현되지 아니한 목적이 없었다는 것과, 그 목적이라고 하는 것이 절대적인 목적이 아니었다는 것, 말하자면 추상적 목적이 아니었다는 것과, 수단과 목적이 둘이 아닌 하나였다는 것을 발견하게 된다.

크로체는 개인의 단절적인 인생관에서 오는 쇼펜하우어의 허무주의를 역사로, 그리고 변증법으로 극복한 것이다. 이를 다시 정리해서 말하면, 개인은 자신의 시대에 주어진 '현재생에 대한 관심'을 근거로 삶의 목표를 세우고, 그것에 도달하기 위하여 노고를 행한다.

그리고 그 결과 그 목적을 도달한 뒤 스스로를 반성하고, 그 반성의 결과는 자신의 목적이 아니었음을 깨닫게 되고 지금까지 가치 있는 것으로 생각했던 것이 가치 없는 것으로, 지금까지 이상으로 여겨 온 것이 환상으로 나타나게 된다.[29]

이것은 정신의 본질의 표현이다. 그러나 여기서 목적이 목적 아닌 것으로 되고, 가치가 가치 아닌 것으로 되고, 이상이 환상이었음을 알게 되었다는 것은, 과거에 그가 추구하던 것이 완성되었음을 뜻하는 것이며, 동시에 현재의 입장에서 또 앞으로 살아가기 위한 하나의 새로운 목표, 새로운 가치, 새로운 이상을 모색하기 위한 자기반성인 것이다.

이 같은 목적의 설정과 그 달성, 그리고 그것의 패기와 새로운 목적의 설정이라고 하는 반복적 과정으로서의 변증법적 과정을 통해서 인생과 역사는 계속 그의 발전의 길을 걷고 있는 것이다.

제6장

콜링우드의
반실증주의와
사상사의 개념

제1절
반실증주의

콜링우드가 일차적으로 크로체와 노선을 같이하는 것은 실증주의 사상에 반대하는 입장이다. 크로체가 반(反)실증주의적 사고형태에 대한 철저한 반격을 통하여 그의 정신철학적 역사이론을 전개시켰던 것과 마찬가지로, 콜링우드는 자연과학적 사고형태에 대한 철저한 분석과 그것을 통한 자연과학으로부터의 역사과학의 독립을 실현하기 위하여 노력한 사람이다.

이에 대해 '역사학의 이상'의 편집자인 T. M. 녹스(Knox)는 위의 책 서문에서 '콜링우드는 자연과학을 인식의 유일한 형태로 보아 철학을 자연과학 속에 흡수시키려는 실증주의의 시도에 대항하여 매우 박력 있게, 그리고 확신을 가지고 주장한 사람'[1]이라고 하였다. 그리고 밍크(Mink)는 '콜링우드가 말하는 역사학이란 심리학이 실패한 진정한 정신과학'이라고 하였다.

한마디로 콜링우드는 실증주의적 또는 자연적 제 과학들로부터 역사학을 독립시켜 그것을 하나의 진정한 정신과학으로 확립시켜놓은 사람이다.

T. M. 녹스(Knox)의 말에서 보이고 있는 바와 같이 실증주의라고 하

면, 자연과학을 종주로 하는 사상으로 자연과학적 방법론을 인간사에 있어서도 적용시키고자 하는 생각이다. 이것은 마치 중세에 철학이 정신에 대해서 그랬던 것처럼, 철학이 자연과학의 봉사과학으로 존재하는 경우를 말하는 것으로, 이에 입각한 이른바 실증주의적 역사학이란 사회학을 위한 자료제공의 역할을 담당하는 보조적 학문으로 전락된 것을 의미한다.[2]

콜링우드의 실증주의적 역사학에 대한 비판의 착안점은 바로 여기에 있었다. 그는 실증주의적 역사학을 두 가지 측면에서 비판하였다. 하나는 실증주의 자체, 즉 자연과학적 방법론을 인간사에 적용하려는 시도에 대한 비판이고, 다른 하나는 랑케(L. V. Ranke)와 같은 실증주의적 역사학자들이 지향하는 생각에 대한 비판이다.

1. 역사과정과 자연과정

콜링우드의 실증주의에 대한 비판의 제1차적 전제는 정신과 자연은 근본적으로 상이하므로 그것을 연구하는 방법도 동일할 수 없다는데 있다. 이 전제에 입각해서 그는 실증주의자들이 '정신을 자연과 다를 것이 없는 것으로 보려는 사고방법'에 근본적인 오류가 있음을 지적함으로써[3] 그의 비판을 시작한다.

그리고 그는 이어서 실증주의자들이, 정신이 주체가 되고 있는 역사과정을 자연과정과 동일한 종류의 과정이라는 생각을 갖게 되었고, 여기서 또 자연과학의 방법론을 역사학에 적용시킬 수 있다는 오해를 갖게 된 것이라 지적한다.[4]

그리고 그는 이 같은 오류의 근원이 17세기 자연과학적 사고를 만능의 사고로 생각한 자연법사상가들 또는 계몽주의자들에게 있음을 암시하고, 그 실례로 J. 로크(Locke) 이후에 있어 영국 사상가들이 인간의 오성이 무엇인가 하는 것을 이해하려는 학문인 인성학을 자연철학적 방법으로 연구하려 한 자세와 그 실패를 지적하였다. 다음은 그의 말이다.[5]

> 인간본성에 대한 과학은 깨어져 버렸는데, 그 이유는 그것이 채택한 방법이 자연적 제 과학의 것과 유사한 방법으로 하려 한 데 있다.

이와 같이 콜링우드에 따르면, 역사과정은 자연과정과 동일한 과정일 수 없고, 또 그것을 연구하는 방법도 동일할 수 없는 것이다. 자연적 과정은 사건의 과정이고, 역사적 과정은 사고의 과정이다.[6]

그러므로 자연과학은 사건의 외형적 현상을 연구의 대상으로 하는 데 비하여, 역사과학은 그 사건을 일으킨 주체들인 인간, 그리고 그 인간의 주체인 정신의 작용으로서의 사고를 연구의 대상으로 한다. 콜링우드는 이 점을 다음과 같이 말하고 있다.[7]

> 만일 역사가 하나의 경관(景觀)이라면, 그것은 하나의 현상이다. 만일 그것이 하나의 현상이라면, 그것은 자연이 되고 만다. 왜냐하면 칸트에 의하면, 자연은 일종의 인식론적인 용어로서 하나의 광경으로써 보이는 사물을 의미하는 것이기 때문이다. 그의 이 같은 주장은 그릇된 것이다. 왜냐하면 역사는 하나의 광경이 아니기 때문이다. 역사의 사건들은 역사가의 안전에 지나가고 있는 것이 아니다.

즉, 자연의 과정은 하나의 현상으로 일률적인 변화의 과정, 이를테면 일정한 법칙에 따라 움직여 가는 과정이다. 그러므로 이 속에서는 언제, 어디서나 동일한 사건만 주어지면 동일한 반응과 동일한 결과가 나타나는 과정이다. 그러나 역사의 과정은 다르다.

이 과정을 형성하고 있는 사고는 일정한 조건에서 일정한 반응이나 결과로 나타나는 것이 아니다. 사고의 주체인 정신은 자율적 또는 창조적 속성을 가지고 있는 관계로 언제나 주어진 조건하에서 독창성 또는 자유의지를 발휘하여 새로운 것을 만든다. 그러므로 역사의 과정은 자연과정의 제 현상들과 같이 동일한 사항의 반복이 있을 수 없는 일회적인 과정이다.

다시 말해서 자연과정은 언제나 관찰자의 눈앞에 지나가고 있는 과정이지만, 역사과정은 '역사가가 그것들에 관해서 생각하기 시작하기 전에 이미 발생되어 있던 것들'[8]이며 그러므로 역사가가 직접체험 또는 직접경험을 할 수 없는 과정이다.

이러한 점에서 역사학은 자연과학과 그 연구 방법이나 인식의 방법을 같이 할 수 없다. 그 이유는 '자연과학에서는 자연현상을 관찰자가 그 속에 개입함이 없이 객관적인 입장에서 관찰하고 거기에서 일정한 규칙과 인과성을 발견해내는 데서 그치지만, 역사학에 있어서는 역사가가 사건의 외면을 발견하는 데서 비롯하여 그 사건의 내면, 즉 그 사건을 일으킨 인간의 사고를 파악하지 않으면 아니 된다는 것이다.'[9]

따라서 자연과학이 현상적인 규칙정립 과학인데 비하여, 역사학은 사건을 일으킨 인물의 사고와 그 사고의 주체인 정신을 대상으로 하는 정신철학이다.

여기에서 명백해진 것은 콜링우드에게 있어 역사는 사상의 역사이며 정신의 역사라고 하는 것이다. 다시 말해서 역사는 인간의 행위로 구성되는데, 그 행위는 그가 지니고 있는 사상의 표현이며, 정신의 표현이라는 것이다. 그런데 다시 콜링우드에 따르면, 사상은 목적과 의도를 포함하고 있는 것이다. 따라서 모든 인간의 행위는 그가 지니고 있는 목적과 의도에 입각해서 이루어진 것이다.

이 점에 있어 역사과정은 다시 한 번 자연과정과 구별된다. 자연세계의 변천과정은 목적, 의도에 의해서 이루어진 과정이 아니라 무의지적 인과법칙의 연속으로 이루어지는 과정인 데 비하여, 인간의 행위로 구성된 역사적 세계에 있어서의 변천과정은 유(有)의미적 변천과정이라는 것이다.

2. 역사적 인간사와 자연적 인간사

콜링우드의 역사적 세계와 자연적 세계에 대한 구별은 훨씬 더 철저하고 세심하다. 그에 의하면 비록 인간에 관한 사건이라 할지라도 모두가 역사적인 것은 아니다. 이 점을 L. O. 밍크(Mink)는 다음과 같이 설명한다.[10]

> 역사학의 대상은 인류세계에 있어서는 제 물건들이 어떻게 현재의 것에 이르기까지 왔는가 하는 그러한 과정이다. 현재에 이르기까지의 과정을 구성하고 있는 것은 제 행위들이다. 그러나 모든 과정이

행위들인 것은 아니다. 그리고 모든 행위들이 다 그러한 과정이 구성요소가 되는 것은 아니다.

역사과정을 이루고 있는 것이 인간의 제 행위들인 것은 확실하다. 그러나 인간에 의해서 모든 행위가 다 역사적인 것은 아니다. 예컨대, 어떤 인물의 전기라 할지라도 그것이 이른바 전기적인 사건, 즉 어떤 인간이라는 유기체의 생(生)과 사(死)의 기록에 그치는 한, 그것은 역사가 될 수 없다.

비록 그것이 사람들에게 정서를 제공하고, 또 그들에게 진정한 양식(良識)을 제공한다 하더라도 그것이 역사는 아니다. 좋게 말해서 그것은 시(詩)에 불과하며 나쁘게 말하면 그것은 주제넘은 자기선전에 불과하다.[11]

또, 인간의 행위라 하더라도 그것이 동물적인 본능이나 충동 또는 욕구에 따라서 이루어진 행위일 때, 그것은 또한 역사적인 것이 되지 못한다. 그러한 행위는 비역사적인 행위이다. 그러한 행위란 인간의 정신력에 근거하는 어떤 것을 창조하는 의도·목적에서 이루어진 것이 아니라, '배고프다, 졸리다, 성욕을 느낀다.'는 등 인간의 자연성에 근거하는 행위에 불과하다.

그러므로 그것은 자연적 세계에 속한다. 그러므로 세계 인구의 대다수를 차지하고 있는 대중, 범부는 콜링우드가 의미하는 인간세계에 속하지 못한다. 차라리 그들은 자연세계에 속하게 되는 것이다.[12]

왜냐하면 이들은 역사발전에 있어서 아무런 영향을 끼치지 못하는 사람들이기 때문이다. 로마시대의 어느 농부의 생활과 율리우스 카이사르의 생애를 예로서 비교해 보자.

로마시대에는 확실히 어떤 농부가 살아 있었을 것이다. 그러나 비록 그가 그 당시에 살고 있었다 하더라도 후세에 아무도 그의 이름과 그의 근면한 생활을 기억해 주는 사람도, 또 그에 대해서 연구하려는 역사가도 없다. 그렇게 할 필요도 느끼고 있지 않기 때문이다.

즉, 로마사(史)에 있어서 분명히 존재해 있었을 그 농부는 로마사에서 탈락되고 만 것이다. 이에 비해서 카이사르는 그가 정말로 그 개인으로서 그 시대에 살고 있었던 실재 인물인지는 지금 아무도 직접 확인해 볼 수 있는 사람은 없다. 그러나 지금 우리가 로마사를 이해하는 데 있어서 만약 카이사르라는 인물이 없어진다면, 전혀 다른 로마사가 되고 만다.

비록 카이사르라는 이름으로 불리는 자가 그 당시에 존재해서 실제로 갈리아 전투에 참여했고, 삼두정치에 관여하였는지 않았는지는 몰라도, 최소한 전성기의 로마 제국이 있기 위해서는 그러한 일을 행한 인물이 있지 않으면 아니 된다. 여기서 카이사르는 카이사르라는 개인의 이름에 그치는 것이 아니라, 로마 제국의 기초 확립자의 대명사인 것이다.

이런 의미에서 볼 때, 카이사르는 곧 그 시대의 표현이 되는 것이다.[13] 즉, 카이사르를 영웅으로 취급한 당시는 로마의 역사가는 기록자가 살고 있는 그 시대가 카이사르와 같은 영웅이 나타나서 위대한 정치, 군사적 업적을 이룩하지 않고는 그 시대가 성립될 수 없었다고 하는 그 시대적 상황을 표현하고자 하는 의도·목적을 갖지 않을 수 없는 시대였다는 것이다.

즉, '대(大)전성기의 로마가 존재한다.'라는 정의에는 반드시 그 '전성(全盛)'을 의미하는 넓은 영토, 집권(執權)화된 권력, 화려하고 광범한 문화라고 하는 조건이 따르지 않을 수 없고, 이러한 조건이 성립하기 위해서는 그것을 성립시킨 인물의 등장이 필연적 조건이다. 이 필연적 조건의 충족으로서 카이사르라고 하는 명칭을 가진 인물이 나타난 것이다.

이와 같이 당시 역사적 상황에 있어서의 카이사르라는 인물에 대한 필연성은 그 카이사르의 역사적 존재 가치인 것이며, 카이사르라는 인물의 역사적 의미인 것이다.

요컨대, 콜링우드가 주장하는 이른바 역사성이라는 것은 카이사르나 그 밖에 역사상에서 뚜렷한 의미를 지니고 있는 특출한 인물들처럼, 그들이 역사상에 존재했고, 그들의 의도·목적·사상에 따라서 역사가 그만큼 변천, 창조될 수 있었다고 할 만한 것, 다시 말하면 역사 발전에 기여하는 바가 있는 창조적인 변천을 의미한다.

그리고 역사적 세계란 이와 같은 창조가 가능한 세계, 인간의 의도·목적·사상에 따른 창조에 의하여 변천되어 가는 과정을 의미하는 것이다. 그렇기 때문에 역사가가 찾고 있는 것은 역사의 창조를 가능케 한 이와 같은 사상의 과정이며, 따라서 모든 역사는 사상의 역사다.

3. 정신과 심리

콜링우드의 역사세계와 자연세계의 구별은 한발 더 나아가 하나의 심성(心性)을 다시 정신과 심리를 구별하는 데까지 이른다. 다시 말해서 역사학의 대상으로 되는 것을 엄격한 의미의 정신, 즉 인간의 의도·목적 등으로 구체화시켜 규정함으로써 그 범위를 좁혔다.

밍크(Mink)가 지적하고 있는 바와 같이, 콜링우드가 말하는 역사학이란 심리학이 시도하였다가 실패한 진정한 의미의 정신과학(the true science of mind)이다.[14] 그러므로 콜링우드는 역사학에서 심리학적 요소가 되는 것은 그 대상에서 제외시켰다. 다음은 이 같은 그의 생각을 표시하고 있는 글이다.[15]

> 헤로도토스는 역사학의 아버지인데 비하여, 투키디데스는 심리학적 역사학의 아버지이다.
> 그러면 심리학적 역사학이란 무엇인가? 그것은 결코 역사학이라고 할 수 없는 특수종류의 자연과학인 것이다. 심리학적 역사학이란 이야기하고 있는 사실 자체를 위하여 사실을 말하는 것이 아니다. 심리학의 목적은 법칙, 즉 심리적 법칙을 수립하여 내는 것이다. 심리적 법칙은 하나의 사건이 될 수도 없고 사건의 복합체가 될 수도 없다. 그것은 사건과 사건 사이에 개재하는 관계를 지배하는 불변의 법칙인 것이다.

콜링우드에 따르면 심리학은 일종은 자연과학이다. '심리학은 마치 생물학이 생명을 취급하는 것과 아주 동일한 방법으로 정신을 취급하기 때문에' 그것은 자연과학에 속하는 것이고, 역사학에 그것이 적용되거나 또는 철학과 동일시 될 수는 없다는 것이다.[16]

그러므로 콜링우드는 원칙적으로, 딜타이의 정신과학에 대해서 동

의를 표하면서도 한편, 딜타이의 정신과학이 심리학을 의미하는 경향
이 있음을 지적, 비판하고 있는 이유가 바로 여기에 있는 것이다.[17]

4. 개별적 사실

콜링우드의 반실증주의적 사고는 역사학의 대상에 머물지 않고 역
사적 사실을 취급하는 방법에까지 이른다. 이것은 이른바 실증주의적
인 역사학, 또는 실증주의의 영향을 입은 역사사상에 메스를 가함으
로써 역사학 또는 역사적 제 과학들에 묻어 있는 실증주의적 잔재를
청소해 버리려 한 데서 비롯된다. 다음은 이에 관련된 콜링우드의 글
이다.[18]

> …… 19세기의 역사서술은 실증주의의 제 법칙들의 발견을 거부하
> 였지만, 제 사실들의 수집은 받아들였다. 그러나 그들은, 제 사실들
> 은 실증주의적 양식으로, 즉 개별적으로 분리된 것으로, 또는 원자
> 인 것으로 생각하였다.[19] 이러한 생각으로 해서 역사가들은 사료 취
> 급방법에 있어서 두 가지 법칙을 적용하였다. 그 ①은 각 사실들을
> 인식하는 데 있어서 개별적인 행위에 의해서 또는 연구과정을 통해
> 서 확인될 수 있는 것으로 생각하는 것인데, 이렇게 함으로써 역사
> 적으로 인식할 수 있는 전 영역은 개별적으로 분리시켜서 고찰되어
> 야 하는 무한의 미세한 제 사실들로 분할된다.
> 그 ②는 각 사실은 그 사실 이외의 모든 사실로부터 독립된 것으로
> 생각되어야 할 뿐만이 아니라, 그 사실을 인식하고 있는 인식주체자
> 로부터도 독립되어 있는 것으로 생각되어야 하며, 그렇게 됨으로써

역사가의 관점 속에 내포되어 있는 모든 주관적 요소가 제거되어야
한다는 것이다.

콜링우드가 실증주의적 역사가에게 던진 질문은 첫째, 역사상의
제 사실들을 개별적인 것으로 분리시켜서 인식할 수 있으며, 또 인간
사가 개별적으로 또는 단독적으로 발생할 수 있는가 하는 것이고, 둘
째는 사실들을 인식함에 있어서 일체의 주관적 요소를 배제하고 그
것을 객관적으로 인식할 수 있는가 하는 것이다.

이 문제들은 B. 크로체에게 있어서도 이미 제기되었던 것들이다.
크로체는 이에 대한 답으로써 랑케와 같은 역사가들을 '외교적 역사
가'라는 매도적인 언사로 공격을 가함으로써 그 불가함을 주장하였으
며, 그와 정반대의 입장에서 역사가의 실천적 의도를 강조하였다.

다시 말해서 크로체는 역사인식(Knowledge of History)이 아닌 역사
의식(Consciousness of History)을, 아카데믹한 진리 자체에 대한 추구로
서의 역사학이 아니라, 그가 당면하고 있는 현재의 과제를 해결하기
위한 실천적 활동에 필요한 수단으로서의 역사 의식을 강조하였던
것이다.

콜링우드는 이 점에 있어 크로체와 입장을 달리하고 있다. 물론 콜
링우드도 크로체와 마찬가지로 실증주의적 역사가들이 주장하는 개
별적인 인식, 객관적 인식이 불가능하다고 생각하였다. 그러나 그것
이 불가능한 일이라 해서 포기하거나 그 자체를 거부할 것을 주장하
지는 않는다.

그는 그와 같은 인식을 역사가가 지향해야 할 목표로 생각하였으

며, 역사 학도를 교육시키는 지표로 생각하였다. 즉, C. 베어드(Beard)는 랑케의 'Wie es eigentlich gewesen(과거에 있었던 대로)'을 '고상한 꿈(Noble Dream)'[20]이라 했으나, 그는 그것을 하나의 이상으로 생각하였다. 그러므로 그는 다음과 같이 말하고 있다.[21]

> 이상에서 논한 두 가지 법칙에는 다소의 가치는 있다. 즉, 제1의 법칙에서는 상세한 사건들을 정확하게 배려하는 역사가를 훈련하고, 제2의 법칙에서는 역사가 자신의 정서적 반응을 가지고 역사의 주제를 윤색시키지 않도록 역사가를 훈련시킨다.

그러나 콜링우드는 그러한 인식에 도달하는 방법에 대해서는 실증주의적 역사가들이 주장하는 방법을 거부하였다.

우선 그는 역사의 개별적인 제 사실들을 단독적으로 인식해야 된다고 랑케적인 역사인식에 대해서 반대한다. 즉, 랑케는 역사가의 일은 개별적인 제 사실들을 수합하여 그것들로 하여금 스스로 역사가 무엇인가를 말하게 하는 것이라고 했는데, 콜링우드는 이것을 '일종의 환각'[22]이라고 일축했다. 그리고 이와 같은 것을 주장하거나 시도하는 역사가를 '가위와 풀'(Scissors and Paste)의 역사가라고 지칭하였다.[23]

그는 그러한 역사가가 성공할 수 없는 이유를 다음과 같이 밝히고 있다.[24]

> 따라서 실증주의시대에 가장 위대한 역사가인 몸젠(Mommsen)은 거의 믿을 수 없을 정도로 정확성을 가진 비문의 집성이나 로마 헌

법편람을 편집하였으며, (중략) 그러나 로마사에 대한 몸젠 자신의 공헌이 중요하게 되기 시작한 그 시점에 로마사를 쓰고자 하는 몸젠의 기도는 좌절되었다. 몸젠은 로마사 연구에 그의 전(全)생애를 바쳤다. 그런데 그 로마사는 악티움(Actium) 전투로 끝나는 것이다. 따라서 이 저서의 같은 면에 대해서 실증주의가 현대 역사서술에 남겨 놓은 유산은 소규모의 문제들을 취급하는 데에 있어서는 전에 없었던 강점을 보였으나, 대규모의 문제들을 취급하는데 있어서는 전에 없었던 약점을 보이고 있다.

위의 인용문이 말해 주고 있는 바와 같이 콜링우드에 의하면, 실증주의적 역사학은 구체적 사실을 확인하고 작은 규모의 사건을 비교적 정확하게 묘사할 수 있다는 점에 있어서는 강점을 지니고 있다.

그러나 콜링우드에게 있어서는 역사는 개념이 외면적으로 구체적인 사실에 대한 지식, 어떤 사건에 대한 기술로 끝나는 것은 아니다. 그에게 있어 중요한 것은 사상이며, 또 역사과정 자체에 대한 인식과 그 과정을 통해서 표현되고 있는 역사의 의미다. 그런데 실증주의적 방법으로서는 이러한 것들을 이해한다는 것이 불가능하다.

우선 구체적 사실이나 소규모의 사건에 있어서도, 실증주의적 방법으로 가능한 것은 외면적 관찰이 가능한 분야의 역사, 이를테면 전쟁이나 정치제도나 법칙 등의 정치사에 한한다. 인간의 행위는 정치적 행위일 수만은 없고, 역사는 정치사일 수만은 없다.

오히려 인간의 행위는 내면적인 정신활동의 표현이며 역사는 예술, 종교, 과학, 철학 등의 역사다. 그런데 콜링우드에 따르면, 이러한 정신생활의 역사를 취급함에 있어서 실증주의적 방법은 전혀 적용될

수 없다는 것이다.[25]

　왜냐하면 실증주의적 방법으로는 사물의 외면적인 것, 이를테면 수량, 형태, 부피 등 감각적으로 인식할 수 있는 대상만을 취급할 수 있기 때문이다. '철학자에게 있어서 사실은 경험적 사실, 즉 발생하고 있을 당시에 지각(知覺)되는 사실'[26]이기 때문이다. 그런데 예술을 창조해 놓은 예술가의 정신이나, 종교를 믿고 있었던 신앙인의 마음, 그리고 자연을 이해하였던 과학자의 인식능력 등은 외면적으로 관찰할 수 있는 것도, 통계적으로나 물량적으로 이해될 수 있는 것도 아니다.

　그러므로 콜링우드에 의하면, 이러한 분야에 역사를 이해하려는 역사가는 스스로 과거의 예술가나 과거의 종교가, 과거의 과학자 및 철학자의 입장이 되어서 그들이 느낀 것, 그들이 믿은 것, 그들이 생각한 것을 그대로 체험해 보아야 한다는 것이다.[27]

제2절
역사학과 역사철학

1. 크로체의 사상사와 콜링우드의 사상사

콜링우드에 의하면, 역사의 인식은 자연과학적 또는 실증주의적 방법으로 불가능한 것이다. 그 이유는 역사학에서 취급해야하는 대상은 수량적이고 물량적인 것이 아니라, 정신적인 것이라는 데 있다.

이와 같은 콜링우드의 반실증주의적 사상은 그의 '모든 역사는 사상사이다'라는 명제와 연결된다. 이를 역으로 말하면, 콜링우드의 반실증주의적 역사사상의 근거가 되는 것은 바로 이 명제인 것이다. 따라서 이제 우리는 콜링우드가 주장하는 사상사의 개념이 무엇인가를 이해하여야 할 것이다.

주지하는 바와 같이, 위의 명제는 B. 크로체의 명제와 동일한 것이다. 크로체도 콜링우드와 마찬가지로 실증주의에 대항한 사람이라고 할 때, 이 두 사람이 같은 명제를 세웠다는 것은 이상 할 것이 없을 것이다. 그러나 그렇다고 해서 두 사람의 생각이 전혀 동일한 것이라고 생각해서는 아니 된다.(만일 동일하다면 본 논문에서 이것을 다시 언급할 필요는 없게 된다.)

물론, 이 두 사람의 생각이 매우 유사하다고 하는 것은 사실이다.

특히, 크로체의 영향이 비교적 강하게 작용하였을 것으로 생각되는 초창기에 콜링우드의 생각은 거의 크로체의 것과 같았다. 예를 들면, 크로체에게 있어 사상이라는 용어의 개념은 철학과 동일한 것이어서 '모든 역사는 사상사'라는 말과 '역사는 철학과 동일하다'는 말이 공동으로 이해되는 경우가 많은데, 콜링우드도 초년기에는 철학과 역사를 동일한 것으로 생각하였다. 즉, 그가 처음으로 저작한 책에서 종교, 신학, 철학 등 모든 학문을 동일한 것이라고 말하고 있다.[1]

특히, 콜링우드는 그의 최초의 저작인《종교와 철학(Religion and Philosophy, Oxford, 1916)》에서는 역사적 인물들의 제 행위들은 각 시대의 윤리적 사상에 의하여 고정되는 것이라 생각하여 '철학이 없는 순수한 역사학이란 존재할 수 없고, 비철학적 역사학이란 전적으로 존재하지 않는다.'고[2] 주장하였다.

그러나 점차 후기로 가면서 그는 철학과 역사학을 구별해서 생각하였다. 그러므로 그는 인간의 경험을 예술, 종교, 과학, 역사, 철학 등 5개의 기본적 형태로 구별해서 생각하였다.[3]

그리고 L. O. 밍크(Mink)에 따르면, 콜링우드는 그의《철학적 정신론(Essay on the philosophical Mind)》에서 경험적 제 개념들과 철학적 제 개념들을 구분함으로써 역사학을 전자에, 철학을 후자에 각각 포함시켰다.[4]

그리하여 그는 다음과 같이 역사학과 과학과 철학을 명백히 구별하고 있다.[5]

역사는 행위의 세계를 생각하는 방법으로 그것의 특성은 과거 사건들의 형(型)이다. 과학은 '물량의 세계'를 생각하는 방법으로 그것의 특성은 경험의 세계를 측정성의 한 체계로서 조직하고자 하는 기도이다. 철학은 어떤 특정한 방법으로 실재를 생각하지 않고, 바로 실재를 생각하려 하는 기도이다.

또 그는 '역사학의 이상'에서 자신이 기도하는 것은 '모든 사물의 역사성을 주장함으로써 모든 지식을 역사적인 지식으로 풀이하고자 하는 자들에 대항하여 역사적 지식의 고유한 분야를 한정시키고자 하는 것'[6]이라고 공언하여, '역사적 지식이란 지식의 일부분이 아닌 지식 자체이다.'[7]라고 한 크로체의 생각에 대하여 명백히 반론을 제기하였다.

그뿐만 아니라, 콜링우드는 역사철학이라고 하는 것을 인정함으로써 역사학은 철학과 동일한 것이므로, 역사철학이라는 것이 따로 존재할 수 없다고 한 크로체의 주장에 대하여 정면의 대결을 청하고 있다.

즉, 콜링우드는 그의 '역사학의 이상'의 서론에서 그 내용은 역사철학 논문임을 밝히고, 이어서 그 역사철학의 개념이 그 용어를 볼테르(Voltaire)가 사용한 이래, 어떻게 변천되어 왔는가를 설명하고, 자신이 생각하고 있는 역사철학의 개념이 무엇인가를 규명하였다.[8]

2. 역사학과 역사철학

콜링우드에게 있어, 모든 역사는 사상사이나 역사학은 철학, 특히 역사철학과 구별되는 것이다. 그러면 역사학은 역사철학과 어떻게 구별되는가? 콜링우드가 말하는 '역사철학'은 역사적 철학이 아니라, 역사의 철학이다.

이 말을 문법적으로 따지면, 그의 역사철학에서 주제가 되는 것은 철학이고, 역사는 그 대상이 된다. 그러므로 그에게 있어 역사철학이 무엇을 의미하고 있는가를 이해하기 위해서는 먼저 그의 '철학'이 무엇을 의미하는가를 이해하여야 한다.

콜링우드가 말하는 '철학'은 사고의 방법을 뜻한다. 그리고 사고의 대상을 뜻한다. 그러므로 그는 사고의 방법과 그 대상의 역사적 변천에 따라 철학의 변천이 이루어진다는 것을 시사하고 있다. 즉, 볼테르가 생각하는 철학은 비판적 사고를 뜻하는 것이었고, 헤겔이 생각하는 철학은 보편적 또는 세계사적 원리와 그 주체인 정신에 대한 사고였고, 또 실증주의자들이 생각하는 철학이란 일반법칙 또는 불변의 법칙성에 대한 사고를 뜻하는 것이었다.

이 때문에 그들이 각각 사용한 역사철학이란 용어의 의미는 비판적 또는 과학적 역사학 보편적 역사학 또는 세계사, 그리고 제 사실·사건의 과정을 지배하는 일반법칙의 발견, 즉 사회학에 있었다.[9]

그런데 콜링우드는 자기 자신의 철학은 반성적 사고라고 한다. 그래서 그는 그의 철학을 반성적 철학이라 하고 그것을 다음과 같이 설명한다.[10]

> 철학은 반성적인 것이다. 철학하는 정신은 단지 어떤 대상에 대해서 생각하는 데 그치지 아니하고, 언제나 어느 대상을 생각하는 한편, 또한 그 대상을 생각하는 자기 자신의 사고에 대해서 생각한다. 이

와 같이 철학이란 사고에 대한 사고라고 생각하는 제2차적 사고를 지칭할 수도 있다. 예를 들어 천문학의 경우에서 태양으로부터 지구의 거리를 발견한다는 것은 제1차적 사고의 임무이며, 우리가 태양에서 지구까지의 거리를 발견할 때 우리가 행하고 있는 것이 정확한 것인가를 발견한다는 것은 제2차적 사고의 과제이다.

한마디로 콜링우드에 있어서 철학이란 반성적 사고 또는 제2차적 사고이다. 이것은 직접적 사고 또는 제1차적 사고가 어떤 객관적 대상을 사고함에 있어서 직접적으로 하는 것인 데 비하여, 그 사고를 한 자와 사고된 것에 대한 관계에 대한 사고다.

예를 들면 어느 시대의 천문학자가 지구가 네모난 것으로 사고하였으면, 그것은 제1차적 사고이고, 그 다음에 그 천문학자가 어찌해서 그 지구를 네모난 것으로 생각하게 되었는가? 그 학자의 역사적 조건, 문화적 조건, 지역적 조건, 그리고 그의 지성적 조건이 어떠한 것이었기에 그렇게 생각하였나 하는 것을 생각하는, 즉 생각에 대한 생각, 사고에 대한 사고가 바로 반성적인 사고이고, 이것이 콜링우드가 말하는 반성적 철학이다. (그리고 이것은 또 역사적 사고이다.)

여기에서 역사학과 역사철학은 명백히 구별된다. 즉, 역사학은 역사에 대한 제1차적인 사고이고, 역사철학은 역사가의 사고에 대한 사고이다. 이를 좀 더 구체적으로 말하면, 역사가의 일은 역사를 직접적인 대상으로 삼아 그것에 대한 제1차적 사고를 행하는 것이고 역사철학자의 일은 그 역사가에 의해서 이룩된 사고를 대상으로 사고하는 일이다. 이 점을 콜링우드는 다음과 같이 말하고 있다.[11]

철학자에게 있어서 주의를 요구하고 있는 사실은 역사가에게 있어
서처럼 과거 그것만도 아니며, 또 심리학자에게 있어서처럼, 그 과
거에 대한 역사가의 사고 그것만도 아니고, 그들 양자를 그들의 상
호관계로 보는 것이다. 사고의 대상과 사고와의 관계에 있어서의 사
고는 단순 사고가 아니라 인식(認識)이다.

이 인용구를 놓고 볼 때, 우리는 역사가의 일을 역사에 대한 사고
요, 역사철학자의 일은 역사에 대한 인식(認識)이다. 즉 제2차적 사고,
반성적 사고, 또는 사고에 대한 사고는 다른 말로 인식이다.

콜링우드의 생각대로 역사학과 역사철학을, 역사가와 역사철학자
를 구별하고, 사고와 인식을 나누어서 생각할 때, 문제로 대두되는 것
이 있다. 즉, 역사철학자의 일이 역사가와 그가 사고의 대상으로 삼고
있는 역사적 사실과의 관계를 사고하는 것이라고 하면, 그 역사적 사
실은 어떤 것인가 하는 것이다.

일상적인 상식대로, 역사란 과거 사실의 기록을 말하고, 역사가란
그 기억을 통해서 과거의 사건·사실을 조사·탐구하여, 그것을 확인
하며 수집하고 정리하여 서술하는 일을 하는 사람이라고 한다면, 과
연 그 사건·사실들이란 어떤 것인가 하는 것이다.

인간의 행위가 없이는 역사적 사실이나 사건은 없다. 그런데 콜링
우드에 의하면, 인간의 행위는 그 인간의 의도·목적 등 사상의 표현
이다.[12] 그렇다면 역사가는 사상의 표현을 조사·탐구하고 그것을 확
인하며, 그것을 정리하여 서술하는 것이다. 다시 말해서 역사가도 사
상을 사고의 대상으로 삼고 있는 것이다.

만약 이것이 사실이라면 콜링우드의 역사학과 역사철학의 구별은

잘못된 것이다. 역사학도 사고에 대한 사고이고, 역사철학도 사고에 대한 사고이기 때문이다.

그러나 이 둘은 분명한 차이가 있다. 역사가가 그의 사고의 대상으로 삼는 것은 직접적인 역사행위, 이를테면 정치적 행위, 경제적 행위, 사회적 행위 및 문화, 예술, 종교 등에 관한 행위를 통해서 표현된 사고인데 비하여, 역사철학자가 대상으로 삼는 것은 위와 같은 직접적인 행위에 대해서 기록한 역사가의 사고라는 것이다.

설사 이 같이 차이를 인정하더라도 콜링우드의 생각에는 문제가 남는다. 왜냐하면, 이 이론대로라면 역사철학자의 사고가 제2차적 사고가 아니라 제3차적 사고가 되어야 하며, 역사가의 사고는 제1차적 사고가 아니라 제2차적 사고로 되어야 하기 때문이다.

역사가는 사건과 그 사건을 일으킨 인물의 사고를 사고하는 사고에 대한 사고를 하여야 하고, 역사철학자는 거기에 더하여 역사가의 사고에 대한 사고를, 즉 사고(행위자의 사고)에 대한 사고(역사가의 사고)를 하여야 하기 때문이다.

그럼에도 불구하고 콜링우드가 역사학을 제1차적 사고, 역사철학을 제2차적 사고로 규정한 것은, 그가 역사학을 그러한 반성적 사고를 하거나 할 수 있는 사람으로 보지 아니하고, 사건의 현장을 직접적으로 목격하고, 그것을 기록화 시킴으로써 이른바 역사를 후세에 남겨 준 기록자로 보았다는 것이다.

다시 말해서, 콜링우드가 말하는 역사가는 자연과학적 사고를 가진 사람으로 어떤 사건의 현장을 하나의 현상으로 보고, 거기에서 보이는 대로 기술해 놓은 사건의 기술자를 뜻하는 것이다. 이 점에 있어 콜링우드는 실증주의적 역사가의 존재와 가치 및 역할을 긍정적으로 본 것이다.

그러면서도 그는 적어도 역사를 올바르게 인식한다고 하는 것은 그들의 수준의 것으로는 미흡하고, 일보 더 나아가서 역사철학적인 인식에 도달하여야 한다고 주장하는 것이다. 그리고 이것은 실증주의적 역사학의 기조 위에다 크로체의 사상사 개념을 접합시킴으로써 역사학을 역사철학으로 승화시킨 것이다.

제3절
사상사로서의 역사과정

1. 살아 있는 본체로서의 역사

콜링우드에게 있어서, '모든 역사는 사상사'라는 말은 두 가지 의미로 해석된다. 하나는 역사가가 기술해 놓은 모든 역사나 역사서는 모두가 그 역사가의 사상을 피력하고 있다는 것이고, 다른 하나는 역사의 과정은 인간의 행위들로 구성되고 그 행위들은 행위자의 사상의 표현이므로, 역사의 과정은 결국 사상의 과정이라는 것이다.

여기서 전자가 역사를 어떻게 인식할 것이며, 어떻게 서술하여 역사를 사실 있었던 대로에 가깝게 묘사할 수 있는가 하는 문제를 제기하는 것이라면, 후자는 역사가 시작된 이래 현재에 이르기까지 전개되어 온 과정이 어떤 것이냐 하는 문제에서 비롯되는 것이다. 전자의 것은 앞의 절에서 실증주의에 반대하는 입장과 역사학과 역사철학을 구별하는 입장에 대한 설명으로써 약간의 이해를 촉구하였거니와 이번 절에서는 후자의 문제를 다룸으로써 앞의 두절과 앞으로 다시 논의하게 될 역사인식 방법론에 대한 기초를 제공하고자 한다.

다른 분야에 있어서도 마찬가지이지만, 특히 이 문제에 있어 콜링우드의 입장은 비코, 헤겔, 크로체의 선과 연결되어 있는 것이다. A.

도너간(Donagan)이 지적하고 있는 것처럼[1] 그는 스스로 헤겔의 제자임을 고백하고 있으며, 비코에 대해서는 다음과 같이 말함으로써 비코의 동조자임을 명백히 하고 있다.[2]

> 인간사회와 그 사회의 제 제도들의 기원과 발전의 역사로서의 비코의 역사의 개념에 있어서 우리는 처음으로 역사학의 주제가 무엇인가? 하는 데 대한 완전히 근대적인 견해에 도달한다.

그리고 콜링우드와 크로체의 관계는, 여기서 별도로 증거를 열거하면서 재론할 필요가 없을 정도로 직접적이고 밀접한 관계를 가지고 있다. 아니, 오히려 이 문제에 있어서 콜링우드는 거의 크로체의 것을 그대로 묵인하거나 답습하고 있는 형편이다. 그러므로 콜링우드는 직설적으로 이 문제를 언급하거나 별도의 장과 절을 설정해서 취급하지 않는다.

그러나 비록 콜링우드의 주된 관심이 발전의 문제에 있지 아니하고 인식의 문제에 있었다 하더라도, 인식의 문제도 발전의 문제를 전제하지 않고는 논의될 수 없는 것인 만큼 그 나름대로의 발전에 대한 생각을 갖지 않을 수 없다.

우리는 콜링우드의 역사사상을 고찰하면서 그가 본체로서의 역사, 과정으로서의 역사를 생각하고 있었다는 것을 발견하게 된다. 즉, 그는 역사의 과정을 하나의 생명과정 또는 생활과정으로 이해하여 다음과 같이 말하고 있다.[3]

> 역사적 사실은(그것이 실제로 존재하고 있는 대로, 그리고 역사가가 실제로

그것을 알고 있는 대로) 언제나 어떤 사물이 다른 사물로 변화되어 가고 있는 하나의 과정이다. 과정이 이 같은 요소가 역사의 생명이다.

L. O. 밍크는 이 같은 콜링우드의 생각을 염두에 두고, 이것을 '역사학의 이상'의 세 가지 원칙들 중의 하나라 지적하고,[4] 콜링우드는 역사를 변화의 과정으로 이해함으로써, 역사학의 대상들 중의 하나가 인류세계에 있어서의 제 사물들이 어떻게 현재에 이르기까지 흘러왔는가 하는 과정을 제시하고 있으며, 또 현재에 이르기까지의 과정을 구성하고 있는 요소를 인간의 제 행위들이라고 했다고 하였다.[5]

이와 같이 콜링우드가 과정으로서의 역사, 생명체로서의 역사를 인정하고 있는 것은 말할 것도 없이 비코, 헤겔, 그리고 크로체와 노선을 같이 하고 있는 바이다.

돌이켜보면, 이것은 비코가 제시한 바 'Ideal Eternal History(이상을 향한 영구적 발전의 역사)'의 개념에 뿌리를 두고, 헤겔의 정신변증법적 보편적 세계사의 개념, 그리고 크로체의 정신철학적 의미에 입각한 자유의 역사의 개념에서 영양분을 얻어 성장한 생각이다.

앞에서 우리가 논의한 비코의 사상에 있어서, 역사의 과정은 '진리의 자기표현 과정'이었다. 진리가 역사상 매 시대에 그 시대적 특징에 따라서, 그 시대의 특징이 규정되어 가는 것의 연속으로서의 과정이었다.

그런데 이 이론에 있어서 비코가 말하는 '진리'는 헤겔에게서 '정신' 또는 '이성'으로 대치되었고, '진리의 시대적 특징'은 '시대정신'으로 변경되었다. 그리고 이것은 다시 크로체에게서 다시 사용되었는데, 이때의 정신은 인간 외적인 어떤 외연적이고 초월적인 존재로서의 개념은 배제되었고, 오로지 역사상 각 시대에 스스로 표현되고 있는 인간들의 정신을 의미하는 것이다.

즉, 크로체가 말하는 정신은 역사 위에 군림하는 존재로서의 정신이 아니라, 헤겔의 시대정신에 해당되는 인간들의 정신이었다. 이러한 맥락에서 콜링우드는 '정신은 무한히 주어진 전체가 아니라 자기발견과 자기창조의 과정이다.'[6]고 말한다.

여기서 자기발견, 자기창조라는 말은 다분히 비코적인 것으로 생각되나, '정신은 무한히 주어진 전체가 아니다'고 한 것은 헤겔의 초월적이고 외연적인 절대정신 또는 세계사 정신의 개념을 배제하는 것을 뜻한다. 아니 배제하였다기보다 콜링우드는 이 문제에 대해서는 크로체가 그랬듯이, 인간의 관심 밖의 것으로 취급하였다.

그러므로 콜링우드에 있어 정신은 크로체에게서와 마찬가지로 인간의 정신을 말하는 것이며, 그것들로 구성된 매 시대의 그 시대정신을 뜻하는 것이다. 그리고 그에게 있어서 정신의 자기발견 및 자기창조로서의 역사과정은 인간들의 발견행위와 창조행위로 구성되며, 그러한 행위에 의해서 전개되어 간다. 간단히 말해서 역사는 하나의 살아 있는 본체를 지니고 있으며, 그 본체는 인간의 행위자로 구성되고, 또 그들을 통해서 전개·발전되어 가는 과정이다.

2. 역사과정은 변증법

정신의 본질은 그 자체가 변증법적이다. 이것은 비코에게서, 헤겔에게서, 그리고 크로체에게서 이미 명백해진 바이다. 따라서 콜링우드의 역사과정이 정신의 과정이라고 하면, 그것은 또한 변증법적인 것일 수밖에 없다.[7]

다시 말해서, 콜링우드가 말하는 역사의 과정이 인간의 제 행위들로 구성되고, 그 행위자가 인간의 사상의 표현이라고 할 때,[8] 여기서 문제로 되는 것은 그 사상을 규정하는 것이 무엇이냐 하는 것으로 된다.

이 질문에 대한 콜링우드의 답은 비코나 크로체의 그것과 거의 일치한다. 즉, 비코는 매 시대의 사상적 특징을 규정하는 것은 그 시대의 특수성이고, 그 특수성은 곧 그 시대의 인간들이 현재적으로 느끼는 필요성, 유용성이라 했으며, 크로체는 이를 보다 적극적인 것으로 강조하여, 매 시대에 사는 사람들이 갖는 '현재생에 대한 관심'과 그것에 의해서 설정된 역사적 과제 및 그 과제를 해결하려는 자유의지에 의하여 그 시대의 사상적 특징이 규정된다고 하였다.

그런데 콜링우드는 이것을 매 시대의 '고난을 극복하고자 하는 노력'에서 찾고 있다. 그는 이 같은 원리를 인간의 사상을 가장 여실하게, 가장 직접적으로 표현하고 있는 매 시대의 철학의 주제가 역사적으로 어떻게 변천되어 왔는가를 중심으로 구명하였다.

그에 따르면, 매 시대에 나타나는 철학의 주제는 그 시대 시대마다 나타나는 특수과제에 근거를 두고 있다는 것이다. 그리고 그 특수 과제란 어떤 주어진 시대에 인간들이 당면하고 있는 고난을 극복하려는 인식에 근거를 두고 있는 것이다.[9] 다시 말해서 매 시대에 인간들이 당면한 고난들은 그것을 극복하려는 의식을 유발시키고, 그 의식은 그들의 관심을 규정하고, 그 관심은 그 시대의 철학으로 나타난다.

여기서 중요한 것은 콜링우드의 철학의 개념이다. 우리는 앞에서 콜링우드가 철학을 하나의 학과목, 이를테면, 예술, 종교, 역사학 등과 구별되는 하나의 학문분야로서 취급하였음을 언급한 바 있다. 그러나 여기에서 언급되는 철학은 학문분야로서의 철학이 아니라, 그 학문분야에 대한 방향과 특징을 규정하는 그 시대의 관심의 가장 풍만한 결실이며, 그 시대의 가장 명백한 표현을 뜻하는 것이다.

따라서 그에 따르면 그 시대의 철학이 무엇이냐에 따라서, 그 시대의 특징적 철학이 강조되어 온 것이다.[10] 예를 들면, 그리스시대부터 A. D. 6세기까지의 시대에는 그 시대에 산 인간들이 철학적 관심의 초점이나 사고의 특수 과제가 수학에 있었고, 또 그것을 통해서 그 시대의 과제를 해결하고 그 시대의 고난을 극복할 수 있었다.

이와 같은 논리는 중세시대에 신학에 대한 강조나, 17세기 이후 19세기 초까지의 자연과학 및 자연과학적 사고방법의 주도적 역할에 대한 해석에도 적용될 수 있다.[11]

이와 같은 이론을 따를 때, 우리가 보통 '중세 철학은 신학의 시녀'이고, '17세기 이후의 철학은 자연과학의 봉사자'라는 등의 주장은 역으로 이해되어야 한다. 즉, 중세에는 철학이 신학의 시녀가 아니라, 신학이 당시대 철학적 관심의 소산이라는 것이다. 다시 말해서 주체는 신학이나 자연과학에 있지 않고, 철학 또는 인간의 관심이었다는 것이다.[12]

이상의 이론을 정리해 보면, 콜링우드의 역사과정이란 매 시대의 인간은 그 시대의 생활에 있어 고난에 직면하게 되고, 그 고난을 당한 인간들은 그것을 극복하려는 문제의식을 갖게 되고, 그 의식은 관심 또는 가치를 규정하게 된다. 그리고 그것들은 콜링우드가 일반적으로 말하고 있는 의도·목적 등의 사상으로 나타나고, 그 사상은 행위로 표현되어 역사적 제 사건들과 사실들을 이룩한다. 그리하여 이러한 사건들과 사실들로 엮어진 역사의 과정이 이루어진다.

그런데 콜링우드는 이러한 역사의 과정을 보다 낮은 수준에서 보다 높은 수준으로 발전되어 가는 것으로 보았고,[13] 어린이의 상태에서 어른의 상태로 성숙[14]되어 가는 과정으로 보았다. 역사의 진전에 따라 인간의 진리에 대한 인식도는 점차 심화되어 가고, 또 인간의 인식능력의 적용범위는 점차 확대되어 간다고 생각하였다.[15]

이렇게 이루어지는 발전의 양식은 변증법적이다. 그런데 콜링우드의 변증법적 과정은 지성사의 과정으로 설명된다. 즉, 서구의 지성사는 추상적인 것은 반복적 교차과정이었다는 것이다. 콜링우드는 그의 중기 저서인《정신의 반사경(Speculum Mantis)》[16]에서, 추상적이었던 플라톤 때의 경험의 형태 및 학문적 관심이 아리스토텔레스 때에 구체적인 방향으로 가서, 그 결과 수세기 동안 실재론적인 진리가 주장되었다가 중세에 이르러 다시 관념론이 지배적으로 된다.

그러나 중세 말기에는 이에 대한 반작용으로 유명론(唯名論)과 실재론(實在論)의 갈등이 생겨, 르네상스에서 드디어 구체적 사실에 근거한 실재론이 확립되었다는 것이다.

그리고 콜링우드는 이러한 지성사의 변증법적 과정을 일반화시켜 마치 비코가 진리의 표현양식이 신화 및 시에서 출발하여 형이상학, 그 다음에 경험과학으로 발전한다고 한 것과 마찬가지로, 지식의 형태를 예술, 종교, 과학, 역사, 그리고 철학으로 발전되어 왔다고 하였

다.[17]

이것은 결국 콜링우드가 비코의 것을 그대로 답습하여 그것을 다시 세분화시킨 것이다. 즉, 신화 및 시 등 인간의 순수한 상상력에 근거한 지식의 형태를 예술로, 형이상학을 종교로 각각 대치하였고, 경험과학을 자연과학과 역사학으로 세분하고, 나아가서 그가 특히 강조하는 바, 반성적 사고로서의 철학을 추가시킨 것이다.[18]

아무튼, 콜링우드에게 있어 역사, 특히 지적인 역사는 변증법적으로 발전되는 것이다. 그런데 변증법 이론에 있어서는 그 공식도 중요하겠지만, 그 과정을 추진시키는 원동력이 무엇인가 하는 것도 중요한 문제가 된다.

그런데 콜링우드 자신은 변증법이라는 용어는 많이 사용하였고, 그리고 위에서 언급하였듯이 지성의 발달과정을 변증법과정으로 설명하고 있으나, 구체적으로 그 과정의 원동력이 무엇이라고 단언적으로 말한 바는 없는 것 같다.

그러나 우리는 콜링우드가 무엇을 원동력으로 생각하였나 하는 것은 자명(自明)한 것으로 받아들일 수 있다. 그는 헤겔이나 크로체와 마찬가지로 '정신'을 중요시한 사람이다. 그러므로 그의 변증법은 정신변증법이다. 다만 문제는 정신의 어떤 요소가 그 원동력으로 작용하는가 하는 것뿐이다. 이 점에 있어 콜링우드는 크로체를 전적으로 따르고 있다.

콜링우드는 역사를 구성하고 있는 사건·사실을 일으키는 것은 인간의 행위이고, 그 제 행위들은 사상의 표현이고, 그 사상을 규정하는 것은 인간이 매 시대에 당면하는 고난이라고 하였다. 그리고 역사는 그 고난의 극복을 통해서 진전되어 가는 것으로 설명하였다. 그런데 그 고난은 언제나 새로운 고난으로 인간의 앞에 나타난다.

예술의 단계에서 생활하는 인간들은 거기에서 고난을 당하여, 그것을 극복하기 위한 노력으로 종교의 단계를 이룩해 놓았는데, 그것은 다시 인간에게 고난으로 나타난다. 때문에 그것을 극복하여 자연과학의 단계로……, 이렇게 해서 콜링우드의 시대에는 최종적으로 철학의 단계에 이른 것이다.[19]

여기서 정신의 본질은 나타난다. 인간에게 고난을 가져다 준 것은 신도 아니고, 절대정신도 아니고, 자연도 아니다. 그것은 정신 그 자체의 본질이 스스로 만든 고난이다. 여기서 정신의 본질은 언제나 그 앞에 주어진 현재적 상황에 만족하지 않고, 새로운 것, 보다 좋은 것, 보다 크고 아름답고 이상적인 것을 추구하는 것이다. 이것은 크로체가 자유라고 하였던 것이다.

자유라는 속성을 지닌 정신은 그것이 처하여 있는 역사상의 매 단계 또는 무대 위에서 자신의 속성을 발휘하여 스스로 고난의 장벽을 찾아내고 그것을 극복하기 위한 노력 또는 투쟁을 전개하여 새로운 단계, 새로운 무대를 만들어 낸다. 그러나 그것은 다음 세대의 인간의 정신을 고난의 장벽, 극복하지 않으면 아니 되는 대상으로 남는다. 그러나 이 같은 고난의 발견과 그 극복의 반복적 연속은 역사의 창조이며 인간의 자기발견 및 자기실현이다.

제7장

현재사의 개념과
그 인식방법

제1절

모든 역사는 현재사

  콜링우드의 사상 중에서 크로체의 사상과 가장 일치된 것으로 보이는 것은, 모든 역사는 현재사라고 하는 명제다. 그것은 콜링우드의 '고난과 그 극복'의 변증법적 원리가 크로체의 '현재생에 대한 관심'의 원리로 설명되는 변증법의 원리와 용어는 다를지 모르나, 실제에 있어 아무런 차이를 찾아볼 수 없을 만큼 동일하다는 데 그 이유가 있다.

  어떻게 해서 그 양자의 생각이 그렇게 동일할 수 있는가라는 의문을 갖는 독자가 있을 것이다. 그러므로 필자는 이를 밝히는 의미에서 두 사람이 현재사의 개념을 설명하는 문구를 각각 제시, 음미하고자 한다. 다음은 본 논문 제4장 제3절에 이미 인용한 바 있는 크로체의 문장이다.

> 일반적으로 '현재의 역사'라고 하면 ① 가장 최근의 과거라고 생각되는 시간 경과의 역사를 일컫고 있다. 여기서는 지난 50년의 역사나 10년의 역사, 1개월의 역사, 또는 바로 지난 시각, 아니 지난 순간의 역사라 해도 관계가 없다. 그러나 엄격하게 생각하고 정확하게 말하자면, 그 '현재'라는 용어는 그와 같은 데에는 적합지 않은 말

이다. 그 말은 성취되어지고 있는 행동 이후에 직접적으로 존재해 지고 있는 바로 그, 다시 말하면 ② 그 행동이 의식화되고 있는 바로 그 역사에 대해서만 적용될 수 있는 용어다. 실례를 들어 설명하면, ③ 그것은 내가 이 페이지를 구성한다고 하는 행동 중에 있는 동안, 내가 나 스스로 만들어 낸 역사다. 그러므로 그것은 그것을 구성한 다는 작업에 대한 필요성과 연결되어 있는, 내가 그것을 구성하고자 하는 사상이다.

그리고 콜링우드는 거의 동일한 언어로서 위의 크로체의 생각을 반복하고 있다. 다음은 콜링우드의 생각이다.[1]

모든 역사는 현재사다. ⓐ 이것은 현재사가 비교적 가까운 과거의 역사를 의미하는, 그러한 일상적인 의미에서 현재사를 뜻하는 것이 아니고, ⓑ 엄격한 의미에서, 어떤 사람이 실제로 그것을 실연한 대 로의 어떤 사람의 행위에 대한 의식을 뜻하는 것이다. 역사는 이와 같이 살아 있는 정신에 대한 자기인식이다. 역사가가 연구하고 있는 사건들이 지금으로부터 멀리 떨어져 있는 과거에 발생한 사건들일 때일지라도, ⓒ 그것들이 역사적으로 인식된 조건은 그 사건들이 역 사가의 정신 속에서 일렁이고 있는 것, 말하자면 그 사건들에 대한 증거는 그 역사가가 당면해 있는 현 장소 현재이며, 그 역사가가 인 지할 수 있는 것이다. 왜냐하면 역사란 책이나 문서들 속에 포함되 어 있는 것이 아니라, 그것은 오로지 현재적인 관심과 추적으로서, 역사가가 이들 문서를 비판하고 해석하고 또 그렇게 함으로써, 그가 탐구하고 있는 정신의 상태를 자기 자신의 정신 속에서 재생시킨 때 에, 그 역사가의 정신 속에 살아 있는 것이기 때문이다.

이상의 두 인용문에서 분명하게 나타나고 있는 것은 양자에 있어 ①과 ⓐ, ②와 ⓑ, ③과 ⓒ의 문장들은 각각 동일한 내용이라는 것이다. 다시 말해서 양자에게 있어 '현재'의 개념과 현재사의 개념은 아주 동일하며, 또 둘이 다 같이 사상의 역사의 개념을 지니고 있다는 것이다. 이와 같이 양자의 개념이 같다고 할 때, 구태여 콜링우드의 현재사의 개념을 재론할 필요는 없다. 이것은 크로체의 것을 참조하면 된다.

그럼에도 불구하고 콜링우드의 현재사의 개념을 다른 입장에서 약간 논의할 필요는 있다. 왜냐하면, 콜링우드의 현재와 크로체의 현재의 개념 자체는 일치하는 것이나, 그것이 누구의 현재이냐 하는 데는 차이가 있기 때문이다.

사상사의 개념에 있어서 크로체의 사상이 주로 역사를 연구하고 서술하는 역사가의 사상을 강조하는 것인 데 비하여, 콜링우드의 사상은 행위자의 사상과 그 행위자의 사상을 대상으로 하는 역사가의 사상의 이중적 사상인 것과 마찬가지로, 현재의 개념도 크로체에게 있어서는 역사가 자신의 현재가 강조되고 있는데 비하여, 콜링우드에게 있어서는 행위자의 현재와 역사가의 현재가 함께 하는 이중적 현재인 것이다. 그러므로 콜링우드에게 있어서는 이 두 개의 현재가 서로 일치할 수도 있고 상치될 수도 있다.

여기서 콜링우드는 이 현재사의 문제를 역사인식의 문제로 발전시켜 나아가는 이유를 발견하게 된다. 즉 역사가가 올바른 역사의 서술을 위해서는 그 역사상 인물의 현재를 있었던 대로 파악하고 그것을 인식할 수 있어야 한다.

그런데 역사가는 그 자신의 현재에 살고 있으면서 그 자신의 현재에 당면하고 있는 고난에 근거한 사상을 지니고 있는 관계로, 그 역사상 인물의 현재를 있었던 그대로 파악할 수가 없다. 그러므로 오늘의 우리가 역사철학자의 입장에서 올바른 과거를 이해하기 위해서는 그 역사가가 지니고 있는 사상과 그 역사상 인물의 사상을 분리시켜 인식하지 않으면 아니 된다.

　이것을 위해서는 행위자의 현재와 역사가의 현재, 또 그들이 각자 당면했었던 고난과 그것에 관련된 사상들을 재구성 또는 재연시켜야 된다. 그리고 역사가와 그 역사적 사실과의 관계를 추체험하여 봄으로써 이것은 가능해진다는 것이다.

제2절
사건·사실의 재연
(Re-enactment)

L. J. 골드스타인(Goldstein)의 평가와 같이 콜링우드의 현대 역사학에 대한 가장 큰 공헌은, 역사가는 과거의 사상을 재고(再考), 재연(再演)시켜야 된다는 주장을 내세웠다는 데 있다.[1] 필자의 생각에도 콜링우드가 크로체에 비하여 발전적인 점을 갖는다면 바로 이 점이라고 확신할 수 있을 것 같다.

앞에서도 언급한 바와 같이, 콜링우드는 크로체의 정신철학적 역사이론의 전수자이지만, 그러나 그것에 그치지 않고, 그는 크로체가 극단적으로 배격한 랑케의 역사서술의 이상(理想), 즉 'Wie es eigentlich gewesen'을 문헌으로서가 아니라 정신으로써, 사상사의 입장에서 실현하려 노력한 사람이다.

사상사적인 입장에서 과거를 있었던 그대로 인식한다는 것은 그 과거를 하나의 지나간 경관으로 보는 것이 아니라, 그 과거를 자신의 현재로 재현시킴으로써만 있었던 대로 인식할 수 있다는 것은 이론적으로 타당한 일이다. 문제는 이것이 어떻게 가능한가 하는 것이다. 이에 대한 방안으로서 콜링우드는 재연의 방법을 제시한다.

콜링우드는 그의 역사인식을 '역사가는 어떻게 또는 어떠한 상태에서 과거를 인식할 수 있는가?'하는 질문에서 그 출발점을 찾았다.[2] 그는 이 질문에 대한 답을 얻는 조건으로서, 첫째로 역사가는 인식할 수 있는 유일한 과거란 간접적인 또는 추리적인 것이지, 결코 직접적으로 경험할 수 없는 것이라는 점,[3] 둘째로는 역사가가 그의 간접경험 또는 추리적 경험의 매개로 삼는 전거(典據)들이라고 하는 것에 대해서 해야 할 일은, 그것들을 믿는 일이 아니라 그것들을 비판하는 일이라는 점 등을 내세웠다.

이 같은 조건들에 입각해서 역사를 인식한다고 하는 것은, 결국 매개체로서의 전거를 근거로 하여 과거의 상황과 그 속에서 이루어지는 사건·사실을 추리적으로 경험을 한다는 것을 의미하게 된다.

그런데 사건·사실들이란 그것을 이루어 놓은 인간들의 행위의 결과들이며, 또 그 인간행위란 의도·목적·사상의 표현이므로, 결국 역사의 인식이란 과거 어느 시대의 현재적 상황과 그 속에서 행동한 인간들의 의도·목적·사상을 역사가들의 마음속에서 재연시켜서 그것을 경험한다는 것을 뜻한다.[4] 이것을 콜링우드는 다음과 같은 실례를 들어서 설명하고 있다.[5]

예를 들어, 역사가가 테오도시우스 법전을 읽고 있는데, 어느 황제의 어떤 칙령을 그 앞에 두고 있다고 하자. 거기서 단순히 단어들을 읽고 있다는 것, 또 그 단어들을 해석할 수 있다는 것으로 그 단어들의 역사적 의미를 모두 인식하는 것이라고는 할 수 없다. 그가 그 단어들의 역사적 의미를 모두 인식하기 위해서 그는 그 황제가 취급하려 하였던 상황을 마음속에 그려 보아야 한다. 그리고 그는 마치 그 황제가 그것을 마음속에 그려 보았던 것과 꼭 마찬가지로 그것을 그려 보아야 한다. 그 다음에 그는 황제의 상황이 자기 자신의 상황인 것처럼 생각해서 자기가 그 황제의 상황에 있었다면 어떻게 처리했을까 하는 것에 대해서 스스로 반성해 보아야 한다.

즉, 그는 가능한 다른 방도를 알아야 하며, 다른 방도를 취하지 않고 어떤 방도를 선택한 이유를 알고 있어야 한다. 이와 같이 해서 그는 그 황제가 이 특수과정을 거쳐서 결심을 해 가게 된 과정을 통하여 자기 자신도 결심을 해 보아야 한다. 이와 같이 역사가는 자기 자신의 마음속에 그 황제의 경험을 지연시키고 있는 것이다. 그리고 그 역사가는 이와 같은 일을 할 때에 한해서만 역사적 인식을 하게 되는 것이다.

한마디로, 콜링우드의 올바른 역사인식은 인식의 주체가 인식의 객체가 된 과거 인물의 입장이 되어서 당시대의 현재적 상황을 추리적으로 경험해 보고, 그 경험을 기초로 하여 당시대의 고난을 체험하고, 또는 '현재생에 대한 관심'을 가져 보고, 그런 다음 그 고난이나 관심에 따라 과제를 설정해 보고, 그 해결방안을 생각해 봄으로써, 그 인식의 대상이 되고 있는 과거의 상황과 그 속에서 이루어진 사상, 즉 그 행위자의 의도·목적 등의 사상을 추체험함으로써 이루어진다는 것이다.[6]

이런 점을 생각할 때 콜링우드는 철저한 사고(思考)의 역사, 현재의 역사를 주장하고 있으면서도, 19세기 낭만주의적 역사가들의 역사에 대한 윤색, 날조를 배격하였음은 물론, 심지어 크로체가 주장한 역사가의 의식에 대한 강조 또는 실천을 전제로 한 역사학 등까지도 초월해서 객관적 역사에 접근하는 길을 마련한 사람이라 할 수 있다.

제3절
역사적 상상

　이상과 같은 인식방법은 어떤 개별적 사실을 인식하는 데에는 중요한 방법이다. 그러나 여기에 반드시 실행되지 않으면 아니 될 것은 그 시대의 상황에 대한 인식이다. 역사상 개별적 사건·사실은 결코 단독적인 것으로, 또는 단독적으로 발생하지는 않는다. 모든 사건·사실은 그 밖의 수많은 다른 사건·사실들과의 연관 관계 속에서 발생하는 것이며, 상황이란 이 같은 사건·사실들을 연결하고 있는 망상(網狀)조직에 있어서의 선과 그 선들로 구성된 그물연결망들과 같은 것이다. 따라서 상황에 대한 인식을 위해서는 사건들과 사실들로 엮어진 상상적 구조의 망(the web of imaginative construction)[1]이 요구된다.

　콜링우드는 역사가가 과거를 올바르게 인식하는 데는 전거(典據)들로 입증되는 사건·사실들로만은 부족하고, 그 사건·사실들이 이루어진 역사적 상황에 대한 상상이 필수적인 것임을 주장한다. 그리고 그 '역사적 상상이란 단지 장식적인 것이 아니라, 구조(構造)적인 것'[2]이라고 했다. 그리고 그는 이 역사적 상상의 비유를 그림에서 찾았다. 다음은 그에 대한 콜링우드의 설명이다.[3]

역사가가 그리는 그림의 주제가 일련의 사건이든 또는 사물의 과거 상태이든, 그 그림은 이와 같이 역사가의 전거들이 제공한 고정점과 점 사이에 펼쳐진 상상적(想像的) 구조(構造)의 망(網)으로서 나타난다.

이에 따르면, 역사적 사건·사실들이란 실로 과거의 역사화(歷史畵)를 그리는데 있어서 먼저 찍어 놓은 고정점들에 불과한 것이다. 왜냐하면 역사가들이 취하고 있는 과거 사실들이란 과거에 발생했던 모든 사실들일 수는 없고, 그중에서 어떤 경로를 통해서 그 역사가의 손에 잡혀졌던, 그것은 극히 적은 수의 사실들에 불과하기 때문이다.

그러므로 역사가의 일이 과거에 발생했던 어떤 특정된 개별적 사실, 또는 사건의 원자적(原子的)인 일을 확인하는 일로 끝나는 것이 아니고, 또 역사학이라는 것이 그러한 일들로 완성되는 것이 아니라, 과거를 구조적으로 이해하고, 과거를 하나의 형상으로 인식하는 것이라면, 역사가는 그 고정점들과 점들 사이에 상상(想像)[4]의 선을 그음으로써 역사의 상을 형성하여야 한다는 것이다.

이처럼 역사가가 상상력을 그의 무기로 삼지 않을 수 없다고 할 때, 역사가는 결국 소설가와 유사성을 지니게 되는 것으로 생각된다. 왜냐하면 '역사가나 소설가가 그들의 과업으로 삼는 것이, 한편 제 사건들에 대한 이야기이며, 한편 제 상황들에 대한 기술이며, 한편 의도·목적의 전개이며, 한편 인물들이 성격분석으로 구성된 어떤 종류의 그림을 구성하는 일'[5]이기 때문이다.

그러나 이 같은 유사성이 곧 일치를 뜻하는 것은 아니다. 이 두 사람의 방법은 유사할 수 있으나 양자가 지향하는 목표는 다르기 때문이다. 이 차이를 콜링우드는 다음 몇 가지 점을 들어서 설명하고 있다.

첫째, 소설가의 일은 그의 상상력을 허구로 상정(想定)하고, 그것을 묘사함으로써 자신이 표현하고자 하는 의미를 그 속에 담으면 끝나는 것이다. 역사가의 일은 그가 묘사하고 있는 사실들이 허구가 아닌 과거에 실제로 있었던 대로, 그 사건들이 과거에 실제로 발생했었던 대로 구성해야 한다는 것이다.

그러므로 소설가의 상상은 사후에 그 사실성을 입증할 필요나, 그 입증을 위한 증거의 조사·탐구를 필요로 하지 않으나, 역사가는 먼저 상상력을 동원하여 상황을 구성하고, 그것에 필요한 고정점으로서의 사건·사실을 설정한 뒤, 그 사건·사실의 사실성 및 진실성 여부를 입증하며, 그 입증에 요구되는 증거·자료를 조사·탐구하여야 한다. 다시 말하면, 이미 주어진 사건·사실이라는 고정적 점들과 점을 연결하는 선이 상상의 사실임으로 확인하는 사건·사실을 찾아내어야 하는 것이다.

여기서 역사가에게는 추리적으로 지식을 확보하는 능력이 요구되는 것이고, 역사학은 일종의 과학, 즉 추리적 과학이 되는 것이다. 여기서 추리적이란 사건·사실을 단독적인 것으로 보는 것이 아니라, 서로 연결되어 있는 것으로 보고, 그렇게 함으로써 기지(旣知)의 것에서 미지(未知)의 것을 논증해 낸다든가, 또는 특수사실로부터 보편적 사실을 도출해 낸다든가 하는 것을 뜻한다.[6]

그러므로 콜링우드에 의하면, 역사가가 올바른 역사를 서술하기 위해서는 이미 주어져 있는 전거에 만족할 것이 아니라, 그의 추론을 만족시킬 수 있는 자료를 적극적이고 능동적으로 찾아내어야 한다는 것이다.

그리고 반대로 아무리 많은 원천자료를 가지고 있다 하더라도, 그것이 이 추론에서 요구되고 있는 것이 아닐 때, 그것은 가치가 없는 것이다. 그러므로 그에 의하면 일반적인 실증적 역사가들(콜링우드는 이들을 가위와 풀의 역사가들이라 부른다)이 가장 가치 있는 것으로 취급하고 있는 원천사료에 대한 색인과 목록은 과학적인 역사가들에게는 전혀 필요가 없는 것이고, 오히려 이들에게 더 필요한 것은 그가 자기 자신의 전공논문의 출발점으로 삼을 수 있는 선배들의 논의에 대한 색인과 목록인 것이다.[7]

제4절
탐정으로서의 역사가

앞에서 우리는 역사가는 소설가와 마찬가지로 상상력을 동원하여 역사적 상황에 대한 추리를 하여야 한다고 했다. 그러면서도 역사가는 한편으로 소설가와는 달리, 그 추리의 근거로서의 사실을 확인하고 그것으로써 증거를 삼지 않으면 아니 된다고 했다.

그런데 콜링우드의 역사상에 있어서 중요한 것들 중의 하나는 바로 후자, 즉 역사가는 그가 서술하고 있는 역사의 구체적 사실을 조사·탐구하지 않으면 아니 된다는 것과 그것을 위한 방법에 있다.

콜링우드의 주장에 의하면 역사학은 일종의 과학이어야 한다.[1] 그리고 그것은 일종의 조사 또는 연구이어야 한다. 여기서 우리는 자칫 콜링우드가 실증주의적 입장(모든 학문은 과학적이어야 한다고 주장하는 입장)으로 돌아간 것이 아닌가 생각하기 쉽다. 그러나 결코 실증주의자일 수는 없다. 다만 그가 '과학'을 강조하고 있을 뿐인데, 그러나 그가 말하는 과학은 실증주의자들이 말하는 과학과는 본질적으로 다르다. 그는 과학이라는 용어에 대해서 다음과 같이 말함으로써 자신이 사용하고 있는 과학이 통상적인 의미의 그것이 아님을 암시하고 있다.

언어에는 통상적 용법이 있다. 마치 일반적으로 '홀(hall)'하게 되면

'뮤직홀(music hall)'을 의미하는 것처럼 이러한 용법에 따르면 '과학
(science)'이라 하면 '자연과학(natural science)'를 의미하게 된다.

실제로 우리가 일반적으로 통용하고 있는 '과학'이라는 용어는 자
연과학을 뜻하고 있으며, '과학적'이라 하면, 그것은 자연과학적, 이
를테면 자연법칙에 일치한다든가, 또는 실험, 관찰을 통하여 명백히
확인되는 것을 의미하고 있다.

그러나 본서 제2장, 제3장에서 언급한 바와 같이, 비코가 그의 저
서명으로 사용한 Scienza Nuova(새로운 학문, 신과학)의 Scienza는 결코
자연과학을 의미하는 것이 아니었고,[2] 오히려 데카르트의 자연과학
적 주장에 대한 반대적 의미마저 지니는 것이었다. 그러므로 콜링우
드가 사용하고 있는 과학이라는 용어는 그의 사상적 계통으로 본다
하더라도 자연과학을 의미하는 것이 아닐 것이며, 차라리 비코적인
과학을 뜻하는 것이다.

실제로 콜링우드는 이 문제에 있어 실증주의자들의 방법을 다음과
같이 비판하고 있다.[3]

> 자연과학이란 사실을 수집하는 것으로 시작하여 그것을 이론으로
> 구성시켜 나가는 것, 즉 이미 수집된 사실들 중에서 찾아낼 수 있는
> 패턴을 끌어내는 것이다.

이 같은 자연과학적 방법을 취하는 역사가를 콜링우드는 '가위와
풀'의 역사가라 지칭한다.[4] 그리고 그는 다시 이 같이 역사가가 무수
한 사실들을 수집해 놓고, 거기에서 어떤 패턴이 나오기를 기다리는

것을 '일종의 환각'[5]이라고 했다.

여기서 콜링우드가 말하는 과학의 의미는 분명해진다. 과학은 자연과학을 의미하는 것은 아니다. 그리고 이른바 귀납방법 방법론[6]에 따라 가급적 많은 구체적 사실들을 무의도적으로 수집해 놓고, 그것들로 하여금 스스로 어떤 패턴을 말하도록 하는 그런 것이 아니다. 콜링우드가 말하는 과학은 그 자체가 하나의 방법론을 뜻하는 것으로, '사고자가 스스로 의문을 제기하고 그에 대한 해답을 얻고자 하는 사고의 행태'[7]를 말한다.

그러므로 과학은 우리가 알지 못하고 있는 어떤 것에 집착해서 그것을 발견하고자 하는 노력으로 이루어진다.[8] 그리고 그것은 이미 주어진 자료에서 어떤 결론을 얻어내는 방법이 아니라, 미리 의문에 대한 답을 마음속에서 추리적으로 얻어내고, 그것을 입증할 수 있는 증거로서의 자료를 조사·탐구하는 방법을 취한다.

콜링우드는 이러한 방법의 구체적 실례로 그의 유명한 상상적 일화, '누가 존 도우를 죽였는가?'[9]를 통해서 설명하고 있다. 그것을 요약하면 다음과 같다.

존 도우가 피살당한 사건이 발생하였다. 그래서 그 살인범을 찾아야 하게 되었다. 표면상에 나타나 있는 많은 증거자료가 있었다. 스스로 범인이라고 자수하는 자, 또 범인과 비슷한 사람을 목격했다고 고발하는 자, 그 밖에 그 집의 주변, 그날의 일기 등. 그러나 그 증거자료들만으로는 범인을 확인할 수가 없다. 그러므로 조사관은 먼저 피살자의 신분, 성격, 생활행적, 그리고 죽을 때의 상태 등을 근거로 왜 피살을 당해야 했나를 생각해 내고, 그 피살의 이유와 관계있는 자를 살인자로 추정하고, 그것을 입증할 수 있는 증거자료를 찾아내어 그 법인을 확인한다는 것이다.

역사가는 일종의 조사관이다. 그에게는 스스로 범인이라고 자수해 오는 자나 허위 신고를 하는 자가 도움이 되지 아니하고, 오히려 조사에 지장을 준다. 마찬가지로 역사가들에게는 진실하지 아니한 자료들이 역사상의 진실한 사건을 파악하는 일을 방해하는 요소로 된다. 그러므로 역사상의 첫 번째 일은 단순히 어떤 진술이 진실 아님을 증명하였는데 그치지 아니하고, 그 진실 아닌 것 뒤에 있을 수 있는 진실한 사실이 무엇인가 하는 것을 확인하는 일이다.[10]

콜링우드는 사상사 및 현재사를 강조하고 있는 것이 사실이고, 또 역사상 추리를 강조하고 있는 것이 사실이다. 그러나 그의 사상사 또는 현재사의 개념은 역사가의 개인적 의도나 주의주장을 일방적으로 고집한다거나 또는 그것으로 역사적 사실을 윤색하여 그의 현재적 목적을 실현하고자 하는 실용적 역사를 뜻하는 것이 아니라, 랑케가 주장하고 있는 바 'Wie es eigentlich gewesen(과거에 있었던 대로)'을 현실화 시키고자 하는 노력에서 비롯된 것이라는 점이다.

이 점에 있어서 콜링우드는 랑케를 능가하고 있는 것이다. 왜냐하면 랑케는 그의 이상을 실현하는 방법으로 내세운 것이 오로지 문헌에 의존하는 것이었으나, 콜링우드는 사상적 추리를 통하여 '문헌적 자료의 허위성 뒤에 숨겨져 있는 역사의 사실성 및 진실성을 추적하는 방법'을 제시하였기 때문이다. 다시 말해서, 랑케의 'Wie es eigentlich gewesen'이 문헌자료를 있었던 그대로 옮겨 재(再)수록(收錄)함으로써 이루어지는 것이라면,[11] 콜링우드의 것은 사실 그 자체의 재연(再演)을 이루고자 하는 것이다.

제5절
역사적 인식

콜링우드는 실증주의적 인식방법을 완전하지 못한 것이라 주장하였고, 또 그것에 반대한 크로체의 인식방법론에 대해서도 불만을 갖고, 그것을 능가하는 방법으로써 앞에서 언급한 바, 재연(re-enactment)을 제시하였다. 여기서 그는 인식의 4단계를 설정하였고, 그중 최종적으로 가장 완벽한 인식으로서의 역사적 인식을 주장하였다.

그에 의하면 '안다'고 하는 것은 4단계로 나눌 수 있는데, 여기서 첫 번째 것, 즉 인지(認知)는 예술적 앎, 두 번째의 것, 즉 감지(感知)를 직접경험을 전제로 하는 자연과학적 앎 또는 실증주의적 인식론에 입각한 앎이라고 한다면, 세 번째의 앎, 즉 크로체적인 인식론에서의 앎은 실천적 행동적 앎이라 할 수 있으며, 마지막으로 인식은 콜링우드에 의해서 주창되고 있는 것으로 그것을 우리는 역사적 인식(認識)이라 규정할 수 있다. 그런데 콜링우드는 이 같은 인식은 반성적 인식이라 하였다.

그러면 구체적으로 반성적 인식이란 어떤 것인가?

자연철학자는 실증주의자들이 말하는 바, 과학적 인식이라는 것은 자연을 또는 사물을 물 자체(物自體=ding an sich)로서 인식하는 것이다. 그러나 이러한 인식은 물 자체적으로 존재하는 자연이나 자연적 사물에 대해서는 가능한 방법이나 인간을 인식하는 방법, 더욱이 무수한 인간의 생으로 구성된 역사를 인식하는 방법으로서는 적합하지 않다. 그것은 인식의 주체도 인간이고, 객체도 인간이기 때문이다. 인간과 인간은 서로 추체와 객체의 관계를 유지할 수 없다. 우리는 사랑하는 사람과 미워하는 사람을 동일한 관찰의 대상으로 취급할 수는 없다.

객관적으로 존재하는 사물의 존재를 인정함으로써 '아는' 데 그치는 인지(recognition), 그러한 사물을 감관을 통해서 관찰하고 그들의 공통성과 법칙성 등을 알아내는 감지(感知=perception : 여기서는 실험이라는 보조수단 등이 동원된다.) 사물들에 대하여 주체자의 의도를 가미하여 '아는' 의식(意識=consciousness),[1] 그리고 사물들에 대하여 알고 있는 자와 그 사물 자체와의 관계에 대한 사고를 통하여 알게 되는 인식(認識=knowledge) 등으로의 구분이 그것이다.

여기서 인지는 직관적인 앎이고, 감지를 무의도적이고 자연적인 앎이라 할 수 있고, 인식은 이상의 모든 앎의 종합, 또 앎의 마지막 단계로서의 앎, 즉 앎의 대상이 되고 사건·사실이 정치, 경제, 사회, 문학, 예술 등의 모든 요소의 종합적인 구성으로 이루어진 역사적 상황에 의하여 결정(結晶)된 것임을 인정하고, 또 역사적 시간관에 근거한 이론에 입각해서 얻어지는 앎을 의미한다. 따라서 이러한 역사적 인식은 앎의 마지막 단계이며 현재에까지 이루어진 인식론에서 얻어진 최선의 인식이다.[2]

사랑하는 사람을 관찰할 때 우리의 눈에는 장점이 많이 보이게 되고, 미워하는 사람을 관찰할 때, 우리의 눈에는 단점이 많이 보이게 되는 것은 어쩔 수 없는 일이다. 여기서 결국 인간이 인간을 객관적인 인식의 대상으로 삼는다는 것은 불가능해진다. 인간이 인간을 안다는 것은 우선적으로 그 두 사람 사이의 관계를 의미하는 것이 된다. 여기서는 실제로 주체와 객체의 구별이 있을 수 없다.

왜냐하면 소위 인식의 주체라고 하는 인간도, 객체라고 하는 인간도 마찬가지로 역사적 상황의 산물이므로 주체가 결코 초월된 입장에서 객체를 바라볼 수 없기 때문이다. 동일한 격류에 쓸려 떠내려가고 있는 두 인간 중, 어느 한 인간이 어떻게 다른 한 인간을 대상으로 바라다보고 있을 수가 있다는 말인가?

여기서 인간과 인간사에 대한 인식은 주체와 객체를 분류시켜 놓고서만 가능한 소위 자연과학적 인식방법으로서는 불가능하다는 결론을 얻게 된다. 그러므로 콜링우드가 지향하는 인식론의 목표는 종래의 자연의 개념으로부터 역사의 개념으로 가는 것이다.[3]

그러나 한편 크로체적인 의식도 콜링우드에게 있어 완전한 인식은 되지 못한다. 왜냐하면 그것은 물 자체(物自體=ding an sich)로서의 그 사물의 존재성은 완전히 무시한 채, 그 주체자의 사상, 목적, 의도만이 나타나고 있는 것이기 때문이다.

물론 역사학이라고 하는 것이 과거사실 자체를 올바르게 인식하는 데 그 목적이 있는 것이 아니라, 주체가 의도·목적하고 있는 것을 실천하기 위한 하나의 수단으로 끝나고 마는 것이라고 한다면(독일낭만주의자들이 주장한 애국적인 사관과 마찬가지로) 문제가 없겠으나, 진정으로 역사적 진리에 가급적 가까이 접근하고자 하는 아카데믹한 의미의 학문으로서의 역사학을 위해서라면, 그것은 합당치 못한 방법이다. 왜냐하면 역사가가 자신의 의지, 목적 등을 전제로 해서 역사를 서술한다면, 그는 우리가 이미 제2장에서 지적한 바와 같은 사실의 왜곡, 또는 그것에 대한 편파적이고 적대적 의식에 입각해서 서술하는 것이 합당한 것으로 되고 말기 때문이다.

예를 들면, 기독교도가 네로 황제를 악인의 상징으로 묘사한 일이나, 독일낭만주의자들의 쇼비니즘적 역사서술에 타당성을 제공하는 일이 될 것이며, 그렇다면 결국 역사학은 그 진리성을 외면한 체, 어떤 실천적 행위를 위한 수단이나 도구로 전락하고 말게 되기 때문이다.[4]

그러나 만약 역사학이나 역사서술이 결국에는 'Wie es eigentlich gewesen(과거에 있었던 대로)'으로서의 역사의 연구나 그 서술이 불가능한 것이라 하더라도, 역사학자나 역사가의 연구목표가 그것에 근접해 가는 것이라고 한다면, 그 완전한 근접을 불가능케 만드는 요소들을 가급적 제거하는 작업을 하도록 하여야 할 것이다.

콜링우드에 의하면, 이 같은 객관적 사실에 대한 접근을 가로막고 있는 장애요소들이란, 다름 아닌 그 사실들을 기록한 사람들의 의도·목적·사상들인 것이다. 그러므로 그들 장애요소를 제거하는 작업이란 그것들을 분석, 비판함으로써, 또는 그 객관적 사실들과 그 서술자와의 관계를 밝힘으로써, 그 객관적 사실들을 그 서술자들의 주관으로부터 독립시켜 그 서술자의 의도·목적·사상에 의해 오염되지 아니한 객관적인 사실 그 자체를 밝혀내는 방법을 생각해 내어야 한다는 것이다.

이와 같이 오늘의 역사가가 과거의 사실을 생각함에 있어서 그 과거 사실을 기록으로 남긴 자와 그 사실자체와 관계를 분석함으로써, 그 기록자의 입장을 스스로 체험해 보고, 또 그 사건·사실 속에서 주인공으로 등장한 인물의 입장을 스스로 체험해보는 것은 결국 시간적 간격을 넘어서서, 현재의 역사가에게는 과거 그 자체에 대한 직접적인 체험이 가능케 하는 것이 되고, 이것은 결국 자연과학자가 일전에 전개되고 있는 자연적 현상을 직접적으로 경험하는 것과 마찬가지로 정확한 인식이 될 것이다.

예를 들면, 네로 황제와 기독교적 역사가와 관계를 이해함으로써, 내가 기독교적 역사가였다 하더라도 기독교도를 박해한 네로를 적으로 취급하지 않을 수 없었을 것임을 추체험으로써 그러한 역사가에 의해 서술된 기록을 분석하고, 또 한편으로는 내가 만약 네로 황제의 입장에 있었다고 한다면, 로마 제국의 국기를 파괴하기 위해 도전해 오고 있는 기독교도를 '만인의 공적(公敵)'이라 선언하지 않을 수 있었겠는가를 반성함으로써, 우리는 여기서 그 기독교적 역사가의 사상 및 그것의 진실성과 네로 황제의 정치적 입장, 그의 정책, 그리고 그것들의 역사적 진실성을 함께 이해할 수 있을 것이다.

한마디로 콜링우드의 입장에서 양심적이고 진리에 근접해 있는 역사가라고 한다면, 네로에게 선이다 악이다 하는 라벨을 붙일 수 없다.[5]

이런 점에 있어서 콜링우드는 역사이론의 몰가치(沒價値)이론을 주장하고 있다. 그는 다음과 같이 이 문제에 대해 자문자답을 하고 있

다.[6]

> 이것은 역사가가 '선하다' '악하다'라는 용어의 사용을 포기하고, 그
> 의 도덕적 원칙을 잊고, 그리고 그의 가치에 대한 느낌을 버려야 한
> 다는 것을 의미하는가? (중략)
> 어떤 의미에서 그렇다. 확실히 그는 그의 연극 상 인물에게 선하다
> 악하다고 라벨 붙이는 일을 포기하지 않으면 아니 된다.

여기서 우리는 또 한 번 콜링우드의 생각이 크로체의 생각, 즉 선
악, 미추 등을 상대적 개념으로 본 크로체의 생각과 일치하고 있음을
확인하게 된다.

제8장

요약과 문제점들

제1절

자연과학적 진리에서 역사적 진리로

지금까지 우리는 크로체-콜링우드로 연결, 대표되는 이른바, 신이 상주의적 역사이론[1]이 어디에서 어떻게 시작하여 이들에게 이르렀으며, 그 이론이 지니고 있는 중추적 사상이 어떤 것인가 하는 것을 논의하여 왔다.

이제 이것을 포괄적인 입장에서 돌이켜 보면, 이러한 사조의 뚜렷한 특징은 반자연과학적 경향이었다는 것이다. 그러므로 우리가 이 사조의 원천이라 생각하여 본 논문의 단서로 삼았던 G. 비코는 R. 데카르트의 자연과학적 철학사상에 반기를 듦으로써 그의 문화과학 또는 인문과학을 근본으로 하는 역사적 사고 방법을 창시하였다.

그리고 헤겔은 비록 비코의 학문적 전통에 연줄을 지니고는 있으나 아직도 자연을 절대적 존재로 생각하는 데서 탈피하지 못하고 있었던 칸트 철학으로부터 자연철학적 요소를 배제하고, 거기에 정신철학적 요소를 보충함으로써, 이른바 그의 역사철학을 확립할 수 있었다.

여기에서 우리가 일반 철학사에서 이야기하고 있는 바, 독일 이상주의는 이루어진 것이며 이것은 일반 역사학에도 깊은 영향을 끼쳐

낭만주의적 역사학으로 일컬어지고 있는 민족주의적이고 종파주의적인 역사서술의 경향을 일으켰던 것이다.

그러나 이들의 이 같은 사상은 오귀스트 콩트로 대표되는 실증주의 사상가들과 L. V. 랑케로 대표되는 실증주의적 역사가들에 의하여 도전을 받지 않을 수 없었다. 비코와 헤겔의 철학이 르네상스 이래의 자연법사상에 대한 변증법적 반조정으로 이룩된 것이었다고 하면, 실증주의 및 그에 입각한 역사학은 비코 및 헤겔 철학에 대한 또 한 번의 반조정의 결과라 할 것이다. 이 같은 조정과 반조정의 대립투쟁은 다시 지속될 수밖에 없는 것이고, 여기에서 주장으로 등장한 사상가가 B. 크로체와 R. G. 콜링우드다.[2]

실증주의나 실증주의적 역사학은 인식에 있어 객관성과 정확성을 구한다고 하였다. 그러나 실제에 있어, 그것은 그것이 처하여 있었던 역사적 한계성을 벗어나지 못하였고, 그들이 말하는 객관성, 정확성이란 실제에 있어 그 역사적 한계성에 의하여 규정된 카테고리 속에 갇히어진 객관성이었고 정확성이었다.

그리고 그것은 다시 인간사에 있어서의 자연적 요소와 법칙성을 발견하려 하였으나, 그것은 기껏 그 발견을 시도한 사람의 정신 속에서 이루어진 자기 나름의 법칙이었을 뿐, 시공을 초월해서 보편적으로 적용될 수 있는 것은 아니었다.

특히, 실증주의에 영향을 입어 역사적 사건·사실의 객관적 인식을 목표로 하고 과거에 있었던 그대로의 역사를 서술하는 것을 이상으로 삼았던 이른바 실증주의적 역사학은 그 자체가 하나의 '고상한 꿈'이었음은 물론, 오히려 그것은 그런 것을 주장하는 사람의 주관을 강변하기 위한 방편에 불과했으며, 또 설사 사심 없이 그 이상을 실현해 보고자 하는 사람의 경우에서일지라도, 그것은 그런 주장에 의하여 사건·사실이 왜곡되어야 했고, 또 사상이나 철학으로부터의 독립을 선언했던 사람의 경우에서도 결국은 그 사람 자신의 주의주장, 즉 사상과 철학을 표현하는 결과를 가져왔다.

이 같은 현상은 B. 크로체의 눈에 그 자체가 하나의 사상사의 흐름으로 보였다. 자연과학적 방법론을 내세운 데카르트 등 자연법 사상가들의 주장도 그들의 시대가 요구함에 따라 그들의 사상을 주장한 것이고, 그에 반대하여 인간정신 및 인간역사의 중요성을 주장한 비코나 헤겔의 주장도 마찬가지로 그의 시대의 시대정신을 대변하고 있는 그들의 사상일 뿐이고, 또 그것에 반대한 실증주의 및 실증주의적 역사학도 그와 다를 것이 없는 것이다.

이런 점에서 모든 역사는 사상사이며, 또 모든 역사는 역사상 매 시대의 사상가들이 자기의 현재에 펼쳐져 있는 역사적 상황 또는 단계에서 당면한 문제를 해결하고자 하는 의도·목적 등 사상을 반영하고 있는 현재의 역사라는 것이다.

그러므로 본 논문에서 취급한 신이상주의적 역사이론의 골자는 ① 모든 역사는 사상사, ② 모든 역사는 현재의 역사라고 하는 것이었다. 그러나 이 두 개의 명제는 그것으로 끝나는 것만이 아니라, 이에 부수된 문제로서 위에서 언급한 바, 이들의 ③ 반실증주의 반자연과학적 경향, ④ 역사의 발전 및 그 발전되는 본체로서의 역사에 대한 문제, ⑤ 그리고 그것을 인식하는 방법 등의 문제가 부수되지 않을 수 없다.

이상의 제 문제들은 이들, 즉 비코, 크로체, 콜링우드가 다 같이 관심의 대상으로 삼았던 것이지만, 그것에 대한 생각은 각자가 약간씩 차이가 있다. 그러므로 본 결론의 지면을 효과적으로 활용하고, 또 본 논문의 요점을 정리하는 방법으로 이들 일치점과 차이점을 요점적으로 비교·검토하는 것이 좋을 것 같다.

비코, 크로체-콜링우드의 사상적 연계성

우선 이들의 생각은 자연과학적 및 실증주의적 사상에 대한 반대에서 비롯되었다. 거듭되는 말이지만, 이들은 다 같이 이 사상에 대하여 정면의 대결을 행한 사람들이라는 점에 있어, 공동의 궤를 취하고 있다. 그러나 이들은 각각 시대가 다르고 대적한 적(敵)이 상이하므로 그 이론상에 약간의 차이가 있다.

이를테면, 비코는 철저한 인식론적 입장에서 데카르트의 'Cogito ergo sum(나는 생각한다. 고로 존재한다.)'의 명제를 비판함으로써 'Verum ipsum factum(진리는 창조되는 것과 동일하다.)'의 명제를 세웠다. 그렇게 함으로써 그는 데카르트가 절대불변의 진리, 즉 시간, 공간상의 변화에도 불구하고 변화하지 않는 진리를 주장했음에 대하여 비코는 진리의 가변성을 주장하였다.

비코에 따르면, 절대적 존재로서의 진리는 처음부터 완전하게 인간에게 인식되는 것이 아니라, 역사상에 생활하는 인간의 정신의 인식능력에 의해서 부분적으로 표현되는 것이므로, 인간 정신의 인식능력, 그 주안점이 역사과정의 매 단계에 변천됨에 따라, 그 진리는 역사상 매 단계마다 다르게 표상된다는 것이다. 그리고 그의 주장에 의하면, 이 같이 진리가 역사상 매 시대가 진전되어 감에 따라, 보다 고등(高等)으로 표상됨에 따라 역사는 발전하게 된다는 것이다. 여기서 비코는 데카르트의 자연과학적이고 객관적인 인식이론에 대항하는 역사적이고 상대적인 인식이론을 형성하였다.

이상과 같은 비코의 인식이론 또는 역사주의적 경향은 독일철학자 헤르더를 통하여 칸트에게로 전달되고, 다시 헤겔의 역사철학을 통해서 꽃을 피우게 된다. 여기에서 비코의 이른바 진리는 정신 또는 이성이라는 용어로 대체되고, 비코에게 있어서의 역사상 매 시대의 단계 및 상황은 시대정신이라는 말로 전용되었다. 그리고 헤겔에게서는 역사란 절대정신 또는 세계사정신이 스스로 표상되어가는 과정이며, 그 발전은 매 시대의 시대정신에 의하여 이룩되는 것이었다.

이 같은 비코와 헤겔의 사상은 크로체에게로 연결된다.[1] 물론 크로체는 헤겔에 대한 관심이나 연구보다는 비코에 대한 관심이 더 컸고, 또 그에 대한 연구가 더 깊었다. 그러나 그것이 크로체가 헤겔의 영향을 입지 않았다는 말은 될 수 없다. 헤겔은 비코와 크로체의 중간적 역할을 하였다. 그러므로 크로체는 진리라는 말 대신에 정신이라는 말을 즐겨 썼고, 그의 철학을 정신철학으로 명명하게 했다.

크로체는 실증주의적 역사학을 사이비 역사학으로 규정하였다. 그 이유는 이른바, 실증주의적 역사가들이 주장하는 역사적 사실이나 사건을 서술함에 있어서 사상성을 배제한다는 것은 역사에서 생명력을 배제하는 것이라 그는 생각했기 때문이다. 다시 말해서, 크로체에게 있어서 역사의 사상성은 그 자체가 생명인 것이다. 여기서 크로체는 모든 역사는 사상의 역사이어야 한다는 주장을 하게 된다.

크로체에게 이 사상이란, 비코에게 있어 역사상 매 단계에서 표현되는 것이며, 헤겔에게 있어 시대정신의 표현인 것이다. 그러므로 그 사상을 규정하는 것은 역사상 매 시대에 사는 인간들의 느끼는 '현재생에 대한 관심'의 표현이다. 그리고 크로체의 이 '관심'이란 비코에게 있어서 '필요성' '유용성'과 같은 의미로 이해될 수 있는 것이다. 여기에서 크로체의 역사의 개념과 역사인식의 문제는 해결된다.

크로체의 역사의 개념에서는 외연적 존재로서 신이나 진리, 또 정신까지도 배제된다. 즉, 역사의 과정을 주도해 나가며, 그 과정을 통해서 자신을 실현 표현해 가는 것이 기독교에서는 신이었고, 비코에게서는 진리였고, 헤겔에게서는 절대정신 또는 세계사 정신이라 불리는 외연적 존재였으나, 크로체에게서는 이러한 존재를 인정하지 않는다. 역사는 다만 인간정신에 의해서만 전개되어 나가는 인간정신의 자기실현 과정이다.

인간의 정신은 언제나 자기 앞에 펼쳐져 있는 역사적 현실에서 현재생에 대한 관심을 갖게 되고, 그것에 따라 해결해야 할 과제를 설정하고, 또 그것을 해결하는 일의 반복적 과정을 통해서 보다 아름답고, 보다 완전한 상태로 진전되어 가는 것이다. 이 점에 있어 크로체는 또 비코와 일치한다. 즉, 크로체는 비록 역사 외적인 존재로서의 진리는 인정하지 않고 있으나, 역사상 매 시대마다 인간정신이 행하고 있는 과제의 설정과 그 해결로 이루어지는 변증법적 과정으로 설명되는 본체로서의 역사를 인정하였다. 그렇게 함으로써, 그는 비코가 말하고 있는 나선형적 형태의 'Ideal Eternal History(이상을 향한 영구적 발전의 역사)'에 대한 생각을 묵인하였다. 아니 그는 이것을 전제로 하여 그의 모든 역사이론을 전개시켜 나갔다.

여기에서 크로체는 역사가 무엇을 그의 연구 대상으로 삼아야 할 것인가를 말해 주고 있다. 그에 의하면 역사는 이처럼 인간정신이 작용하여 온 과정이므로, 역사의 인식은 그 인간정신에 대한 인식, 다시 말해서 인간정신이 역사상 매 시대마다 어떻게 작용하였는가를 인식하는 것이라는 것이다. 그런데 크로체는 인간정신을 인식하는 학문을 철학으로 규정함으로써 역사학과 철학은 동일 학문임을 주장한다.

크로체는 비코의 역사사상의 법통을 이어 실증주의자들의 주장을 일축하고, 정신철학적인 역사이론을 정립한 위대한 학자요 사상가다. 그러나 그는 강단에서 강의를 하고, 이를 위한 준비에 연연한 아카데믹한 학자는 아니다. 그는 스스로 정치계에 뛰어들었던 실천적 사상가였다.[2] 그러므로 그의 학문적 목적은 학문자체를 위한 학문에 있지 아니했고, 실천을 위한, 사상의 정립을 위한 경향이 강하였다.

그러므로 그에게는 진리에 대한 인식보다는 행동을 전제로 하는 의식이 더 중요했다. 그러므로 그가 제창하고 있는 '모든 역사는 사상사', '모든 역사는 현재사'라는 명제에 있어서 '사상사', '현재사'의 개념을 표상적인 것으로 보려는 데 그치지 아니하고, 그보다 진일보하여 그 당위성을 주장하는 데까지 이르렀다.

크로체에 의하면 역사가의 연구대상도 과거에 생활한 인간들의 사상이라는 의미에서 모든 역사는 사상사이지만, 또 한편 역사가가 그와 같은 대상을 연구하고 서술하는 행위 그 자체도 하나의 사상적 활동이어야 한다. 그러므로 사상가는 생명이 없는 역사적 사실에 역사가의 사상을 취입시킴으로써 사상성이 깃든 생명이 있는 역사로 만들어야 된다는 것이다.

이 때문에 크로체에게 있어 사상사란 역사가가 어쩔 수 없어서 그의 시대의 사상을 표현하고, 그 시대의 현재적 관심에 입각한 역사를 쓰는 것이 아니라, 역사가도 한 사람의 행동인이기 때문에 마땅히 그는 그 시대에 주어진 문제를 해결하기 위한 실천행위로서의 역사서술을 하여야 한다는 것이다.

그리고 역사가도 그의 앞에 주어진 '현재생에 대한 관심'에 따라 행동하여야 하므로, 그 행위로써 이루어지는 역사서술은 과거를 서술하는 것이 아니라, 현재 관심을 표현하는 것이어야 한다는 것이다.

이상과 같은 크로체의 사상사 및 현재사의 개념은 명확한 역사의식이 포함되어 있는 것으로 사실을 인식함에 있어서 현실성을 옳게 파악하고 있다는 점에 있어서 중요한 의미를 지닌다.

그러나 이것은 지나친 실천적 의지를 앞세운 결과, 자칫 사물의 객관성을 근본적으로 무시한 채, 자칫 학문, 특히 역사학을 정치적 행위의 수단으로 전락시킬지도 모른다는 우려를 빚어내지 않을 수 없다. 이에 대해서 콜링우드는 그 시정을 요구하며 나섰다.

콜링우드는 반실증주의적 입장을 취한 점에 있어 크로체보다 더 철저하였다. 그는 우선 역사과정을 자연과정으로부터 분리시킴으로써 실증주의로부터 역사학이 독립하는 단서를 마련하였고, 이에서 더 나아가 인간사 가운데서도 자연적 인간사와 역사적 인간사를 구별하였고, 또 인간의 심성 가운데서도 심리학적 요소와 순수한 인간 정신적 요소, 즉 순수하게 역사적 행위의 근거가 되는 의도·목적 등 사상으로 나타나는 정신적 요소를 구별해냄으로써 크로체에게서 주장된 사상사의 개념을 더욱 명확하게 규정하였다.

그뿐만 아니라, 그는 크로체와 마찬가지로 외연적 존재를 역사 속에 끌어들이기를 거부하여 더욱 크로체에의 접근을 밀접하게 하고 있다. 즉 콜링우드의 주장에 따르면, 역사란 크로체의 경우에서와 마찬가지로 인간정신의 자기실현과정 또는 인간의 자기발현, 자기인식의 과정이다. 그리고 이러한 과정으로서의 역사는 역사상 매 시대의 인간들이 자기 앞에 당면해 있는 고난을 발견하고, 그것을 극복해 나가는 일의 반복과정이다. 즉 매 시대의 인간들은 그 시대의 고난을 발견하고, 그것을 극복하려는 노력 속에서 그의 가치·의도·목적이 규정되고, 그것에 근거한 제 행위들에 의해서 역사의 과정은 이루어진다는 것이다.

이 점에 콜링우드는, '현재생에 대한 관심'에서 그 시대에 해결해야 할 과제를 설정하고, 그 과제의 해결을 위해 사상, 즉 가치의식 등을 갖게 되고, 그 사상 및 가치의식에 따라 실천행위를 하게 되고, 실천행위에 의해서 역사는 진전되어 간다고 하는 크로체의 이론이나, 그 이전에 유용성이나 필요성에서 단서를 잡은 비코의 이론과 다를 것이 없다. 더욱이 콜링우드는 비코나 크로체가 주장, 묵인해온 역사의 나선형적 발전과정을 잠정적으로 인정하여 역사가 진전되어 감에 따라 인간의 인식범위, 즉 세계와 인간의 인식 심도(深度)가 확대되고 심화(深化)되어 간다고 하는 것을 주장하였다.

그러나 콜링우드에게는 크로체와 다른 점이 있다. 그는 크로체의 실천을 전제로 하는 역사학에 대하여 반대의 의사를 보여주고 있다. 즉 위에서 언급한 대로 크로체는 현재사 및 사상사의 당위성을 주장하고 있으나, 콜링우드는 그것의 필연성을 주장하고, 그 필연성으로부터의 탈피를 노력하였다는 것이다. 우선 크로체의 사상이라는 용어의 개념과 콜링우드의 것은 서로 다르다. 크로체는 모든 역사는 사상사이며, 동시에 역사는 철학과 동일한 것이라 하였는데, 콜링우드는 역사학을 엄연히 철학과 구별하였으며, 더욱이 역사철학을 역사학과 구별하였다. 즉, 콜링우드는 역사학에 있어서의 '철학'을 특수한 사고형태, 즉 반성적 사고로 가정하여 일반 역사가가 행하는 사고의 형태와 구분하였다.

역사가의 사고는 역사서술에 필요한 사건·사실을 직접적인 대상으로 하는 제1차적인 사고인데, 역사철학의 이른바 반성적 사고는 역사가에 의해서 서술, 기록된 사건·사실을 사고하되 그것을 직접적으로 하는 것이 아니라, 그것을 서술, 기록한 역사가의 사고를 대상으로 사고하는 사고에 대한 사고, 즉 제2차적 사고를 말한다.

여기에 암시하고 있는 콜링우드의 생각은 역사가는 그가 역사서술을 함에 있어서 어쩔 수 없이 자신의 사고, 즉 의도·목적을 지니고 그것을 하였다. 그러므로 이미 서술된 사건·사실은 이미 과거에 있었던 그대로의 사건·사실일 수는 없다. 그러므로 오늘의 우리가 그것들을 과거에 있었던 그 상태대로 직접 경험하기 위해서는 그 역사가가 그 사건·사실 속에 개입시킨 의도·목적 등 사상을 추체험함으로써 그것들을 배제시킨 가운데 그 사건·사실에 접근하여야 한다는 것이다.

이 점에 있어 콜링우드는, 문헌을 있었던 그대로 수집, 배열함으로써 그 문헌자료들로 하여금 스스로 과거를 증언토록 하여야 된다는 랑케의 이상을 사상사적 입장에서 시도한 것이고, 그렇게 함으로써 랑케보다 더 객관적 진수에 접근할 수 있는 길을 열어놓은 것이다.

제3절
공헌한 점들

　이상에서 요약된 비코, 크로체-콜링우드의 역사이론 체계를 돌이켜 볼 때, 우리는 그 이론에서 몇 가지 공헌한 점과 문제점을 발견하게 된다.

　먼저 공헌한 점을 살펴보면, 크로체의 정신일원론의 확립과 콜링우드의 역사적 인식방법으로서의 반성적 사고, 그리고 객관적 역사에로의 접근법으로서의 ① 사건·사실의 재연, ② 역사적 상상 방법, ③ 역사가의 탐정 기능 등에 대한 생각의 창출이다.

　실로 서양사상사에 있어서는 성 아우구스티누스가 이원론을 도입한 이래, 마르크스에 이르기까지 이를 탈피하지 못한 채 있었다. 그러나 이제 크로체는 그의 정신철학적 역사이론을 통하여 이를 탈피하였을 뿐만 아니라, 정신일원론을 확립한 것이다. 그리하여 그는 자연이나 물질적 세계를 보되, 인간정신에 의하여 투영된 자연이나 물질로 인식하여 그것들을 정신에 귀속시켰고, 미(美)와 추(醜), 진(眞)과 위(僞), 선(善)과 악(惡)을 각각 분리·대립된 것으로 보지 아니하고, 보다 못한 것에서 보다 낫고 보다 완전한 것으로의 이행과정에 있는 것으로 보았다. 이것은 물질을 정체적인 것으로 보지 아니하고 동적인 것, 발전적인 것으로 보는 역사주의적인 입장에서 마땅히 귀결되어야 할 결론인 것이다.

다음 콜링우드의 공헌인데, 콜링우드는 랑케 이래 역사가들에게 가장 중요한 과제로 주어져 왔던 역사의 진실을 밝힐 수 있는 길을 열어 놓았다. 즉, 그는 역사가의 탐정(探偵)적 수사법을 창안함으로써 역사가가 어떻게 수많은 장애(障碍) 요소와 오류로 유도하는 유혹을 물리치고, 있는 그대로의 과거사실에 접근할 수 있는가 하는 방법을 제시하였고, 역사적 상상방법을 제시하여 과거사실을 사실 자체만으로 확인하는 데 그치지 아니하고, 그것들의 상호관계에 따라 연결되어 이룩된 '상상적 구조의 망'을 통하여 그 사건·사실들이 발생하였던 사회구조, 문화적 환경 등 과거의 사회적 분위기를 재연시킬 수 있는 방법을 마련하였다는 것이다. 그렇게 함으로써 우리가 과거의 인물들의 사고를 재연할 수 있는 근거를 마련하였다는 것이다.

더욱이 콜링우드의 공헌들 중에 중요한 것은 그가 이상과 같은 역사에 대한 객관적 인식을 위한 노력의 배경이 되고 있는 그 나름대로의 인식에 대한 개념이다.

그에 따르면, '앎'이라고 하는 것은 인지, 감지, 의식, 그리고 인식의 4단계로 구별된다. 여기서 인지란 직관적인 앎으로 예술가들이 사물이나 그 밖의 형이상학적인 것을 순간적으로 포착하는 앎을 말한다. 감지란 우리의 오관을 통하여 행하는 구체적 사물에 대하여 아는 것으로 이것은 자연과학자의 앎이다. 의식은 의도, 의지를 지닌 자의 앎으로 이것은 실천을 전제로 하여 아는 앎이다. 그리고 마지막의 앎은 역사철학자의 앎이요, 이것은 반성적 사고를 통하여 인식대상과 인식

주체자의 관계를 인식의 대상으로 삼는 제2차적 인식, 즉 역사적 인식이다.

이와 같은 인식의 단계적 발전에 따라 콜링우드는 마치 비코가 인간정신의 시대적 발전에 따라 무지의 형태가 시적 또는 신화적 단계, 형이상학적 단계, 경험 과학적 단계로 구분하여 그것을 역사발전의 단계, 또는 시대구분의 기준으로 삼았던 것과 마찬가지로, 역사를 예술적 단계, 종교적 단계 과학적 단계, 역사적 단계, 철학적 단계로 구분하였다.

여기에서 오늘의 시대가 역사적, 철학적 단계, 또는 역사철학적 단계에 위치해 있다고 할 때, 오늘의 우리의 인식은 순수하게 경험을 내세우는 감지나 또는 맹목적인 행동가들의 선동에 놀아나는 의식에 사로잡히는 단계를 넘어서서 화자(話者)와 그 대상과의 관계를 이해하고, 그 화자의 진의(眞意)와 그 대상의 진면목을 옳게 판별할 수 있는 역사적 인식에 입각한 판단에 의한 것이어야 할 것이다.

제4절
몇 가지 논쟁점들

우리는 위에서 비코와 크로체-콜링우드의 역사이론을 비교적 긍정적 차원에서, 그리고 가급적 심층적으로 이해하려는 입장에서 고찰하여 왔다. 그러나 사상에 있어 어떠한 사상이라 하더라도 전혀 문제가 없는, 또는 전혀 반대이론이 있을 수없이 완벽한 것이란 있을 수 없는 것이다. 또 그 사상가의 입장에서 볼 때, 완벽한 것으로 생각되어지는 것이라 하더라도 다른 측면에서, 다른 경험 대(帶) 또는 다른 가치기준에서 볼 때, 반론의 여지는 있게 마련이다.

이런 점을 감안할 때, 이제 우리의 논의는 비코와 크로체-콜링우드의 역사사상에 대한 몇 가지 논쟁점을 살펴봄으로써 본 논문의 마지막 결론을 내리는 단계를 밟아야 할 것이다.

첫째, 이들이 주장하고 있는 상대주의의 문제다.[1] 진리의 절대성을 주장하지 않을 수 없는 자연과학적 방법론으로부터 역사학을 독립시키고자 한 이들의 상대주의적 입장에서 서 있었다고 하는 것은 당연하고 타당한 일이다. 실제로 이들은, 모든 지식은 역사적으로 다르게 나타난다고 하여 역사적 상대주의를 선언하고 있는 것이다. S. 툴민(Toulmin)은, 이들 중 콜링우드는 역사적 상대주의의 매력에 빠져들었

다고 지적하고 있다.[2]

그런데 이러한 역사적 상대주의에 따를 때, 모든 지식, 또는 모든 진리의 인식은 역사적인 것일 수밖에 없다. 다시 말하면, 이미 비코에 의해서 명백히 밝혀진 대로 지식이나 진리는 그것이 절대적인 것일 수 없고, 다만 역사상 매 단계에서 그 단계의 시대적 특징에 따라 상대적으로 표현되고 있는 것에 불과하다. 이것은 인간사에 관련된 지식이나 진리에 한하는 것이 아니라, 자연에 관련된 것에 있어서도 마찬가지다. 다시 말해서 자연과학도 그것이 인간에 의하여 인식된 것인 한 그것은 역사적이고 상대적인 것이다.

여기에 이들의 자가당착적인 면이 노출되고 있다. 즉, 이상의 상대주의적 이론을 거꾸로 적용하면, 모든 지식이나 진리는 그것이 주장되고 있던 역사적 단계 또는 시대에 있어서는 절대적인 것으로 생각되었다는 것이다. 예를 들어, 데카르트가 생각한 'Cogito ergo sum(나는 생각한다. 고로 존재한다.)'에 근거한 인식이론은 그의 시대에 있어서는, 적어도 비코의 반론이 등장하기 전까지는 절대적 진리로 확정되었다고 하는 점이다. 왜냐하면, 그것은 진리가 그 시대에 있어 표현될 수 있는 최대, 즉 절대적 방법으로 표현된 것이기 때문이다. 이것은 19세기의 실증주의에 있어서도 마찬가지로 적용될 수 있는 원리다.

그렇다면, 비코나 크로체는 데카르트나 실증주의적 역사가들의 주장의 그릇된 점을 지적할 수는 있어도, 그것들을 '사이비' 등의 낙인을 찍을 수는 없는 것이다. 또 콜링우드의 경우도 마찬가지다. 즉, 콜링우드는 역사학의 조건을 4가지로 설정해 놓고,[3] 매 시대의 역사학에다 그 조건을 대입시키고, 준(準)역사 또는 과학적 역사학이니 하여 매 시대의 역사학을 평가하고 있는데,[4] 그 자체가 스스로 절대주의의 입장에서 행하는 처사다.

그가 진실로 그의 이론대로 그의 역사학의 역사를 서술하려 한다면, 그는 매 시대의 역사학을 그 시대로서는 최선의 역사학으로 설정하는 자세로서 기술하였어야 했다. 그럼에도 불구하고 그렇게 하지 못한 크로체나 콜링우드는 자신들이 대상으로 삼는 인식자체는 상대주의적인 것으로 이해하였으면서도 그들 자신의 주장이나 기준 등은 절대적인 것으로 고집하는 자가당착적 모순에 빠져 있는 것이다.

둘째, 모든 역사는 사상사라고 하는 명제의 문제성이다. 우선 여기서 문제가 되는 것은 과연 역사가 순수하게 인간의 정신, 그것도 콜링우드에게서처럼 일체의 자연적 요소를 배제한 인간정신, 즉 의도·목적 등 사상에 의해서만 만들어지는 것이냐 하는 것이다.[5] 더욱이 유물변증법에 입각한 역사이론을 중심으로 하는 사상체계가 현재 지구의 반을 차지해 있고, 또 자유진영에 있어서조차도 많은 학자들이 사회경제사적인 경향을 취하고 있는 현실을 놓고 볼 때, 과연 그러한 이론이 얼마나 호응을 얻을 수 있는 것이냐 하는 것이다.

그러나 이 문제에 있어 우리가 생각해야 할 것은 이들이 결코 역사가 이루어짐에 있어서 자연적 요소를 배제한 것이 아니라는 점이다.[6] 비코는 물론, 크로체나 콜링우드도 역사자체의 구성에 있어 물질적 또는 자연적 요소를 배제한 것이 아니고, 다만 그들이 정신을 역사발전의 주체로서 강조하였을 뿐이라는 것이다.[7]

이를테면, 물질이나 자연적 요소가 없이는 인간은 생존할 수 없고, 인간이 생존할 수 없다면 역사는 있을 수 없음이 분명하지만, 정신성이 결여된 인간이나 물질적 조건이나 자연적 조건만으로는 역사는 창조될 수 없다는 것이다. 즉, 유물변증법에 있어서 이중구조를 설정해 놓고 물질적 및 자연적 구조로서의 하부구조가 정신적 구조로서의 상부구조를 규정함으로써 역사의 변개가 이루어진다고 주장한 데 비하여, 이들의 주장은 반대로 상부구조가 역사창조의 주체라는 것이지, 하부구조의 존재를 부정한 것은 아니라는 점이다.

다음의 문제는 이상의 것과 관련된 것이지만, 과연 실제로 모든 방면의 역사연구나 역사서술에 있어서 이들의 사상사의 개념 또는 현재사의 개념이 적용될 수 있느냐 하는 것이다. 즉, 행위자와 그의 의도·목적 등이 뚜렷한 정치사는 전쟁사, 그리고 철학사나 예술사 등에 있어서는 그의 사상사 개념이나 또는 그의 방법이 적용될 수 있고 또 적용하기에 용이하겠으나, 경제사와 같이 대중의 생활을 근거로 할 수밖에 없는 사항 등을 취급해야 하는 역사학에 있어서는 그것이 어렵지 않은가 하는 것이다.[8]

사실 따지고 보면 모든 역사를 사상사로 보는 역사이론은 어쩔 수 없이 영웅주의 사관을 따르지 않을 수 없다. 실제로 자기 나름의 의도·목적 등의 사상을 가지고 그것을 실현하기 위한 행위를 함으로써 역사발전에 영향을 끼칠 수 있는 것은 탁월한 정신력을 지닌 엘리트의 역사일 수가 있는 것이다. 크로체와 콜링우드의 역사관은 이런 의미에 있어서 엘리트 사관(史觀)인 것이다.

그러면 실제로 역사는 오로지 엘리트에 의해서만 이루어지는 것이냐 하는 것이다. 이 문제에 대해서 E. H. 카(carr)는 이러한 콜링우드의 견해를 오류로 지적하고, '역사상에 두드러지게 나타나는 인물들, 예를 들면 와트 타일러(Wat Tyler)나 푸가체프(Pugachev)와 같은 인물들이 역사상에서 이룩한 역할이란 그의 개인적 사상에 기인하는 것이 아니라, 그들을 따르던 농민대중에 기인되며, 당시의 사회현상으로서 그들은 의미가 있다'고 하였다.

E. H. 카의 이 같은 주장에는 상당한 타당성이 있다. 그리고 그의 이 주장 속에 포함되어 있는 이른바 사회경제사적 문제는 오늘의 역사학에 있어 새로운 문제로 되어 있는 것도 사실이다.

그러나 문제는 E. H. 카가 콜링우드의 사상사 및 현재사의 개념을 피상적이고 일면적으로 이해하고 있었다는 데 있다. 우리는 본 논문 제4장 제2절에서 '사상적 구조의 망'과 그 속에서 이루어질 수 있는 역사상 한 시대의 역사적 상황에 대한 인식을 논의한 바 있다. 이것을 염두에 둘 때, 우리는 역사학에 있어서 인식해야 할 한 시대의 상황이란 어떤 엘리트적인 개인의 상황일 수는 없고, 그것은 필연적으로 사회경제사적인 분위기일 수밖에 없다는 것을 생각하게 된다.

E. H. 카의 말대로 와트 타일러나 푸가체프는 그들 개인의 역량만으로는 난을 일으킬 수 없다. 여기에는 그들을 추종한 수없이 많은 대중이 있었기 때문에 그러한 대사건이 일어날 수 있었던 것이 확실하다. 그러나 대중은 대중이라는 집합적인 이름 밖에 개별적인 이름이 없다. 그리고 그 대중은 구체적인 의도나 목적을 갖지 않는다. 다만, 그들은 전체적으로 움직였을 뿐이고, 그렇게 해서 결과적으로 어떤 목표에 도달하기도 하고, 때로는 중도에서 해산되어 버리기도 한다.

그러면 이러한 대중의 운동을 역사가는 어떻게 인식할 것이며, 어떻게 서술할 수 있겠는가? 다만, 비가 온 후 물방울이 모여서 시냇물이 되고, 시냇물이 모여서 강물이 되고, 강물이 둑을 무너뜨렸다고 기술하는 것과 같이 하나의 자연현상으로 인식하고, 기술하고 말아야 할 것인가? 아니면 이 운동의 주인공을 내세워서 그 대중을 대표하는 것으로 기술해야 할 것인가?

우리는 분명, 아메리카 합중국의 민주정치의 시작이 조지 워싱턴의 개인적인 능력과 개인적인 의도나 목적에 의해서만 이루어지지 않았음을 안다.[9] 그리고 설사 당시의 워싱턴이 독재나 전제정치체제를 만들어 장기집권, 또는 세습적인 집권을 하려는 의도나 목적을 가지고 있었다 하더라도 당시의 아메리카 인들의 정신과 사회 및 경제적 구조를 놓고 볼 때, 결코 그가 그 의도나 목적을 실현할 수 없었을 것임을 확인할 수 있다.

그러나 우리는 아메리카 역사를 논의하거나 서술함에 있어서 워싱턴의 민주적 의식과 또 민주공화정을 실험적으로 실현해 보겠다고 한 그의 취임연설문이 그가 대통령이 되어서도 '각하'라든가, 심지어 '장군'이라고 하는 호칭조차 사용되는 것을 거부한 워싱턴 개인의 민주의식에서 아메리카의 민주주의를 설명하지 않을 수 없는 것이다.

설사 워싱턴이 아메리카 대중의 한 사람이었고, 그의 그와 같은 민주주의 사상이 아메리카 대중들의 일반적인 의식과 사상의 표현이었다 하더라도, 우리는 그것을 막연히 대중이라는 이름으로 그것을 설명할 수는 없는 것이고, 어쩔 수 없이 우리는 그것을 조지 워싱턴의 사상으로 표현할 수밖에는 없다. 다만 대중에 대한 언급은 그의 사상의 배경으로밖에는 될 수 없다. 우리는 어떠한 대중 집단 중에서 가장 평범한 사람의 이름을 내세운다 하더라도, 그는 결국 영웅으로 되고 만다는 사실과, 영웅이란 실제에 있어 개인이 아니라 대중의 상징이며, 그의 행위 및 그의 사상은 대중의 바람과 의식의 표현이라는 사실을 기억해둘 필요가 있다.

여기서 우리는 '역사가는 반드시 과거인의 사고를 재생시켜야 한다면 어떠한 행위, 누구의 사상을 문제로 삼아야 할 것인가?'라는 W. H. 왈쉬의 질문에 대한 답변은 명백해진다. 그것은 한마디로 역사적 인물의 역사적 행위다. 그의 사상은 곧 그의 배경을 이루고 있는 사회경제적 조건의 반영일 것이며, 또 그의 행동은 그를 따르고 그를 지지해서 위인의 대열에 세워 놓은 대중의 요구와 기대에 따른 것일 터이기 때문이다.

그러므로 그 역사적 인물의 사상에 대한 재연을 위해서는 그로 하여금 그러한 사상을 갖도록 한 그 시대의 사회경제적 분위기 및 그를 따르고 지지해 준 대중들의 일반적 사상의 재연일 수 있는 것이다.

후주

후주

주석의 약어(略語)와 주요인용서 목록

History　　B. Croce; *History its theory and Practise*. Tr. Douglas Ainslie. Russel & Russel, N. Y. 1960

H. S. L.　　B. Croce; *History as Story of Liberty*. Meridian books. New York, 1955

I. H.　　R. G. Collingwood, The Idea of History. A Galaxy Book, 1956.

Leon Pompa의 Vico　*Leon Pompa; G. Vico's study of the New Science*. Cambridge University Press, 1975

Meditations　　*R. Descartes; The Meditations*. The Liberal Arts Press. N. y. 1954

N. S.　　G. Vico; *The New Science of Giambattista Vico*. Abridged Translation of the Third Edition(1944) Thomas Goddard Bergin and Max Harold Fisch, Cornell University Press, 1970

PH. H.　　Hegel; *The Philosophy of History*. Tr. J. Sibree. Dover Publications. INC. N. Y. 1972.

PH. Vico　B. Croce; *The Philosophy of Giambattista Vico*. London. Tr. R. G. Collingwood Reissued by Allen & Unwin in The Library of Philosophy Series. 1913.

P. M.　　B. Croce, *Politics and Morals*. Tr. Salvatore J. Castiglione. F. Hubner & Co. Inc. New York, N. Y. 1945

Verene의 Science　D. P. Verene; *Vico's Science of Imagination*. Cornell University Press, 1981

Barnes　　E. Barnes; *History of Historical Writing*. Dover Publications. INC. New York, 1963.

Caponigri Robert Caponigri; *Time and Idea*. The Theory if History in Giambattista Vico. University of Notre Dame Press, 1968.

Donagan Alan Donagan; *The Philosophy of History*. A Mac-Millan Series, 1965

F. Stern *The Varieties of History*. From Voltaire to the Present. The World Publishing Company, 1970

Funkenstein Amos Funkenstein; *Natural Science and Social Theory; Hobbes, Spinoza and Vico*.(G. Vico's Science of Humanity.)

Gooch G. P. Gooch; *History and Historians in the Nineteenth Century*. Beacon Press, 1965.

Grassi Ernnesto Grassi; *Marxism, Humanism and The Problem of Imagination in Vico's Works*.(G. Vico's Science of Humanity.)

Hughes P. Hughes; *Creativity and History in Vico and his Contemporaries*.(G. Vico's Science of Humanity.)

H. W. Carr *The Philosophy of B. Croce*. Macmillan an Co. London, 1917

Iggers G. G. Iggers; *The German Conception of History*. Wesleyan University Press, 1968

Mathieu V. Mathieu; *Truth as the Mother of History*.(G. Vico's Science of Humanity.)

F. Meinecke Friedrich Meinecke; *Historism*. The Rise of a New Historical Outlook, Tr. J. E. Anderson . Routledge & Kegan Paul, 1981.

Mink L. O. Mink; *Collingwood's Historicism*.(M. Krausz; Critical Essays on the Philosophy of R. G. Collingwood.)

Nisbet Robert Nisbet; *History of the Idea of Progress*. Heinemann Education Book Ltd. 1980

Pietro Robert J. Di Pietro; *Humanism in linguistic theory*.(G. Vico's Science of Humanity.)

Rotenstreich Nathan Rotenstreich; *Vico and Kant*.(G. Vico's Science of Humanity.)

Thompson J. W. Thompson; *A History of Historical Writing*. Gloucester, Mass. 1967

Walsh W. H. Walsh; *The Logical Status of Vico's Ideal Eternal History*.(G. Vico's Science of Humanity.)

White Hayden White; *The Tropics of History.;The Deep Structure of the New Science*. (Giambattista Vico's Science of Humanity.)

제1장 서론

제1절 물질만능사상에 대항하여

1   Eugen Weber; The Western Tradition. p.630

2   Morton White; Social Thought in America, pp.64~65

제2절 역사이론에 대한 철학적 연구의 한계

1   Giorgio Tagliacozzo와 Philip Verene가 편집한《Giambattista Vicos Science of Humanity》에 수록된 비코에 대한 연구결과를 보면, 1708년 이래 현대에 이르기까지 발표된 논문, Review 및 저서의 수가 260여 건에 도달하고 있는데, 그 중 1950년 이전의 것은 14%에 불과하고, 1950~1960년의 10년간에 14%, 1960~1970년간은 무려 34%로 나타나고 있다.

2   콜링우드에 대한 연구도 그 수자는 비슷한데, 그 발표연대로 보면 1917년 이후 1950년 이전이 37%, 1950~1960년의 10년간에 23%, 1960~1970년의 10년간에 40%, 1970년 이후 수없는 Review가 나오고 있다.

제3절 역사이론의 변증법적 결과로써의 크로체-콜링우드

1   Paul Conkin; The Heritage and Challenge of History(임희완 역, 해인문화사, 1982년), p.89

2   특히 남부 이탈리아의 과학적 생활은 데카르트 철학과 유물론적 사고의 신선한 바람에 의해서조차도 재생될 수 없는 건조하고 추상적인 스콜라철학 속으로 메말라 들어가고 있었다. 이 시점에서 기적적으로 오아시스가 나타나듯 출현한 것이 가장 원천적이고 꺼지지 않는 정신적 지성적 힘의 표현인 비코이다.
    가장 신중한 이 사람은 외양적으로는 그의 분위기에 있어서 오히려 불운하기까지 하였고, 그의 동시대인들에게는 알려지기조차 않은 나폴리 대학의 수사학교수였다. 그에 대한 모든 것은 데카르트주의와 기계주의에 대한 투쟁이었

고, 위대한 17세기 자연법 선생들의 편견에 대한 싸움이었다. 그리고, 그의 신
과학(Scienza Nuova 1725년, 1730년, 1744년에 3판이 나왔다.)이라는 역사적
사고를 위한 완전히 새로운 체계를 창조하였다. Friedrch Meinecke; Historism.
pp.37~38

제4절 문제의 맥락을 따라서

1   Patrick Gardiner는 "역사의 의미(의의, 목적)가 무엇인가" 또는 "역사적 발전과 변
    화를 지배하는 근본적인 법칙이 무엇인가?" 하는 문제를 중심으로 생각한 사람
    들의 대표를 비코, 헤르더, 헤겔, 콩트, 마르크스, 버클, 슈펭글러 그리고 A. 토인
    비와 P. 소로킨에게서 찾고, 크로체와 콜링우드를 역사에 있어서의 보편적 법칙
    의 발견에는 무관심하였고, 단지 과거에 무엇이 발생했으며, 그 이유가 무엇인
    가를 규정하려는 목적에서 연구한 사람이라고 하였다. 그러나 이는 피상적인 연
    구의 결과이고, 크로체와 콜링우드의 이론은 비코의 발전론을 전제로 하지 않고
    는 있을 수 없는 것이다. International Encyclopedia of the Social Science, Vol. 6,
    pp.429~430

제5절 본 논문의 특징과 한계

1   F. Meinecke, p.39
2   Capongri, pp.4~5n
3   위의 책, p.110
4   위의 책, p.6
5   위의 책, pp.109~129
6   Trygve R. Tholfen; Historical Thinking(Harper & Row, 1967), p.228
7   Paul Conkin; The Heritage and Challenge of History(N. Y. Harper & Row, 1975)
8   G. J. Renier는 콜링우드가 크로체와 마찬가지로 오크셔트(Oakshot)의 인식론에
    직접적인 영향을 받고 있다는 점을 들어서 두 사람의 사상을 동일한 것으로 한
    데 묶어 취급하고 있다. History its purpose and Method, p.43
9   T. M. Knox; The Idea of History의 Editor'as Preface, p.viii.

제2장

제1절 R. 데카르트와 G. 비코

1 I. H. pp.63~71

2 White, p.65

3 Funkenstein, pp.187~188, 여기서 Funkenstein은 홉스와 비코의 관계, 즉 일치점과 차이점을 밝히고 있다.

4 비코의 성장배경과 성장과정은 H. P. Adams 《The Life and Writings of Giam-battista Vico》 p.15 참조. 그리고 그의 사상적 지적 풍토에 대해서는 Max Harold Fisch의 《The Autobiograhy of Giambattista Vico》 pp.20~31 참조.

5 Hughes, p.157

6 White, p.297

7 위의 책, p.65

8 I. H. p.108

9 The Meditations, p.21

10 위의 책, pp.56~57

11 Grassi, p.276 그리고 Hughes, p.156 참조. 이들은 각자 데카르트가 역사학을 비판하고 있으며, 또 역사가 진리 또는 지식에 공헌할 수 없다고 주장한 것에 대한 설명을 하고 있다.

12 Meditations, p.6

13 Hughes, p.156

14 The Meditations, pp.4~5. 이 구절은 데카르트의 대표적인 역사이론이라 할 수 있는 것으로, R. G. Collingwood는 이 구절을 중심으로 데카르트의 역사사상을 논의하고 있다. I. H. pp.59~61

15 R. G. Collingwood는 이것을 ① 역사적 현실도피, ② 역사적 절대 회의설, ③ 역사에 대한 반실증적 생각, ④ 환상적 건조물로서의 역사로 분석하고 있다. I. H. p.60

16 Polybios, I. 4. 1.

17 G. P. Gooch의 말처럼 기독교에 있어서의 역사학은 역사학 자체를 위한 역사학이 아니라, 일종의 설교이었다. 그러므로 설교의 목적을 위하여 왜곡 첨삭하는 일은 극히 당연한 것으로 생각되었다. Gooch, p.1. 그리고 G. L. Burr; 《The

Freedom of History》(American Review January 1917) pp.259~260 참조, 또 Barnes, p.45 참조.

18 White, p.65

제2절 진리는 창조되는 것과 동일하다

1 이 문제를 보다 깊이 이해하기를 원하면 Leon Pompa의 《Vico and the Pre-suppositions of Historical Knowledge》(G. Vico's Science of Humanity) pp.125~140와 Leon Pompa의 Vico 15. 《Theory of Knowledge》pp.154~169. 그리고 16. 《The Character of Vico's theory of Knowledge》pp.170~185를 참조하라.

2 Rotenstreich, pp.221

3 인간의 창조행위가 완전한 무(無)로부터 유(有)를 만들어 내는 것이 아니고, 자연 속에 이미 존재하고 있었던 것들 중에서 발견―발명을 해내는 것이라고 할 때, 발견―발명을 포괄하는 개념으로서의 인식과 창조는 동일 개념으로 이해될 수 있다.

4 I. H. p.109

5 Grassi, p.288

6 N.S. Section III Principles(I u 1~3) pp.52~53

7 이를 Hayden White는 다음과 같이 말하고 있다.
"The Principle asserts that men can know only that which they themselves have made of are in principle capable of making." White p.65. 그리고 Leon Pompa의 Vico, p.48 참조. 여기서 Pompa는 자연법 이론가의 방법으로 인간적인 제 제도들을 설명하기에 불충분하다는 것을 밝히고 있다.

8 이것을 Leon Pompa는 이렇게 말하고 있다.
"It is first put forward as the claim that because history is a human product its principes are to be rediscovered within the modifications of our own human mind."

9 White, p.65

10 이것을 White는 다음과 같이 설명한다.
"The creation of knowledge is the capacity of the knowledge to produce that of

which he has knowledge." White, p.66

11 이것을 비코 자신은 다음과 같이 설명하고 있다.

"제 1차적으로 확실한 원리는, 이 같은 제 국가들의 세계는 인간에 의하여 만들어졌음이 확실하다는 것이며, 그러므로 그것의 안내는 우리 자신의 인간 정신의 한계 내에서 발견되어야 한다." N. S. p.62

12 P. H. Vico, p.13

제3절 신화·형이상학 그리고 경험과학

1 N. S. pp.18~19

2 위의 책, pp.28~29

3 이러한 논리에서 비코는 인간정신의 표현형태를 ① 신화, ② 형이상학, ③ 경험과학의 형태로 구분한 것이다. 즉 아주 무지한 상태에서는 자연의 현상과 그 원인을 신의 뜻으로 보고, 인간 정신이 그보다 좀 개발된 상태에서는 형이상학으로, 그리고 마지막으로는 인간이 직접 경험하고 이해할 수 있는 경험과학으로 되는 것이다.

4 N. S. p.18

5 이 문제를 Vittorio Mathieu는 다음과 같이 말한다.

"Vico's truth is therefore possessed of a history, not because its very roots are changeable, but because it is revealed, on the human level, in a upside-down form." Mathieu, p.119

6 P. H. Vico, p.69

7 N. S. p.19, 그리고 P. Gardiner; Theories of History, p.14

8 실제로 변증법적 유물론을 주장하는 사람들은 그렇게 이해하고 있다. 그러므로 마르크스는 자본론에서 비코를 인용하고 있고, 유물사관—세계사교정을 쓴 보차로프도 그 책의 서론에서 비코를 소개하고 있다.

9 N. S. p.3

10 야만시대의 인간, 즉 The first men의 의식과 정신 및 그것의 표현에 대해서는 Verene, p.306 참조

11 N. S. p.29

12 Leon Pomoa의 Vico, p.44, Pomapa에 의하면, 야만인은 감각과 상상의 동물

(createure)이고 지적인 동물은 아니기 때문에 그는 감각에 의해서 파악되고 자신의 상상에 의해서 만들어지는 것만을 믿으므로 그는 신화나 시만을 만들 수밖에 없다.

13 P. H. Vico, p.98
14 위의 책, p.80
15 N. S. p.29
16 P. H. Vico, p.98
17 위의 책, p.70, 크로체는 여기서 이의 역으로 현대인이 원시인이나 고대인들의 정신상태에 침투해 들어가기 어렵다는 것을 설명하고 있다.

제3장

제1절 이상을 향한 영구적 발전의 역사

1 Walsh, pp.141~154. 그리고 Pompa의 Vico; The Ideal eternal history, pp.9~10
2 N. S. p.3
3 위의 책에서 "The Course The Nations run" 참조.
4 Caponigri는 이와 같은 시대의 변천에 따른 제 관념들의 변천과 그 표현으로서의 제도가 변천하는 것을 "시간과 관념의 종합(the synthesis of time and Idea)라고 이해하였다. Caponigri, pp.71~72 참조.
5 여기서 주의할 것은 비코가 인간정신의 발전과정을 이처럼 숲속에서 생활하는 상태, 오두막에서 생활하는 상태, 촌락에서 생활하는 상태, 도시에서 사는 상태, 마지막으로 아카데미에서 연구하는 상태로 구분한 것을 보고, G. P. Gooch는 H. P. Adams의 말을 빌어서 비코는 "역사적 과정을 자연적 현상으로 생각했다."고 말하고 있다. 그러나 이것은 극히 천박한 이해에서 나온 것이며 실증주의에 의해 현혹된 의식의 발로이다. 위의 설명에서 알 수 있듯이, 비코의 그와 같은 구분은 문화자체, 역사자체를 포괄하는 것으로 인간정신의 역사적 변천과정을 설명한 것이며, 그 설명을 위한 하나의 은유법이었다. Gooch, p.9. 참조
6 B. 크로체는 여기서 그의 자유의 순환론, 즉 일인의 자유는 그 시대의 과제를 발견하고 그 해결을 위한 노력을 하는 첫 번째 사람의 자유를 뜻하고(야만의 시

대), 그 자유가 전파되어 소수인의 그 과제와 해결에 참여하고(영웅의 시대), 그리고 결국은 만인이 모두 이에 참가하는 "인간들의 시대"로 이행되는 것으로 생각해 볼 수 있다.

7 P. M. p.65
8 위의 책, p.65
9 W. K. Ferguson; The Renaissance in Historical thought, p.15
10 위의 책, p.62
11 White, p.76
12 Iggers, p.30
13 I. H. pp.113~114

제2절 변증법적 발전이론의 모순

1 White, p.66
2 Pompa의 비코. pp.45~46 참조, 여기서 Pompa는 역사상 모든 시대의 제 관념들과 제 제도들이 그 시대의 인간 본성의 산물임을 주장하였다.
3 P. M. p.65
4 Pompa의 Vico, p.42
5 이처럼 인간이 역사상의 한 단계에서 다음 단계로 이행 발전되어 갈 수 있게 하는 힘을 D. P. Verene는 인간이 지니고 있는 영웅적 정신(heroic mind)이라 하여 다음과 같이 말하고 있다.
   "Vico urges his listeners to seek to manifest the heroic mind we all possess to lead ourselves beyond our believed capacities. ⋯ The heroic mind is the basis for true education. It seeks the sublime. It seeks the sublime first, Vico says, in the divine and then in the nature. Finally, it has as its as its goal the wisdom of the human world oriented toward the good of the human race. This wisdom is the spirit the whole which pervades and informs all the pasts of true knowledge."
   Verene Science, p.20
6 Verene Science, p.20
7 N. S. p.37
8 N. S. p.37

9   White, pp.66~67

제3절 신의 섭리

1   위의 책, p.67, Pompa의 Vico, 5. Providence, pp.51~61
2   Caponigei, p.92
3   위의 책, p.92
4   위의 책, p.115
5   위의 책, p.116
6   Pompa의 Vico, p.52
7   Mathiew, p.116
8   위의 책, p.117
9   Capongri, p.99
10 Mathiew, p.117
11 N.S. p.59
12 Nisbet, p.161
13 Capongri, p.109

제4절 비코적 역사사상의 전개: 비코와 헤겔

1   Verene의 Science, p.22
2   위의 책, p.22
3   위의 책, p.22
4   위의 책, p.22
5   위의 책, p.22
6   Iggers, p.30
7   Pietro, p.348
8   Nisbet. p.270
9   위의 책, p.270
10 Rotenstreich, pp.221~240, 그리고 H. J. Paton: Kant's Metaphysic of Experience,

Vol. one, pp.50~63

11 Grassi, p.276
12 Rotemstreich, pp.239~240
13 P. H. H. p.72
14 위의 책, p.52
15 위의 책, p.17
16 위의 책, p.67
17 졸저《서양사상사》pp.245~255 참조, 여기서 필자는 칸트, 헤겔의 역사관이 기독교 특히 아우구스티누스의 것에 근거를 두고 있음을 비교표로 증명하고 있다.
18 P. H. H. p.67

제4장

1 H. Stuart Hughes "The most urgent task, he believed, was to combat the vulgarized positivism which had pervaded Italian writing and teaching in the last quarter of the nineteenth century and to reestablish the concept of the spirit in human affairs." B. Croce's History of the Kindom of Naples Editor's Introduction. p. xv

제1절 실증주의와 실증주의적 역사학

1 Thompson, p.150
2 위의 책, p.150
3 Iggers는 이 같은 경향이 Ranke가 객관적 역사학, 비판적 역사학을 시작하게 된 배경으로 보고 있으며, 다음과 같이 말하고 있다. "이들 젊은 작가들은 과거의 연구를, 그 과거 자체를 목적으로 해서 행하는 것이 아니라, 그 순간, 그 자유로운 민족국가의 정치적이고 윤리적인 요구를 성사시키는 수단으로 보았다. 중요한 독일 역사가들의 거의 대부분이 정치적으로 행동하였다. Iggers. p.91

4   ( )안의 내용은 필자의 첨가.

5   Thompson, p.442

6   역사를 비인간화시켰던 것은 중세 기독교였고, 인간을 추상적 개념으로 만든 것
    도 기독교였다.

7   Thompson, p.442

8   필자는 낭만주의의 제 사상들, 이를테면 칸트, 헤겔, 그리고 마르크스 등의 사상
    적 체계가 기독교의 그것을 그대로 답습하고 있는 것이라는 점을 졸저 "서양역
    사사상사"에서 상세히 논증한 바 있다. 위의 책, pp.239~261 참조.

9   Eugen Weber, The Western Tradition, p.630

10 "혈액순환의 입증"은 코페르니쿠스의 지동설과 더불어 서구의 관념세계를 전환
    시킨 위대한 사건이다. 따라서 Stephen F. Mason은 이를 종교개혁과 더불어 우
    주통치(The government of the Universe)의 옛 계급적인 개념을 절대적 견해로
    변형시키는 역할을 했다고 지적하였다. S. F. Mason, A History of the Sciences,
    p.220

11 Thompson, vol. II, p.439

12 위의 책, p.439

13 위의 책, p.445

14 위의 책, p.445

15 위의 책, p.445

16 위의 책, p.445

17 위의 책, p.445

18 위의 책, p.445

19 위의 책, p.445

20 E. Weber; 앞의 책, pp.631~635 도표 참조.

21 역사주의자들의 의견에 따르면, 이처럼 인간사를 자연과학적 인과론에 따라 이
    해하는 것은 불가능하다. K. Popper; The Poverty of Historicism, 7. Holism 참조.

22 I. H. pp.202~203

23 Plekhanov; The Role of Individual in History(In the Theories of History. ed. P.
    Gardiner, Oxford University, 1959) p.141

24 Iggers는 이 부류의 속하는 역사가로 Comt, Buckle 이외에 Andrew D. White,
    John Fiske, 그리고 Brooke Adams 등을 열거하고 있다. Iggers, p.63

25 F. Stern, p.120

26 위의 책, p.120

27 Iggers, p.63

28 W. Windelband는 자연법칙의 형식들 가지고 있는 보편사를 구하는 과학, 즉 경험적 제 과학들을 법칙과학(Gesetzeswissenschaft)이라 하여 일회적 내용을 관찰하는 과학, 즉 역사학을 의미하는 사건과학(Ereigniswissenschaft)과 구별하였다. W. Windelband, Praludien II(일역, 역사와 자연과학), p.18

29 I. H. p.127, 이 문제에 있어 K. Popper는 자연과학 또는 물리학에 있어서 "일반화"의 비중을 설명하고 있다. 역사주의에 의하면, 자연과학(Physical Sciences)에 있어서, 일반화가 가능했고, 또 그것이 성공할 수 있었던 것은 자연의 일반적 Uniformity, 다시 말하면, 유사한 상황에서 유사한 일이 발생한다는 것이다. 시공을 초월해서 유효한 것으로 취급되는 이 같은 원리는 물리학적 방법에 그 기초를 두고 있다. K. Popper, 앞의 책, pp.6~7

30 K. Popper는 자연과학의 특징을 다음과 같이 설명한다. "자연과학은 실험이라는 방법을 사용한다. 즉 자연과학은 인위적 통제와 인위적 격리를 도입하여 유사한 제 조건들을 반복해서 만들어 놓고, 거기서 나온 어떤 결과에서 논리적 결론을 추론해 낸다. 이와 같은 방법의 기초가 되고 있는 것은 확실히 상황이 유사한 곳에서는 유사한 사건이 발생할 것이라는 생각이다." 위의 책, p.8

31 K. Popper는 역사주의의 의견을 빌어서 이것의 불가능성을 논증하고 있다. 위의 책, p.8 참조.

32 G. P. Gooch는 니버를 근대 역사서술에 있어 제일의 지도적 인물로 간주하였으며, 역사학을 종래의 종속적인 위치에서 독립적인 과학으로 끌어 올린 학자라 하였다. 그러나 본 논문에서는 그에 대한 상술은 피하기로 한다.

33 Iggers는 랑케를 "father of scientific history"라고 지칭하였다. Iggers, p.63

34 I. H. p.130

35 랑케는 이 선언을 통해서 낭만주의적 역사학에서 탈피하였다. 다음은 그가 이 점을 명백히 하는 그의 말이다. "나는 비교를 통해서 진리가 로망스보다 더 흥미 있고 더 아름다운 것이라는 것을 발견하였다. 나는 그것으로부터 몸을 돌려 나의 작품들 속에서 모든 고안(invention)이나 상상을 피하고 사실들에 충실하기로 결심하였다." Gooch, p.74 인용문 재인용.

36 그는 다음과 같이 역사가의 임무를 규정하였다. "역사가는 역사의 제 사실들에 엄격히 접근하라. 설교를 말아라. 도덕을 지적하지 말아라. 이야기를 꾸미지 말아라. 오로지 단순한 역사적 진리만을 말하라. 역사가의 유일한 자부심은 그 사실들이 있었던 대로(wie es eigentlich gewesen)를 이야기한다는 데 있다."

Iggers, p.64

37 Thompson; Vol II, p.181

38 위의 책, p.183

39 위의 책, p.172

40 위의 책, p.182

41 랑케는 그의 라이프치히 시대 신학과 고전철학을 연구하였다. 그리고 히브리어
로 구약성서를 읽었다. 그리고 오히려 그는 초기에는 역사학 연구를 기피한 사
람이다. 그만큼 랑케에게 있어 중요한 관심사는 신학에 있었다. Gooch, p.73

42 Thompson, p.171

43 위의 책, p.171

44 랑케는 실제에 있어 역사를 역사가로서라기보다 신학도의 입장에서 보려하였
다. 그러므로 그는 "모든 역사 속에 신이 거주하여 있고, 살아있고, 또 보여지고
있다. 모든 인간의 행위는 그 신을 입증하고 있으며 모든 순간은 그(His)의 이름
을 설교하고 있다. 그러나 그것은 대체로 나에게 역사의 연속성으로 나타나고
있다."고 하였으며, 또 그는 "모든 나의 시도는 살아 있는 신의 감지를 위해서 바
쳐져야 한다."고 하였다. 졸저《서양역사사상사》p.273 참조.

45 이 때문에 랑케는 그의 역사가로서의 장기간에 걸친, 그리고 가장 충실한 노작
을 특수 연구논문의 형태로 발전시키고, 모든 보편사적 구성을 피하였다.
그리고 그가 만년에 하나의 세계사의 저술에 착수하였을 때에도, 이 세계사를
정확히 보편과 분리시켰고, 개별적인 국민사의 종합으로서의 세계사를 시도
하였다. 그리고 또 역사가가 그 이상의 역사의 보편성을 구한다면 그것은 공상
설(空想說=Phantasms)과 철학설(Philosophemes)로 되고 말 것이라고 하였다.
History, p.291

46 History, p.290, B. Croce는 이 같은 랑케의 입장을 외교적 역사학이라 야유하고
있다. 즉 크로체에 의하면, 랑케는 루터 교라는 프로테스탄트이며, 또 그의 전
생애를 통해서 그것에 속해 있었으나, 그가 반종교개혁의 반동시대의 역대 교황
의 역사를 썼는데, 이것이 모든 가톨릭 국가들에게 환영을 받았다는 것, 그는 독
일인이었지만 프랑스인에게 반감을 사지 않고 프랑스 사를 썼다는 것을 가리켜
외교적 역사가라고 야유한 것이다.

47 Iggers, p.63

제2절 실증주의적 역사학에 대한 크로체의 비판

1　P. M. pp.44~45

2　Iggers, p.63

3　History, pp.291~292

4　위의 책, p.292, 이 구절은 크로체가 낭만주의자들의 입장을 표하고 있는 것이며, 동시에 실증주의적 역사학의 반낭만주의의 경향을 나타내는 것이다.

5　History, p.299

6　F. Stern, p.318

7　헤겔도 이 같은 역사가들의 오류를 비난하여 철학자를 선천적 날조자(apriorisch Erdichtungen)라고 비난하고 있는 역사가들이 스스로 그와 같은 오류를 범하고 있다고 했다.

8　류다겐지로(柳田鎌十郞);《역사철학》(創文社 昭和 36年)

9　燁俊雄; 歷史主義(理想社, 昭和 42年) p.15

10　History, p.291

11　History, p.303

12　Iggers, pp.90~91

13　크로체에 의하면, 외교적 역사가들은 역사에 사상의 개입을 거부하였다는 자부심을 별로 갖지 못하였다. 왜냐하면 그들은 그러한 자부심을 가질 만큼 이면에 있어 순수성을 갖고 있지 못하기 때문이다. 그러나 다른 한편 문헌학자들은 그러한 자부심을 갖고 있었다. History, pp.292~293

14　History, p.294

15　콜링우드는 문헌적 전거만 가지고는 역사가 서술될 수 없고, 가치기준, 즉 역사가 자신의 경험이 왜 중요한가 하는 것을 The Idea of Hitory에서 밝히고 있다. I. H. p.137

16　History, p.301 참고, 여기서 크로체는 "the declaration of bankrupt for philological history"를 이야기 하고 있다.

17　크로체는 이러한 문헌학자들에 의해서 수집된 사물들, 전설들, 문서들을 "공허한 전설(empty traditions), 그리고 고사된 문서들(dead documents)이라 했다. History, p.27

18　History, pp.27~28

19　이 점을 크로체는 다음과 같이 말한다. "박식가 문헌학자 고고학자는 죄 없는 유

익하지만 그러나 미력한 정신이다. 따라서 이들을 비난할 이유는 없으며, 오히려 이들을 이용하여 역사를 풍부하게 하도록 힘을 써야 한다." History, p.31

20 위의 책, p.30

21 위의 책, p.30

22 위의 책, p.28

23 위의 책, p.29, 크로체의 주장을 연장시키면, 전거에는 확실한 전거와 불확실한 전거의 두 가지 종류가 있는 것이 아니라, 전거는 모두가 불확실하다.

24 S. L. p.42

25 위의 책, pp.26~27

26 졸저《서양역사사상사》pp.292~292, 참조.

27 크로체는 역사를 서술하되 역사 그 자체를 목적으로 하지 않고 역사가가 느끼고 있는 사랑과 증오의 감정을 표현하기 위해서 서술된 역사를 감정적인 역사, 또는 시적 역사라 칭한다. 그리고 그 실례를 아래와 같이 들고 있다.
① 존경과 사랑의 대상이 되는 인물의 전기, 또는 증오의 대상이 되는 인물에 대한 풍자적 전기. ② 애국적인 역사, 자유주의 또는 인도주의로 장식된 세계사 또는 자본가의 위업을 묘사 서술한 세계사 등. ③ 그리고 심지어 헤겔의 정신철학이나 역사철학까지도 그것을 하나의 시로서 읽을 것을 추천하였다.(B. Croce; What is living and what is dead of the philosophy of Hegel, p.xii 참조)

28 History, pp.34~41 참조.

29 History, pp.295~296

30 위의 책, p.64

31 실로 문헌학적 실증주의적 역사학은 일종의 역사학의 이상일 수 있다. 역사적 사실들로 하여금 역사가 무엇인가 하는 것을 답변케 한다는 의미에서, 그러나 여기에 수반되는 문제는 그것을 위해서 얼마나 많은 문헌자료를 수집하고 그것을 정리해서 그것들이 스스로 말하게 하느냐 하는 것이다. 이의 불가능함을 G.P. Gooch는 다음과 같이 말하고 있다. "중세사의 사료를 수집할 필요성은 18세기 간에 날카롭게 느껴졌다. 모든 계획은 학자들의 협력을 확보하는 일이 불가능하고 재정적 지원의 결핍 때문에 깨어지고 말았다." G. P. Gooch, p.60

32 위의 책, pp.64~68 참조.

33 J. D. Bernal; Science in History vol. I. pp.43~44 참조, 여기서 버날은 오히려 자연과학적인 지식이 다른 분야, 종교나 철학이나 예술보다도 더 역사적으로 변화되고 있음을 주장하고 있다.

34 위의 책, p.56

35 크로체는 다음과 같은 말로 그 동일성을 주장한다.

① Naturalism is always with a philosophy of history.

36 History, p.83

제3절 현재의 역사

1 "Contemporary history"를 '현대사', 또는 '당시사'라고 변역하는 사람도 있으나 이
는 반드시 "현재의 역사"로 하여야 할 것이다. 그 이유는 본 논문의 전개과정에
서 밝혀질 것이다.

2 History, p.11

3 Augustinus; Confessions. B. xi. C. 20

4 I. H. p.120

5 H. P. Richkman; Meaning in History, p.98

6 H. W. Carr, p.191

7 신칸트학파의 한 사람인 Hans Vaihinger(1852~1930)는 그의 주저, Die Philo-
sophie des "Als ob"에서 실재하지 않는 것을 마치 있는 것처럼 가정하고, 그것을
실생활에 적용함으로써 현상세계에 대한 이해가 가능하다는 주장을 하고, 그 실
례를 유클리드 기하학의 공리에 입각한 점을 들었다.

8 ① Clement C. J. Webb; A History of Philosophy, p.14 ② 역사학 또는 역사철학
의 사상적 원천은 헤라클레이토스에게 있다. 그러므로 대부분의 역사사상가,
다시 말해서 사물을 정적인 자연과학적인 입장에서가 아니라, 동적인 역사학적
입장에서 보려는 사상가들은 이른바 Heracleitocism을 창조하려는 노력을 하였
다. 그 대표적 예를 Douglas Anslie는 헤겔에게서 찾았다. 그리고 이 같은 의견
은 크로체에게서 얻은 것이다. B. Croce; What is living and What is dead of the
Philosophy of Hegel, p.xii

9 History, p.108

10 이 같은 크로체의 "관심"이라는 말은 비코에게서 보이는 바, 필요성, 유용성이
라는 말과 통하는 것이다. 다시 말해서 크로체는 비코의 필요성이나 유용성의
개념을 정신적인 의미로 전화시켜서 관심, 즉 "현재생에 대한 관심"이라는 말
로 만든 것이 아닌가 생각된다. G. Vico, New Science(P. Gardiner, Theories of
History) p.14

11 History, p.12

12 그러므로 크로체는 랑케의 역사학을 비판하였다.

13 History, p.13
여기에 실린 인용문은 하니고로(羽仁五郎)의 번역을 중심으로 번역한 것이다.
참고로 영문을 첨가하면 다음과 같다.
"They have been or will be histories in those that have thought or will think them,
re-elaborating them according to my spiritual needs.

14 History, p.17

15 History, p.17 여기서 크로체는 외적 이유는 어떤 사건에 대한 증인으로서 요구
되고, 내적 이유는 진실과 생명을 위해 요구된다고 했다.

16 History, p.18

17 W. Dilthey; Einleitung in die Geisteswissenschaften, Gesmmelte Schriften 1,
Band. B. G. Teubner, Verlagsgesellschaft. Stuttgart Vandenhoek. Ri-precht in
Goettingen. 1966

18 크로체의 사상사의 의미는 바로 이것이다. 그러나 크로체는 한편 일반적 의미의
사상, 이를테면 독재주의 민주주의 귀족주의 군주주의 사회주의 등의 사상의 역
사를 말하는 사상사로 주장하고 있다. 그래서 그는 "이러한 사상들은 그것들이
언급하고 암시하는 역사 없이는 이해되지 않는다. 왜냐하면, 그 사상들은 역사
의 영혼이기 때문이다."라고 했다. P. M. pp.44~45

제4절 역사학과 철학의 일치

1 졸저《서양역사사상사》p.299 참조, 그리고 비코가 역사를 진리의 자기표상과정
으로 보고, 또 인간정신의 자기현현과정으로 본 것을 상기하기 바람.

2 크로체는 직접 헤겔을 연구하여 그 결실로서 〈헤겔 철학에서 무엇이 살아 있으
며 무엇이 죽어 있는가〉라는 제목의 저술을 남겼다.

3 크로체는 창조정신이 만물의 유일하고 중심적인 근원임을 수시로 밝히고 있다.
예를 들면, 그는《politics and Morals》의 p.44에서 "But since these propositions,
like all philosophical propositions, lead back to the creative spirit which is the
sole and central source of everything"라고 말하고 있다.

4   H. W. Carr, p.31

5 그런데 Douglas Ainslie에 의하면 헤겔의 정신철학을 완성시키고 그것을 능가하여서 오히려 그것을 내려다보게 된 것이 크로체의 정신철학이다. B. Croce; What is living and what is dead of the philosophy of Hegel, Translator's Introduction, pp.xi~xii

6 P. H. H. p.17

7 위의 책, p.73, "The very essence of Spirit is activity, it realizes its potentiality-makes itself its own deed its own work and thus it becomes an object to itself; contemplates itself as an objective existence."

8 이와 같은 견해를 우리는 플라톤에게서도 발견할 수 있다. 즉 플라톤의 심포지움에 의하면, 인간의 사랑, 즉 Eros란 가난의 여신이 부의 남신과 결혼하여 낳은 신으로 그것의 본질은 가난에서 부를 추구하고, 추함에서 아름다움을 추구하고, 결핍에서 풍부를 추구하고… 등의 속성이다. 이것은 다시 크로체가 말하는 인간 정신의 속성으로서의 자유의식과 유사하다.

9 필자는 헤겔의 역사학, 특히 역사발전론이 아우구스티누스의 것과 유사하다는 점을 졸저《서양역사사상사》pp.253~255에서 밝힌 바 있다.

10 B. Croce; History as the story of History, p.57

11 졸저《서양역사사상사》p.129

12 P. H. H. p.63

13 History, p.53

14 위의 책, p.56

15 위의 책, p.57

16 위의 책, p.47

17 B. Croce; History of Europe in Nineteenth Century, p.7

18 일반적으로 우리가 말하는 자유라는 용어는 이점을 의미하고 있다. 그리고 이것을 명백하게 규정한 대표적 사람은 Zimmel이다. 그는 "자유는 언제나 어떤 것으로부터의 자유다. 그리고 자유가 억제의 반대로서 생각되지 않는 곳에서는 자유는 무의미하다."고 말한다.

19 History, p.36

20 Heidegger; "Gott ist tot"

21 B.Croce; History, p.84, "For development is a perpetual surpassing, which is the same time a perpetual conservation."

22 Wolfgang Schlegel에 의하면 니체는 역사사상에 있어 헤르더와 궤를 같이 하는

사람이다. 그뿐만 아니라 역사를 보는 눈은 가히 크로체와 유사한 점을 많이 지니고 있다. 우리가 크로체를 현대사상에 있어서 딜타이와 같은 부류에 소속시키고 있는 바, 딜타이는 니체에 그 사상적 뿌리를 두고 있다. Nietsches Geschichts auffassung(1937), pp.64~65

23 Iggers, p.36

24 History, p.85

25 History, p.88

26 Wolfgang Schlegel; Nietsches Geschichts auffassung(1937) 河合昇 譯,《니체의 역사철학》(愛廣書房, 昭和18年) p.142

27 H. W. Carr, p.31

28 크로체는 그의 저서 미학(Aesthetics)에서 정신적 행위를 이론적 행위와 실천적 행위로 구분하고, "인간은 이론적 형태로서 사물들을 이해하고, 실천적 형태로서 그것들을 변화시킨다. 그리고 인간은 전자의 형태는 후자의 근거다."라고 했다. 그렇게 함으로써 그는 역사가 이 같은 두 가지 형태의 정신적 행위에 의하여 창조되어 감을 암시하고 있다. 위의 책, p.47

29 크로체는 이를 중심으로 지식의 형태를 두 가지로 구별하여 다음과 같이 설명하고 있다.
"지식은 두 가지 형태를 갖는다. 직관적 지식과 논리적 지식이 그것이다. 여기서 전자는 상상을 통해서 얻어지는 지식이고, 후자는 지력을 통해서 얻어지는 지식이다. 여기서 다시 전자는 개별적인 것에 대한 지식이고 후자는 보편적인 것에 대한 지식인데, 개별적인 것이란 개별적인 사물들을 말하는 것이며, 보편적인 것이란 그 사물들 사이의 관계를 말하는 것이다. 다시 말해서 전자는 상(像)들이고 후자는 개념들이다." B. Croce; The Aesthetic, p.1

30 크로체는 이론과 철학의 분야에 속해 있는 지성적 인식의 매우 오래된 과학을 논리학(고대에 그 기원을 가지고 있는)으로 받아들였다. 그리고 그는 직관과 지성의 관계를 주종관계로 이해하여 다음과 같이 말하고 있다.
"지적 인식의 빛이 없다면 직관적 인식이 어떻게 가능한가? 그것은 주인 없는 하인이다. 그리고 설사 주인이 하인의 유용성을 발견할지라도, 그 주인은 그 하인에게 필요한 것이다. 왜냐하면 그 주인은 그 하인에게 생활수단을 얻을 수 있게 하기 때문이다." B. Croce, The Aesthetic, pp.1~2

31 위의 책, p.47

32 H. W. Carr, p.8, 그리고 Morton White; The Age of Analysis, p.46

33 P. M. pp.6~7 참조.

34 크로체에게 있어서 행위란 광의적인 것으로, 유용하고 도덕적이고, 예술적이고
시적인 것, 또는 그 밖의 모든 것들로서 그중에는 철학, 역사서술의 행위도 포함
된다.

35 H. W. Carr, p.189. 이러한 입장을 D. Ainslie는 다음과 같이 설명하고 있다. "정신
과 역사는 일치한다. 이것을 바꾸어 말하면, 철학과 역사학은 일치한다. 왜냐하
면 이 둘은 서로가 없으면 어느 것도 완전하지 않기 때문이다. 우리는 사유 활
동을 통하여 매 순간 진리를 소유한다. 그런데, 그 진리는 매 찰나에 의지와 성
격으로 변화되고, 그렇게 해서 새로운 과제로 변화된다." B. Croce, What is living
and what is dead of the philosophy of Hegel. Tr. Introduction, p.xii.

36 위의 책, p.189

37 H. S. L. pp.30~31

38 H. W. Carr, 이 문제에 있어서 《The Age of Analysis》의 저자인 Morton White는 "크
로체는 철학과 역사학을 동일하다고 하는 이상하고도 건전한 견해를 주장하다."
고 표현하고 있다. 그러나 이상과 같은 논리를 이해한다면 철학과 역사학의 동
일성이 명백해진다. 그리고 실제에 있어 우리가 역사를 제대로 인식하기 위해서
는 이런 입장을 취하지 않을 수 없을 것이다.

제5장

제1절 역사발전의 형태

1 Orient 세계의 사상, 특히 메소포타미아의 사상은 인간사를 자연의 순환과정
과 일치시켜 생각하였다. 이를테면, 그들은 역사를 생각함에 있어서 "Pars Pro
toto(부분은 전체에 대비된다)"의 원리에 입각하였다. 그 결과 "하루는 태양이 솟
아나고 중천에 뜨고 낙조가 지고" 하는 순환 과정이며, 한 달은 이러한 부분의
확대로 "달이 초승달에서 보름달이 되고, 그것이 다시 소멸하고" 하는 것이 반복
적인 순환이며, 또 인생은 이것의 확대로 "탄생-성장-노쇠"의 반복적인 순환이
며, 역사는 발생 흥함 망함의 순환이라고 생각하였다.

2 이것은 앞에서 언급한 바이지만, 편의상 재론하면, 다음과 같다. "아담과 하와가 신에 의해서 창조되고, 그들이 금단의 열매, 선악과를 따먹는 원죄를 지음으로써 역사가 시작된 이래, 그들의 후손인 인류가 신의 의도 또는 섭리에 따른 삶을 살아 현재에 이르기까지 엮어 온 과정이며, 또 신의 의도 또는 섭리가 완성되는 종말까지 진행될 미래적 과정을 역사로 보는 견해"이다. 이에 대한 설명을 필자는 졸저《서양역사사상사》pp.125~147에 비교적 상세히 해놓았다.

3 Landgrebe; Philosophie der Gegenwart Chap. IV

4 필자의 졸저《서양역사사상사》pp.254~260

5 필자는 논문〈지성사의 측면에서 본 마르크스와 기독교〉세종대학 논문집 제 10집, pp.167~172에서 이를 도표화하여 마르크스의 역사관과 기독교 역사관을 비교한 바 있다.

6 H. S. L. p.261

7 H. Stuarts Hughes는 이러한 크로체의 입장을 다음과 같이 말하고 있다.
"Croce gave no clear account of processes the historian followed in understanding and organizing his data." B. Croce's "History of the Kingdom of Naples" Editor's Introduction, p. xiii.

8 위의 책, p.84
"We can only mention here that the conception of realith as development is nothing but the synthesis of the tow one-sided opposites, consisting of permanency, of an identity, for development is a perpetual surpassing, which is at the same time a perpetual conservation."

9 History, p.84

10 Chr. Dawson; The Dynamics of World History, p.948

11 기독교에서의 신의 섭리, 칸트 철학에서는 자연의 프로그램 헤겔 철학에서는 절대정신, 랑케에게서는 신의 수중.

12 History, p.85

13 Chr. Dawson; The dynamics of World History. pp.46~47

14 History, p.46

15 Chr. Dawson; 위의 책, p40

16 H. S. L. p.35

17 위의 책, p.38

18 H. W. Carr, p.6

19 I. H. pp.25~33

20 G. Barrachlough는 그의 "History in a Changing World"에서 오늘의 세계를 지중
해, 대서양 세계와 구별하여 Global World라 하고 있다.

제2절 크로체의 정신변증법

1 필자는 〈마르크스의 유물사관 소고〉라는 논문을 통하여 마르크스의 유물사관
  은 정신사관으로 환원되지 않으면 아니 된다는 것을 밝힌 바 있다. 세종대학 논
  문집 제11집, 1984. pp.189~202
2 크로체는 헤겔이 이론적 세계에 비하여 실천적 세계에 대하여 그와 같이 커다
  란 경멸을 하게 된 것은 반대의 변증법(the dialectic of opposite)을 the category
  of distinct에 적용시켰기 때문이라고 저적함으로써 헤겔의 "반대의 변증법"을 비
  판하였다. B. Croce; What is living and what is dead fo the philosophy of Hegel.
  p.xii
3 크로체는 헤겔의 대립적—반대적 변증법(The dialect of opposite)을 설명함
  에 있어서 반대적 개념, 즉 true와 false, good과 evil, beautiful과 ugly, value 와
  lack of value, joy와 sorrow, activity와 passivity, positive와 negative, life와 death,
  being과 not-being등을 나열하고 있다. B. Croce; What is living and What is dead
  of the philosophy of Hegel. pp.10~11
4 History, p.85
5 B. Croce는 "What is living and What is dead of the philosophy of Hegel"에서 헤
  겔의 변증법을 심층적으로 논의하고 있다. 따라서 크로체의 변증법 사상을 보다
  더 깊이 이해하고자 하는 사람은 이것을 참조하기 바란다.
6 History, p.85
7 여기서 필자가 사용하는 "불만"은 평범한 의미의 불만 즉 감정적인 불만이 아니
  라 한자의 뜻 그대로 만족하지 아니함. 다시 말하면, "현재에 주어진 상태에 만
  족하지 않는" 정신의 본질의 표현을 뜻한다.
8 H. S. L. p.52
9 크로체는 이 점을 다음과 같이 설명하고 있다. "마치 시계의 지침이 시간의 어떤
  수자에 도달하면 종을 치기 시작하는 것과 마찬가지로, 년대의 수자가 사건을
  만들어 내는 것처럼 생각한다거나 또는 476년이라고 하는 해가 고대의 역사가
  무대에서 막을 내리고 곧장 2막이 다시 올라 중세 역사가 시작되는 것이라고 생

각할 수 있는 그러한 시대구분이란 불가능한 것이다."

10 위의 책, p.270

11 하니고로(羽仁五郎);《크로체》(市民文庫, 昭和 28年) p.34

12 위의 책, pp.8~9

13 I. H. p.43

14 Polybios . I. 4. I, 여기서 로마가 세계를 지배해 가고 있는 현실을 경탄하여 "운명은 세계의 모든 사건을 하나의 지역, 또는 하나의 목적을 위하여 집중시키고 있다."고 했으며, 또 역사를 "일정한 계획 밑에 운명이 이 목적을 달성하기 위하여 사용한 수단과 조작을 표현하는 것"이 그《로마사》의 저술 의도임을 밝혔다.

15 졸저《서양역사사상사》pp.129~132

16 Georgi Plekhanov, The Role of the Individual in History, Patrick Gardiner편 The Theory of History, p.150

17 헤겔; The Philosophy of History, pp.63~64 그리고 필자는 이 문제를 졸저《서양역사사사상사》pp.254~261에서 설명한 바 있다. 참조 바람. 또 크로체의 "What is living and what is dead of the philosophy of Hegel의 번역자인 D. Ainslie는 역자 서문에서 헤겔의 입장에서는 시인과 성자는 그들의 상아탑으로부터 밑에 있는 대중을 내려다 본다."고 함으로써 헤겔의 영웅사관을 설명하고 있다. 위의 책, p.xiv

18 G. Plekhanov는 이 학자들로 Lamprcht, Monod, Guizot, Mignet, Augustin Thierry 그리고 Tocquevelle 등을 열거하고 있다. 이 중세서 특히 Lamprecht는 그가 1869년 4월 16일 North German Reichstag에서 Iron Chancller가 언급한 말을 인용, 다음과 같이 말하고 있다.

"……우리는 역사를 만들 수 없다. 우리는 그것이 만들어지는 동안 기다리지 않으면 아니 된다. 우리는 과일을 보다 빨리 익게 하기 위해 그것을 램프의 열에 갖다 댈 수는 없다. 그리고 만약 그것이 익기 전에 과실을 따 낸다면, 우리는 그것의 성장을 방해하고 그것을 못 쓰게 만들 뿐이다."

19 History, p.101

20 크로체는 이 문제에 관하여 그의 저서《P. M.》에서 다음과 같이 구조주의적인 입장에서 설명하고 있다.

"For this reason this series of actions is to be distinguished from an other series performed by any other group or and other individual; for the individual is never isolated and always loves in some form of social relationship— because there is no social group or individual that does not possess its own institutions an ways of life, and which is not subject to laws and regulation."

21 B. Croce, Politics and Morals. Tr. Salvatione J. Castiglioue. 〈Philosophical library. N. Y. 1945〉 pp.5~6 G. Pekhanov; 앞의 책, p.144

22 이 문제에 있어서 크로체와 대체적으로 사상적 노선을 함께 하고 있는 콜링우드는 다음과 같이 설명하고 있다. "그리고 모든 역사적 상황 속에 서있는 모든 역사적 인물들은 그 상황 속에 있는 그 인물이 사색할 수 있고, 행동할 수 있는 한에서만 이성적으로 사색하고 행동하는 것이지 어느 누구도 그 이상은 할 수 없다." I. H. p.116

23 이에 대한 구체적 예를 우리는 크로체의 정치이론에서 발견할 수 있다. 즉, 그에 의하면 "국가란 개인들로 이룩된 그룹과 어떤 그룹 속에 포함되어 있는 개인적인 멤버들에 의하여 실연되는 일련의 유용한 제 행위들로 구성된다. 이러한 이유 때문에 이러한 일련의 제 행위들은 다른 그룹이나 다른 개인에 의하여 실연되는 다른 구룹의 제 행위들과 구별 될 수 없다. 왜냐하면 개인은 결코 소외될 수 없으며, 개인은 언제나 어떤 형태의 사회적 관계 안에서 생활하기 때문이다. P. M. p.5

24 History, p.102

25 크로체는 저서《What is living and what is dead of the philosophy of Hegel》에서 헤겔의 번증법을 심층적으로 연구하고, 그 결론에서 "헤겔은 이원론을 극복하지 못하였기 때문에 헤겔 학파가 좌파 우파로 갈라지게 하였으며 그것을 극복하지 못한 이유는 그의 논리에 커다란 오류가 포함되어 있는 것"이라고 지적함으로써 자신의 일원론의 정당성을 시사하고 있다. 위의 책, p.201 참조.

26 History, p.107

27 History, p.103

28 위의 책, p.104

29 딜타이는 니체의 "신은 죽었다"라는 말을 이러한 입장에서 이해하고 있다. 즉 "신이 죽었다"고 할 때, 여기서 신이란 인간들이 종래에 그들의 가치의 기준으로 생각하였고, 그들의 삶의 보람으로 생각하였고, 생의 목표로 생각하였던 대상을 뜻한다. 그런데 역사의 진전은 결국, 가치의 전도를 요구하지 않을 수 없는 단계에 이르게 되고, 이렇게 되었을 때, 종래에 인물들의 신으로 생각했던 것은 우상으로 전화된다. 여기서 종래의 "신은 죽었다"는 결론을 얻게 된다.

제6장

제1절 반실증주의

1 T. M. Knox; The Idea of History, Editor's Preface, p.xiii.
2 제4장 제1절 참조.
3 I. H. p.128
4 I. H. p.128
5 I. H. p.208
6 I. H. p.216
7 I. H. p.213
8 I. H. p.27
9 I. H. p.213
10 Mink, p.161
11 I. H. p.304
12 E. H. Carr는 콜링우드의 이 같은 주장을 반대하여 대중의 역사적 역할을 강조한다.
13 ① G. Vico에게서 밝혀진 바, "진리는 역사상 매 시대에 그 시대의 특징으로 표현된다"는 말을 참고하기 바람. ② 헤겔에서 세계사의 이성은 영웅을 통해서 스스로 표현되고 있다는 점을 참조하기 바람.
14 Mink, p.156
15 I. H. pp.29~30
16 I. H. p.2
17 I. H. pp.172~173
18 I. H. pp.130~131
19 이것은 크로체보다 콜링우드가 실증주의적, 역사학에 보다 심층적으로 구체적으로 접근하고 있음을 보인다. 즉, 크로체는 실증주의를 분석함이 없이 그대로 사이비 역사학으로 단정하고, 그 이유로서 단지 그 같은 객관적 역사의 불가능성을 암시하고 참된 역사는 사상이 흡입된 또는 현재 삶의 관심이 반영된 역사이어야 한다는 주장을 세우는 것으로 그쳤다.
20 Ch. Beard; Historical Relativism(F. Stern; The Varieties of History) p.315

21 I. H. p.131

22 I. H. p.131

23 I. H. p.257

24 I. H. p.131

25 I. H. pp.208~209

26 I. H. p.133

27 이런 점에서 경험과 체험은 구별되어야 한다.

제2절 역사학과 역사철학

1 T. M. Knox; I. H. Editor's Preface, p.xiv

2 W. J. Van Der Dussen; History as A science, p.11

3 Alan Donagan; Collingwood and Philosophical Method(M. Krausz, Ed. CriticalEssay on the Philosophy of R. G. Collingwood), pp.1~2

4 Mink, p.158

5 I. H. p.152

6 I. H. p.210

7 B. Croce; History as story of Liberty, pp.30~31

8 I. H. pp.1~2

9 I. H. p.1

10 I. H. p.1

11 I. H. p.2

12 I. H. p.9

제3절 사상사로서의 역사과정

1 A. Donagan; 앞의 책, p.2

2 I. H. p.65

3 I.H, p.163

4   Mink, p.157

5   Mink, p.161

6   W. J. Der Dussen; 앞의 책 p.16

7   W. J. Der Dussen; 앞의 책, p.14

8   콜링우드는 "Speculum Mantis "의 서론 첫줄에서 다음과 같이 쓰고 있다. "All thought exixts for the sake of action." p.15

9   I. H. p.4

10 I. H. p.232 참조. 그리고 "Speculum Mantis " 참조. 여기서 콜링우드는 예술, 종교, 역사 등이 어떻게 발전되어 왔는가 하는 것을 이 모두를 철학의 범주에 넣어 설명하고 있다.

11 이러한 실례를 콜링우드는 수없이 들고 있다. 이를테면, 그가 말하는 역사철학의 개념이 볼테르-헤겔-실증주의자 등으로 변천된 것이나 또는 역사가들 각자가 각양으로 역사를 서술하게 되는 이유를 여기서 찾고 있다.

12 Nathan Rotenstreich; Metaphysics and Historicism, p.197

13 Sterhen Toulmin; Conceptual Change and the Problem of Relativity, pp.212~213

14 Krauz, p.3 참조. 콜링우드는 영국사에서 "Roman Britain"을 인간의 수학시대로 보았다.

15 콜링우드는 "The Idea of History"에서 역사학의 발전과정을 이러한 입장에서 서술하였다.

16 Collingwood; Speculum Mantis , pp.201~202

17 W. J. Der Dussen은 이것을 다음과 같이 개관하고 있다. 앞의 책, p.15
    "예술은 경험의 최하위의 형태다. 그것은 순수한 상상이므로 그것의 상상적인 소산물들의 실재에 대한 질문에 답을 하지 못한다. 그것은 잘못하면 그 자체를 단순히 직관적인 것으로 생각한다. 종교에서는 상상의 허구가 실재적인 것으로 주장된다. 상징과 의미하는 것 사이의 구별은 여기서는 암시적인 것일 뿐이며, 그것은 신학에 의해서 명백한 것으로 표현된다. 과학에 있어서 처음으로 정신은 명백하게 합리적인 것으로 된다. 과학은 추상적이다. 그리고 그것의 순수한 형태에 있어서 그것은 선험적이며 연역적이다. 그러나 추상은 구체에 근거하지 않으면 아니 된다. 왜냐하면, 그것은 그 보다 더 이상 추상 위에 기초를 둘 수는 없기 때문이다. 그러므로 경험적인 것으로 되며 역사적 사실 위에 서야만 한다. 그런데 역사학에서 개별적인 사실은 명백하게 된다. 그러나 그것은 분산적이다. 왜냐하면 제 사실들의 전체는 도달될 수 없기 때문이다. 이것은 오로지 철학에 의해서만 될 수 있다. 철학은 사실의 무한한 전체를 "그 자체로서의 인식하고 있는 정신의 본성"으로 보기 때문이다.

18 콜링우드는 이와 같은 지식형태의 변증법적 과정을 《정신의 반사경(Speculum Mantis)》 또는 《지식의 도표(The Map of Knowledge)》라는 책에서 설명하고 있다.

19 Collingwood; Speculum Mantis 참조.

제7장

제1절 모든 역사는 현재사

1   I. H. p.202. (a) (b) (c)의 기호는 필자가 첨가.

제2절 사건·사실의 재현(Re-enactment)

1   Leon J. Goldstein; Collingwood on the constitution of the Historical past. p.241

2   이 문제를 Leon J. Goldstein은 논문 〈Collingwood on the Constitution of the Historical past〉의 p.244에서 상세하게 취급하고 있다.

3   이것은 콜링우드가 데카르트의 인식론이나 실증주의적 인식론을 의식하고 내세운 조건인 것 같다.

4   M. Krausz; Critical Essays, p.156

5   I. H. p.283

6   콜링우드는 실제로 이것을 시도하고자 하는 노력으로 그의 《Roman Britain and the English Settlements》(Oxford at the Clarendon Press, 1956)을 저술하였다. 이 책의 머리말에서 그는 다음과 같이 말하고 있다. "I have tried to reconstruct the state of the country and its people…" 위의 책, p.vi

제3절 역사적 상상

1 I. H. p.244
2 I. H. p.241
3 I. H. p.242
4 콜링우드는 이 상상을 독단적인 환상이 아니라, 아프리오리적인 상상이라고 하여 이를 위해 상당한 지면을 할애하여 설명하였다. I. H. p.242
5 I. H. p.245
6 콜링우드는 "역사학을 기억력의 학문"이라고 말한 베이컨의 주장을 반박함으로써 이를 주장하고 있다. 이를 따르면 콜링우드의 역사는 기억의 대상이 되는 낱개로서의 사실들이 아니라, 그 사실들로 구성되어 있는 어떤 형상인 것이다.
7 I. H. pp.279~280 참조.

제4절 탐정으로써의 역사가

1 I. H. p.9
2 실제로 콜링우드는 이러한 문제를 지적한 최초의 사람을 비코라고 했다.
3 I. H. p.264
4 콜링우드는 직접 랑케를 지칭하지는 않았으나 여기에는 랑케가 대표적인 인물이다.
5 I. H. p.265
6 콜링우드는 이 방법을 "Baconian Way"라는 용어로 표현하고 있다. R. G. Collingwood, Essays in the Philosophy of History, p.25
7 I. H. p.9
8 위의 책, p.9
9 I. H. pp.266~274
10 Robin W. Winks; The Historian as Detective, p.39
11 이것은 "가위와 풀"의 역사서술법이다.

제5절 역사적 인식

1   W. Von Leyden에 따르면, 콜링우드는 정신에 소속되어 있는 속성을 두 가지로 구별하여 의식과 감정이 있다고 했다. 그리고 그중 의식은 하나의 구성요소로서 즉 한 인간이 가족의 구성원으로 있는 것이나, 또는 페이지가 책에 소속되어 있는 것과 같은 방법으로 정신에 소속되어 있는 것이라 했다. M. Krausz Ed; Critical Essays on the Philosophy of R. G. Collingwood, p.21

2   Louis O. Mink는 콜링우드의 정신의 기능을 4단계로 구별하여 설명하고 있다. 그것을 요약하면 다음과 같다. 《Collingwood's Historicism》 p.165 참조

    ① 제1단계: 감각적이고 정감적인 의식의 흐름

    ② 제2단계: 욕구

    ③ 제3단계: 실천적 의식

    ④ 제4단계: 지성

3   R. G. Collingwood; The Idea of Nature, p.177 여기서 그는 인식방법론을 전제한 다음과 같은 자문자답을 행하고 있다. "Where do we go from here? We go from the idea of nature to the idea of history."

4   이 때문에 콜링우드는 놀라울 만큼 "제 행위들은 그것들과 그것들을 행한 사람들에 의해서 이해된 것과는 전혀 다른 방법으로 알리어질 수 있다."는 것을 주장하였다. Louis O. Mink는 이 주장을 그의 논문 〈Collingwood's Historicism〉 pp.163~164에 일일이 나열하고 있다.

5   콜링우드는 이 문제에 있어서 네로를 들지는 않았다. 그는 헨리 2세와 베커를 예로 들어 다음과 같이 말하고 있다. "The modern historian does not call Henry II a bad man because he quarrelled with Becket."

6   R. G. Collingwood; Essay in the Philosophy, p.77

제8장

제1절 자연과학적 진리에서 역사적 진리로

1   H. S. Hughes는 크로체를 20세기의 이상주의학파의 탁월한 대표자라고 하였다.
    B. Croce의 "History of Kingdom of Naples" 의 Editors Introduction, p. xiii

2   H. S. Hughes는 그의 저서 "Consciousness and Society"에서 New Idealistic theory
    of History의 장을 마련하고 여기에 딜타이 크로체 트뢸체 마이네케를 포함시켜
    논의하고 있다. 위의 책, pp.158~210 참조.

제2절 비코, 크로체, 콜링우드의 사상적 연계성

1   H. Stuart Hughes는 비코와 헤겔은 크로체의 주요 masters라고 주장하였다. 위의
    책, p.xiii 참조.

2   H. Stuart Hughes는 이를 다음과 같이 표현한다. "He is missed Science as
    arbitrary and "Practical" in its aim", 위의 책, p.xiii

제3절 공헌한 점들

제4절 몇 가지 논쟁점들

1   Leo Gershoy는 20세기의 대표적 상대주의자로서 딜타이, 크로체, 그리고 콜링
    우드와 이들의 영향에 의한 상대주의자로서 칼 베커와 찰스 베어드를 들고 있
    다. Leo Gershoy; Some Problems of a Working Historian(Philosophy and History,
    New York University Press, 1963, ed. Sidney Hook), p.60

2   S. Toulmin; Conceptual Change and the Problem of Relativity.(Critical Essays),
    p.202

3 Collingwood가 제시한 역사학의 조건은 다음과 같다. I. H. pp.10~11
① 역사학은 일종의 과학 또는 질문에 대한 한 가지 답변이어야 한다. ② 과거에
있었던 인간 행위를 문제로 삼아야 한다. ③ 증거에 대한 해석에 의해 추진되어
야 한다. ④ 인간의 자기인식을 목저그로 하여야 한다.

4 필자는 콜링우드가 이 같은 기준에 따라 고대 오리엔트의 역사학, 즉 신화나 신
정(神政)사를 준(準)역사로 규정한 것을 비판하고, 신화도 그 시대에 있어서 가
장 훌륭한 역사학이라는 주장을 피력하는 글을 발표한 바 있다. 졸저《서양사상
사》〈제1장 신화와 역사〉 참조.

5 W. Dray; Philosophy of History (Foundations of Philosophy Series), p.12 그리고
Walsh의 Philosophy of History(Harper, Torchbooks 1967) 참조, 여기서 두 사람
은 각기 콜링우드에 대한 이의를 제기하고 있다.

6 Walsh, p.50, 여기서 왈쉬는 콜링우드가 feel and emotion을 배제한 것은, 단지
그것들은 역사가가 관심을 가질 것이 못 된다는 것이지, 그것들이 역사에서 전
혀 배제되었다는 것을 의미하는 것은 아니라는 점을 설명하고 있다.

7 이 점을 H. Stuart Hughes는 이렇게 말하고 있다.
"반복적인 것, 비합리적인 것, 준(準)본능적인 것은 역사의 기초일지는 몰라도
역사의 주체 그 자체일 수는 없다. 역사의 주체가 될 수 있는 것은 논리적으로
확정된 시간적 전후 관계에 있어서 논리적으로 설명 가능한 것이어야 한다. H.
S. Hughes; Consciousness and Society(박성수 역, 삼영사 1978) p.15

8 W. H. Walsh; Philosophy of History, p.53, 그리고 R. B. Brandt; Personality Traits
as Causal Explanations in Biography(Philosophy and History; Ed. Sidney Hook)
p.195 참조.

9 Charles A. Beard and Mary R. Beard의 "A Basic History of the United states"
(The New Home Library New York, 1944) IX. Constitutional Government for the
United States. 참조.